韓国に学ぶ英語教育 2nd

歴史と課題;

小・中連携から新教科書へ

西子 みどり

東京図書出版

2nd editionにあたって

2011年の本書初版『韓国に学ぶ英語教育』はテーマとしては大きなものであったが、韓国の英語教育の中でも、英語の教科書・カリキュラムに焦点化した筆者の修士論文（「日本の英語教育が韓国の教科書・カリキュラムに学ぶこと」副題：小学校外国語活動の導入後を見据えて）での内容を中心としたものであった。従って各所から、韓国の英語教育の発展にはもっと様々な理由があるはずだというご指摘をいただいたが、題に比べて視点が狭かったのはそのためであった。

韓国の英語力アップの理由と考えられている要素は様々であるが、その中で、私たちに可能でまず学ぶべきは、教科書・カリキュラムであるという考えは初版から10年後の今も変わらない。しかしながら、初版の2011年から10年の年月を経て、韓国も日本も学習指導要領や現場の教育状況はかなり変化してきている。

ここでは、特に変化のあった日本のカリキュラムとともに、前回は論点がそれるので触れなかった、日本と韓国の英語教育を比較するうえで参考になると思われる、「韓国の政治と教育の歴史」、「教員研修」、「留学」、「格差対策」、「大学入試」などの点についても触れることとした。そのうえで、日本で2020年、小学校から実施された新学習指導要領から、これからの英語教育について考えられる問題点についても触れる。「韓国に学ぶ」という文言については、確かに韓国の英語教育は小学校英語導入後現在までTOEFL高得点を保ち続けており先進的で学ぶべきことも多い。しかし韓国がすべて良いので真似をしなさいということではない。歴史的な理由から教育制度が似ているので、類似した課題や施策など取り入れられることが多く、私たちの今後の方向性のヒントとして考えたいという意味である。教育制度こそ似た点は多いが、ゆったりと制度が動く日本と異なり、大統領制を布く韓国の施策は振れ幅が大きく、施策が即現実となり、その影響について成果と課題が見えやすいため、実に多くの点が参考になる。

本書の作成においては、自分としては新学習指導要領実施前にという予定にもかかわらず、諸事情で遅れることとなった。その間、気遣いながらも集中して作業させてくれた夫と、中部地区英語教育学会でこれまで査読等ご指導くださった先生方、時折文章を見てくださった静岡大学での恩師である棚橋克弥先生、研究のきっかけをいただいた名古屋学院大学大学院通信制課程の柳善和先生、今井裕之先生、東京図書出版編集室のご尽力に深く感謝致します。

2023年５月吉日

西子みどり

目　次

1．韓国の歴史と教育の流れ

昨今の韓国のグローバル化は目覚ましく、英語教育には目を見張るものがある。

韓国の李明博政権からの英語教育の重点化については初版で述べているが、私たちが現在の韓国の英語教育から学ぶためには、彼らの教育制度が生まれた歴史的な背景を頭に入れておく必要がある。日本では時代の流れに従って、教育制度は少しずつ変化してきている。韓国も同様に教育課程は6年毎あるいは10年毎に変化するのだが、大統領制であり、大統領の方針で教育がかなり大きく変わる。従ってここでは韓国の第二次世界大戦後からの歴史の流れと歴代の大統領の行ってきた施策、それに伴う教育の変化や教育課程の見直しについて触れていく。

1.1　第二次世界大戦前後（1945年～1950年）

1.1.1　第二次世界大戦前後の状況とアメリカによる教育改革

朝鮮半島は対戦が終わり、第二次世界大戦前の日本統治から自由主義のアメリカと社会主義のロシアの勢力争いの場となった。

> アメリカが1945年8月6日原爆を広島に投下、ロシアは不可侵条約を締結していたにもかかわらず8月9日日本に宣戦布告し千島列島及び満州に侵攻、同アメリカが長崎に原爆を投下し8月12日日本はポツダム宣言受諾、15日に連合国に無条件降伏した。韓国人は植民地支配の終焉に歓声をあげたが、日本の体制の突然の崩壊で国内は混乱した。自由民主主義的活動は韓国臨時政府を支持したが、アメリカが到着する前に韓国の左派運動家は韓国人民共和国を結成した。アメリカは9月8日に初めてソウルに入った。（中略）ソヴィエトとアメリカで両国の占領地分割線が38度線に設定

された。ソヴィエトはKim Ilsongを議長に北朝鮮臨時国民委員会を結成、アメリカは南朝鮮暫定政府を創設した。独立国韓国の創設にソヴィエトが反対し、国連監視下で総選挙を行ったが北は参加しなかった。1948年12月国連は李承晩（イ・スンマン、1948年７月〜1960年４月）を大統領とする韓国政府を承認した（鶴田，2017，pp. 28–29抜粋）。

それ以前に遡ると、朝鮮では李朝が続き、厳しい身分制度の中、両班と言われる貴族以外の一般の国民はあまり教育を受けてこなかった。諸説あるが、日本統治の間に身分制度は廃止され、1945年までは日本と同じ学校制度が韓国全体に行き渡り学校数も就学率も多くなった。アメリカ軍調査では1910年には1.0%だった就学率が1943年には49%になっていたそうである。

「1906年の時点でも小学校が40校未満であり……伊藤博文が推進し……各種学校は1940年代には1000校を超えていた」（キム・ワンソプ，2002，p. 104）。

「日本統治下で身分制度を廃止し……戸籍に身分を記載することなく登録させた。これにより身分解放された白丁の子弟も学校に通えるようになった」（李他，2009，p. 95）。

「1910年就学率1.0%から1943年49%に」（GHQ, 1946）。

「国語を理解する朝鮮人の割合は1937年８％が1943年22%に増えた」（水間，2010，p. 154）

韓国には非難されることの多い日本統治にも上記のような教育を浸透させた効果があった。しかし、朝鮮語は必須科目ではあったがほかの授業は日本語であって、河合によると「戦後の1945年アメリカ軍の下で韓国語の読み書きの浸透が多く広く行われた」（河合，2004，pp. 6–11）とある。

そして第二次世界大戦の終戦と国の独立を迎え、日本語からハングル語習得に、日本史から朝鮮史、修身から公民など国家・国民形成の教育の時代に入る。この時期は基礎学力を中心に実学が重視され、「1949年には教育法の交付」（河合，2004）がなされたが、朝鮮戦争により思うように進まなかった。

1.1.2　朝鮮戦争（1950年～1953年）後の状況と教育（第1次教育課程1954年～1963年）

大戦後の秩序ができたかどうかのタイミングで、韓国に新たに試練が訪れた。

> 1950年6月北朝鮮は突如38度線を越えて韓国への軍事攻撃を開始し、朝鮮戦争が勃発した。中国が北朝鮮に味方し……韓国は一時プサンまで追い詰められた。……勝敗は決せず、1953年停戦に調印した（鶴田，2017，p. 29）。

漸く第二次世界大戦が終結し、国家が独立しても朝鮮半島ではアメリカ、当時のソビエト連邦、中華人民共和国など大国のせめぎ合いが続き、国内は荒れ果て、国民の生活も苦しいものであった。そして国家は南北に分かれた。落ち着いて教育や産業の発展に手をつけようという時に、再び戦争に突入し、国内の混乱は続いた。その間「民間人家屋の1/3は破壊されたと言われている」（鶴田，2017，p. 29）という。アメリカと国連の支援で韓国に政府は設立されたが、国家は軍政で独裁的な李承晩政権（1948年～1960年）であり経済は荒廃し、「失業率は労働人口の40％以上」（河合，2004，p. 7）あり、国民は困窮していた。1953年7月休戦後、漸く韓国は国内を整えることに目を向ける時を迎えたが、1960年4月張勉（許政）政権に、1960年8月尹潽善（ユン・ボソン）政権、1961年5月軍事クーデター、1963年10月朴正熙（パク・チョンヒ）政権、と政局が安定せず混乱していた。

教育については、混乱の中、ここまでアメリカ軍の指導のもと行われたが、その中で戦後初めて韓国人自身の手により「教育課程時間割配当基準令」が作成、交付された。国定、検定教科書の編纂とその内容伝授という「教科中心教育課程」であり**韓国語の識字教育**と「**反共教育、道徳教育、実業教育**が主であった（第1次教育課程）」（河合，2004, p. 7）。これが韓国の韓国人による教育の始まりである。

1.1.3 朴正熙（パク・チョンヒ）政権（1963年〜1979年）の経済復興と高等教育の発達（第2次教育課程　1963年〜1974年）

1961年5月朴正熙がクーデターを起こしアメリカの支援を受け、やがて政権を取り1963年正式に大統領となった。1965年日韓協定を締結した。

> 日韓国交正常化交渉では、日本が朝鮮半島に残したインフラ・資産・権利を放棄・当時の韓国国家予算の2年分以上の資金を提供することで、日韓国交樹立、日本の韓国に対する経済協力、両国間の請求権の完全かつ最終的な解決、それらに基づく日韓関係正常化などが取り決められた。韓国は日本からの受けた請求権資金・援助金で、浦項総合製鉄、昭陽江ダム、京釜高速道路、漢江鉄橋、嶺東火力発電所などが建設されて最貧国から一転して経済発展した。韓国政府は日韓基本条約によって日本から受けた資金5億ドル（当時）に含まれた個人への補償金であった無償援助3億ドル分含めて経済発展資金に回した（フリー百科事典日本語版：ウィキペディア, 2019閲覧）。

また同年ベトナム戦争（1955年〜1975年）に韓国軍が出兵、加えて中東への出稼ぎなどもあり、日本からの資金や戦争の特需、アメリカからの兵士への収入、出稼ぎ労働者の賃金などで韓国の経済は大きく発達し、「漢江の奇跡」と呼ばれている。

教育では、「国民の精神面での統一が最重要と判断した朴大統領は

1968年『国民教育憲章』を宣布した。」（河合，2004，p. 9）内容は**国家優先主義、反共愛国教育、科学技術教育重視**などの特徴があった。以降何度も教育課程の改訂はあったが「1992年の教育課程の改定まですべての教科書にかかげられており、韓国人の考え方や価値観に多大な影響を与えたことは否定できない。」（河合，2004，p. 10）ハングルに力を入れていたが高等学校ではスペイン語や日本語が選択必修科目として追加されている。

また公式な学校制度ではないが朝鮮総督府が始めた農村振興の活動を基に、1971年から朴大統領が「セマウル教育」を提唱し全国に広げていった。この活動が農村を主とする大人の社会教育の役目を果たし、教育を受けてこなかった人たちに必要な教育と、実学だけでなく愛国主義や近代化を韓国全土に広める一助となっていたことも忘れてはならない。

1.1.4　教育格差とshadow educationの問題

経済が発展するにつれ、韓国国民は誰でも努力し学歴を積めばよい会社、よい地位、よい生活ができると信じ、高学歴志向が強くなり、韓国全土で教育熱が高まっていった。

> 1960年33％だった生徒数は1980年には95％に増加し、1995年までには中学校は義務教育ではなかったけれども登録比率は99％となった。……高校登録生徒数は1990年代中頃までには90％に達していた。colleges と universities も1945年の解放後の20年間に韓国では急速に発展した。これは中等学校の場合のように原則的に政府の政策によるものよりもむしろ一般大衆の需要によるものであった。……1950年代後期と1960年代初期には college に入学を許可する学生人数を国は規制した。……2007年までには韓国の青年の５人中３人は大学に入学しいかなる国の国民の大学進学率よりも高い最高の比率の一つであった（鶴田，2017，p. 138)。

したがって当時は義務教育ではなかった中学も「1968年まで進級試

験があったので全員が入学するわけにはいかなかった」(鶴田，2017，p. 68) というように試験があり、高校入試や大学入試も含め当然熾烈な競争に追い込まれていった。

それにつれて、1960年代から shadow education といわれる私教育 (塾や家庭教師など) が拡大し、皮肉なことに国民が豊かになればなるほど教育格差が深刻な問題となり始めた。現在もそうであるように富裕層はお金をかけ、子弟が良い中学、高校、大学に、そしてそのために有名進学校に受かるよう試験勉強に備えた。

> 1968年と1973年に各々**中学校無試験進学制**と**高校平準化政策**が実施された。さらに1980年には学校外での私教育全面禁止という極端な政策が樹立されたが、かえって高額な授業料を要求する不法の塾などが増えるなど様々な問題が現れるようになり、2000年以後は私教育全面禁止の政策は白紙に戻された。しかし、相変らず私教育費は国民の大きな負担として残ることになった (パク，2008；カレイラ，2014，p. 21からの重引)。

当時義務教育ではなかった中学校から入試等が厳しくなることから、小学生に対して**中学校無試験進学制**をとった。「居住地の中学校に無作為抽出の抽選によって割り当てられる。……公立学校にも私立学校にも共通に適用される」(鶴田，2017，p. 69)。また高校入試の過熱に対しては成長や中学校教育が損なわれるとして、日本でも行われることだが中学校の調査書を重視し抽選である範囲内の学校に振り分ける**高校平準化**の制度をソウル市中心に広げていった。「普通科の75%」(鶴田，2017，p. 120) と、現在までにかなり国内の地域に広がっている。

従って現在平準化により、高校まで、特別な学校以外は無試験となっている。それにより試験に落ちたり望まない学校に入った生徒が勉強をしなくなったり、学力や親の財力の大きな格差が学校ごとにできることを防ぐことができ、概ね評判はよいようである。ただしこの平準化は平等区の公立・私立の普通科高等学校のみであり、不平等区や農業など職業技術高等学校、音楽など芸術や外国語を目指す特殊目的高等学校などは試験を受け希望して入学する。そして皮肉なことにこの特殊目的高等学校の外国語高等学校が大学へのエリート進学校として熾烈な競争の的になっている。またそうでない生徒であっても、大学入試が初めての入試となるため、親子の期待と不安は高まり、プレッシャーを生み、私教育費の高まりに繋がっている。

韓国の国民は教育に非常に熱心であり、教育にお金をかけている。日本でも国民の私教育費は高く、国ではなく自費負担が大きく問題になっているが、それでも韓国の教育費の自費負担はこの時代から現在まで比較にならないほど高額である。それは塾や家庭教師だけではない。「小学校は無償」だが「中学校は現在義務教育であるが……田舎地方に居住している生徒のみが無償教育」（鶴田，2017，p. 68）である。教員養成大学はすべて国立で無償である。また教育費の中で国費から出ているものは国公立の「教員と職員の給与を支援するため……学校施設維持は地方政府」（鶴田，2017，p. 139）であり、あとは地域の負担金や寄付金、受益者負担で個々の生徒の親から徴収する金で成り立っている。「最近の10年間においても韓国の教育費は生活費をはるかに上回っているといわれている」（鶴田，2017，p. 140）。

入試の不正が時々話題になるがこれほど寄付に頼るのでは有力者が幅を利かせるのは自然の流れかもしれない。現在もそうであるが韓国では当時からこの傾向が始まり、塾だけでなく留学までさせるなど親はかなりの額を子供の教育費にかけている。

1.1.5　経済発展とアメリカへの傾倒（第３次教育課程　1974年～1981年）

政治では選挙による大統領選出の制度が朴政権で整えられ文民政治を目指した。しかし本当の民主化は難しく軍との確執が多かった。盧泰愚政権（1988年～1993年）までの間にクーデターを繰り返している。

韓国は第二次世界大戦後、国内に在韓米軍基地をもち、朝鮮戦争からベトナム戦争（1955年～1975年）に参加（1965年～1972年）とアメリカとともに30年間を過ごした。植民地ではないがアメリカの影響力は長期にわたり大きかったといえる。日本でも戦後GHQが国内を治め、現在でも日本の各地にアメリカ軍の基地がある。アメリカに対しては日本は反発とともに、その進んだ文化や力に、ある種あこがれのようなものもあった。しかし韓国のアメリカや英語への傾倒は、日本のものとは少し異なる。

直接的に韓国のベトナム戦争出兵でアメリカから支払われた兵士の賃金や、貿易などアメリカ経済への高い依存度のうえ、英語が使えるかどうかによって会社や研究職において生涯の所得や地位が大きく変わってくるなど、影響が大きかった。アメリカ留学や英語への情熱はそのあたりが大きく関わっている。また南（1994）によると、「大戦後と朝鮮戦争後は米軍との関係で、国際結婚しアメリカに渡った女性の移民がかなり多く、それ以後は職を求めて生活水準の高いアメリカに行く技術者や医療関係者など学歴の高いものの移民が多くなった」という。特に国内によい職を求められない経済不安な時代など、多くがアメリカにわたり移民となっている。初期のアメリカ留学は親の仕事でついていった子供や叔父叔母などアメリカで暮らす親戚を頼った早期留学が多く、アメリカへのこのような人の流れが、その早期留学の基盤を与えているのではないかと考えられる。また現在の韓国系アメリカ人のアメリカ社会での影響力にもつながっている。

教育では、第３次教育課程が国民教育憲章にのっとり、「国家発展のための知識教育」が中心に行われた。「高等学校では英語IIが必修となり語彙数3200語で読み書きが中心であった。……第２外国語の選択科目に日本語が加えられた」（河合，2004，p. 20）。教育格差がますます問題となり、1980年学校外での私教育（塾、家庭教師等）が全面禁止となる。

1.1.6 全斗煥（チョン・ドゥファン）政権（1980年９月～1988年２月）と国際化政策（第４次教育課程　1981年～1987年）

政権は1979年朴正熙暗殺からチェ・ギュハ、パク・チュンフンと大統領代行の政権が続き、1980年から1988年まで全斗煥政権となる。独裁的ではあったが工業化を促進し、工業製品を輸出する対外貿易に力を入れ大いに外貨を得て経済が発展した。1981年第五次韓国共和国が発足。

1986年アジア競技大会、1988年オリンピックと1980年代は国際的な活躍もあり、順調に好景気が続いた。

この時期韓国ではウォン安から工業製品の海外輸出が増大し、経済が急速に発展し国民の生活状態も改善した。「1975年の国民一人あたり所得が560ドルであったが、1979年には1,510ドルにも達し……1985年2,180ドル」（河合，2004，p. 11）そして「1990年には6505ドル」（小林，2017，p. 59）と飛躍的に上がった。

教育では、この時代の流れから、工業技術発展を目指し、**科学技術教育、徳育教育**に力を注いだ（第４次教育課程）。また全斗煥は「大統領教育改革委員会」を設立し、大学入試改革や義務教育の改善に努めた。

> 1981年第五次韓国共和国の発足当初において、「７月30日教育改革」が早速実践に移された。この教育改革は個人で家庭教師を雇用する事を禁止し、各大学で実施されていた大学入学試験を廃止した。更に大学は学生の入学定員の130％を入学させ、卒業の時点迄に30％の定員増加分を落第させることを法制化した。これらの一連の教育改革の中で、「大統領教育改革委員会」（PCER1985年〜1987年）が教育改革に対する全国的計画を準備する為に組織されたことは極めて大きな意味を持っていると言える（鶴田，2017，p. 48）。

このPCERの提案は斬新で義務教育や飛び級、障害児の支援など有意義なものが多いがすべてが実施されたわけではない。大学入試もなくなったわけではなくその後1993年に統一試験となった。

1984年に義務教育年限がそれまでの6年から9年（6～15歳）に延長された。その後延長分について、無償の義務教育が段階的に導入され、2004年3月から完全実施となった。1996年から初等学校の学校長は定員に余裕がある場合、満5歳児の就学を認めることができるようになり、入学年齢の弾力化が行われている（文部科学省，登録平成21年以前，2019調べ）。

韓国での中学校の義務教育化は遅いが、先に述べたように文科省「学校基本調査」によると1980年中学校の就学率は95％に増加している。また高校進学率は1990年代90％以上であり2018年現在99.6％でほぼ全入である。大学進学率も2004年には10人に8人で世界一割合が高い。ちなみに同年日本は10人に5人の割合である。

1.1.7　盧泰愚（ノ・テウ）政権（1988年2月～1993年2月）（第5次教育課程　1988年～1991年）

1988年2月には直接選挙で盧泰愚政権となり、ますます国際化が叫ばれ国際収支も改善していった。1992年中国と国交を樹立した。

教育では**言語能力と情報化**に対応する能力の強化がうたわれた。外国語教育では韓国はすでに第2次教育課程より高校選択に第2外国語として日本語・スペイン語が入っているが、側近である金泳三は大統領就任以前から国際競争に対抗できる韓国人の育成や科学技術者の養成を主張していた。会社では英語の必要性が大きくなっていった。以前は海外渡航について多くの規制があったが、「早期留学ブームは1989年の海外旅行全面自由化をきっかけに拡大した」（小林，2017，p. 60）。

教育への関心が高まり学校数や生徒数も増加した。

大学入試は国の規制にもかかわらず経済の発展とともに入学希望者が増えたことで年々過激になっていった。1960年代にも shadow education の問題がすでにあったと先に述べたがその動きは益々激しくなり、1980年に私教育の禁止令ができたがその後も却って法外な金額をもって陰で行われたことが多かった。shadow education と格差の問題は現在にもつながっている。

1.1.8 金泳三（キム・ヨンサム）政権（1993年2月〜1998年2月）とグローバル社会に向けての世界化政策（第6次教育課程　1992年〜1996年）、小学校英語教育導入（1997年）に向けて

1993年文民はじめての金泳三政権が成立し、「世界化政策」を前面に押し出した。世界化政策が進み、韓国のグローバリゼーションが広がり輸出で経済が潤うにつれ、様々な課題が出てきた。

> 1980年代後半、経済開発協力機構（OECD）およびアメリカは、韓国経済が成長するとともにOECDへの加盟を強く求めるようになる。……米国政府は韓国政府に対してOECDへの加盟を促すとともに関税の撤廃を求め規制緩和を要求した（申，2009，p. 98）。

そのため制度を整える準備期間を経て1996年金泳三政権時にOECDに加盟した。これは「歴史的成功と評価された」（申，2009，p. 99）が、国内企業を国が援助しウォンの固定相場で輸出に利益を上げていた韓国は海外からの支援を受けやすくなった一方、この後自由経済を求められ、様々な制約が韓国の経済を締め付けることとなっていった。90年代後半、貿易不均衡からのアメリカの圧力や世界通貨危機に自力で対応できず、借金を抱え大不況を迎えることとなり、国際通貨基金IMF（International Monetary Fund）の資金援助と指導を受けることとなる。申によるとIMFは経済の立て直しと労働者の保護を求め、教育で立て直す金泳三の案を受け入れるが、これもその後の成果とも課題ともなっている。

> 教育改革を「新韓国の創造」の出発点と位置付けた金泳三は、大統領選挙当時、「入試地獄の解消と人間中心の教育改革」という題目の元教育公約を提示した。このほとんどが『5.31教育改革方案』に

含まれる。……金泳三の「新韓国の創造」のための教育政策を立案したのが大統領諮問機関として組織された教育改革委員会である。教育改革委員会は、1993年8月に大統領令として公布された「教育改革委員会設置運営規定」を根拠としており1994年2月に教育改革委員（25名）が委嘱され発足した。以来、基礎研究、協議会、調査活動など展開し教育改革方案と関連する教育関係法令を整理した。……その中でも1995年5月31日に提出された、「世界化・情報化を主導する新教育体制樹立のための教育改革方案」（5.31教育改革方案）は改革のビジョンを提示しているという点で特に重要である（田中，2008，pp. 85–86）。

教育については、上記のような流れの中でこれまでの内向きであった愛国主義中心の教育に変わり、世界を意識した教育政策を打ち出した。

これが現在にも至るそれからの韓国の教育の基本的な考え方となっている。

急激な変化に対応できる国際的な韓国人を育成するため、河合によるとこれまでの教育の中心であった全ての教科書に載せられていた『国民教育宣言』が姿を消し、「高等学校の教育課程では国民倫理が倫理に変わり、教練は廃止された。……高等学校では全一年生が必修として履修する共通数学、共通社会、共通科学、共通英語という科目が新たに設置された」（河合，2004，p. 13）など新たな教育課程が組まれた。これが第6次教育課程であるが、1995年**国際化**を目指すため新たに第6次になかった初等学校教育課程を加え告示した。

部分改訂：「初等学校教育課程 ― 英語 ―」（1995）
韓国の国民学校では1992年から特別活動の一環として15年間英語が教えられていたが韓国の今後の国際化、および情報化に対応し、国民の生活水準の向上、就職の機会の増加などを考え、1995年に「初等学校教育課程 ― 英語 ―」を告示した。その結果1997年度の

３学年から年次的に１週２回、正課として英語を学校で教えることになった（河合，2004，p. 13）。

ただし韓国の初等教育では１時間の授業は40分構成である。

また進学熱が高まり高等教育を望む学生数が増え大学入試改革も行われた。「1994年新しい大学受験制度として『大学修学能力試験』が開始され、リスニングが入るなど英語の音声教育の重要性が強調された」（イ・ワンギ、2012）。ちなみに「1991年計画発表」（金，2012）である。

金泳三政権の世界化政策のもと、以前から指導されていた第２外国語の高等学校での指導とともに、小学校での英語教育が始まった。

しかしながら韓国では、外国語の学習に関して、学校教育や、語学学校・塾などの私教育だけでなく、このグローバリゼーションの時代に個人としてまた企業や国家として生き残るために、２つの要因が大きく働いて成果をあげている。

１つはよく取り上げられ、ここでも触れる「**早期留学**」である。外国語に優れるといわれる韓国でもすべての国民が英語等をよく理解したり話せたりするわけではない。タクシーや会社、町でも「え？」と思うほど通じない場合もある。タクシーやバスも人により、なんと英語村の受付でも英語が通じなかったりしてびっくりする。その中ですばらしい発

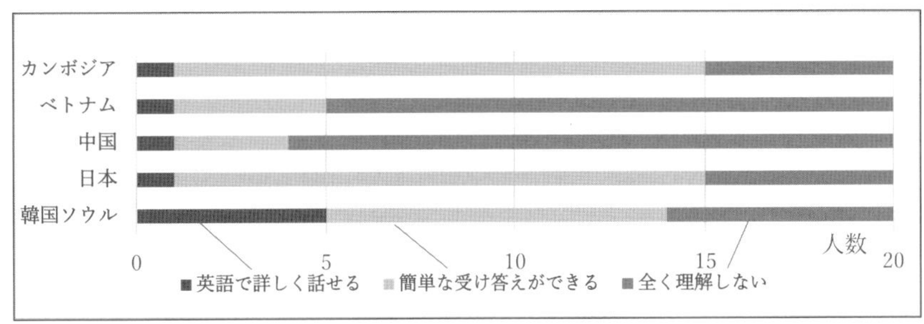

図1-1　海外旅行で20人に英語で質問したら（2009年〜2014年の筆者の旅行の際話しかけた結果）

音で流暢に英語を話す人に出会って「お上手ですね」というと「私はアメリカに○年留学していましたから」という答えが返ってくる。そんな人の割合が多いのである。

＊図1-1のグラフは著者が場面も年齢も職業も様々な人に異なる簡単な英語を話しかけた結果で統計的には正確なデータではない。英語を全く話さない人、理解しない人もいるが、韓国の専門的な外国語つまり日本語も含み話せる人の割合は大きい。英語で話したら日本語を話す人が出てきて、自分の日本語訛りの英語が恥ずかしくなった。カンボジアは生活のため旅行者用の英語を子供含め多くの人が理解している。

もう１つは、このころから企業特に輸出入で業績を上げている「財閥の企業戦略」「**企業教育**」である。日本でもある程度外国との取引のある大きな会社では行っていると思われるが、韓国の大企業のグローバル教育・戦略は徹底している。

企業がグローバル思考を高めたからといって世界市場で成功するとは限らない。……現地でシェアを高めることができたのは……グローバル化推進を前提とした研究開発と人材育成を進めてきたことである。サムスン電子は……グローバル化に必要な「国際化人材」の育成を計画的に進めてきた。有名なのが90年に導入された「地域専門家制度」である。社員に海外の文化や習慣を習熟させてその国のプロを育てると同時に現地での人脈を作ることが目的である。入社３年目以上と課長代理クラスが対象で、毎年200〜300人を選抜し世界各地に派遣される。最近は中東、アフリカ、中南米などの新興国の派遣がふえているという。派遣先に１年間滞在して仕事の義務はないが、多くの人はその後業務で赴任する。財閥系企業が「国際化人材」の増員をはかる一環として、新卒採用に際して海外留学生を多く採用するようになったこと、幹部社員の選抜において高い語学力を求めたことが、韓国社会における英語熱の高まりの一因となった（向山，2010，p. 1, 6）。

韓国はグローバルな状況で勝ち残っていくために、初等・中等・高等の学校教育、過酷な大学入試、財閥企業に入るための過酷な就職試験に向けた大学での過ごし方、会社に入った後の海外派遣などの社員教育の戦略まで、社会もすべてグローバル化一方向に向かって努力を重ねているのである。

1.1.9　金泳三政権（〜1998年２月）下の金融危機（1998年12月）と水準化の第７次教育課程（1997年12月30日〜）

金泳三政権下の韓国はOECD加入やWTO参加など国際的に先進国経済の仲間入りを果たし、輸出拡大とグローバリゼーションを推進して潤い、経済的にも当時高い評価を受けた。しかし東南アジアの金融危機に際し、IMFからの自由主義経済推進の制約や変動為替移行によりこれまでのように国が財閥支援をするなどして経済をコントロールできず、大きな影響を受けることとなった。よって金政権の評価は落ちて政権が終わり、1998年直接選挙により野党民主党政権に移る。

韓国が1997年12月に勃発した金融危機によって引き起こされた経済危機を介して、不意に新自由主義的グローバリゼーションに移行したことである。……韓国政府は金融危機に際してIMFや世界銀行（1998年）の指導により国内金融市場の完全自由化、公営企業の民営化を行った。……新たに成立した民主主義政府が新自由主義的経済改革を推進すると、たちまち経済的福祉は低下し、経済格差は拡大し、貧困は増大した。……社会的不平等を激化させ、民主主義を脅かし、かつての民主党支持者は保守党支持へ切り替えた（申，2009，p. 95）。

経済に高い評価であった金政権は一気に批判を浴びることとなる。

教育では、1997年12月30日第７次教育課程が告示された。初等学校の５、６年が第６次教育課程適用施行の年にあたる。理由は1995年「5.31教育改革方案」が出たからだといわれている。ちなみに小学校の英語教育の正課としての導入は1995年に第６次内容の「部分改定 ── 初等教育課程英語」が出て1997年よりの実施である。一般的に大統領が代わると、あるいは10年くらいで教育課程は変更になっているが、この第７次については2006年より随時改訂の体制となっており、改訂をしながら、2022年まで続いている。この第７次教育課程では、世界化を目指す英語教育を推し進めることに力を注いでいる。

> 第７次教育課程は「21世紀の世界化・情報化時代を主導する自立的で創意的な韓国人の育成」というスローガンの下で、健全な人性と創意性を涵養する基礎・基本教育の充実を目標とし、世界化・情報化に適応できる自己主導的な能力を伸長する内容（田中，2008，p. 90）。

また田中は「世界化」への対応として早期英語教育、裁量活動の導入でコンピュータを利用した情報の収集、分析、活用、道徳教育の強化、水準別教育等の実施が特徴である」という。

また第７次教育課程では特に**水準別教育課程**が強調されている。

> 初等学校１学年から高等学校１学年までを「**国民共通基本教育課程**」とし、教育課程を一本化し、教材の重複を避け、基礎基本の徹底を図るようにした。一方高等学校２学年から３学年は生徒の能力や関心、進路により選択できる「**選択中心教育課程**」に区分した。初等学校においては「**深化・補充型水準別教育課程**」を設け能力のある児童にはその芽を一層伸ばす一方、学力の不足する児童には基礎的な学力を習得させるようにした。中等学校（高校１年まで）においては「**段階別水準別教育課程（能力別指導課程）**」を導入し、「基本課程」と「深化課程」を設けた（河合，2004，p. 13）。※太字

は筆者による。

金（2012）によると、初等教育内容は到達基準を各学年および技能別に基本と深化の課程に分けて、英語では８年間の到達目標を提示したが、レベルが現実的に到達できないほど高いものであった。

前述の朴正熙政権での教育制度改革でHSEP（高校平等化政策）は塾などのshadow educationなどからくる格差や過度の受験競争を是正するもので、普通高校の人数の75％（平等区）はコンピュータの無作為選択で進学する学校が決まり入試がなく、都会と地方、家庭経済環境、過度な競争などによる学校差が改善されてきた。

しかし第７次に登場する「水準別教育課程」という言葉から、高校入試の平準化で学校間の格差はなくなったが、その結果学校内部で学力差・能力差ができ、その格差に対する対策が必要であったことが窺える。

初等学校では深化・補充について、同クラス内で進んだ子供は難しい問題に挑戦し、わからない子供は補充問題で基本を理解させる。一般的にクラスは分けず、教科書の課の終わりがそのように組まれていると聞く。

中等・高等学校では学校の中で能力別指導つまりtrackingを行う。平準化から後、当初校内で総合点で区分され、クラスの移動は禁止された。2004年平準化を補填するものとして、能力別編成が宣言され、2008年には制限が緩和される。ほとんどの中学校で能力別指導が実施される。「2004年16.4％、2009年77％、高校では79％が実施」（Yonhap News, 2009；鶴田，2017，p. 204からの重引）。やがてこれも民主的になり、親子でクラスを選択し、教師が振り分けるようになってきている。政府は能力別編成を学力改善の最上の方法と考えている。

学年を能力別の学級編成にしたり、教科別に能力別にしたりと実施の形は様々だが、劣等感をもったりやる気をなくしたりさせないために、英語と数学などの教科について能力別に学級編成して行う学校が多いようである。「方法は学校に任されている」(鶴田，2017，p. 204)。

このように格差対策とそのまた是正策が繰り返されている。

1.2 金大中（キム・デジュン）政権（1998年２月〜2003年２月）と経済の復活

1998年金大中大統領は直接選挙で当時野党から選ばれ、金融危機後すぐの政権を担った。前政権のIMF路線を引き継ぎ金融危機脱却のため、IT産業に力を入れ経済の立て直しを行った。サムスン、ヒュンダイの飛躍はこのあたりからきている。しかし急激な産業構造改革の転換は貧富の格差などを招いた。IMFの指導もありそのため医療保険や年金など福祉政策の拡充にも重点をおいた。

> 1998年に金融危機に対する社会協定として労使の間で余剰人員を自由に契約解除できるという合意がなされた時非正規雇用労働者の比率は加速度的に増加した。……1999年の非正規雇用労働者の割合は被雇用総数の51.6%を占めていた。2006年には非正規雇用者の割合は47.6%と減少しているが約半数は非正規として働いている。2006年２年間の雇用が正規になる法案は通るが雇い止めになり成果が上がっていない（申，2009，pp. 104–108)。

格差については経済復興でこの時代に企業が不況を生き延びるため、非正規雇用が一気に増え、社会基盤としての大きな問題として残り、未だに改善されていない。それも社会的格差の原因となっている。経済はなかなか回復せず、非正規雇用の増加によって一般の暮らしは厳しいものだった。

また金大中は北朝鮮に対しては太陽政策といわれる緊張緩和政策を行い、交渉して、実現した南北首脳会談などが評価されノーベル平和賞を受賞したことで知られている。金大中は日本での拉致や本国での死刑判決、そして政界、大統領への躍進など歴代大統領の中でも特に変動の一生であったが、大統領を退任後、晩年子供の不正蓄財が発覚し、2009年盧武鉉自殺の後、不安のうちに病死している。

教育については引き続き第7次教育課程であるが、IMFの指導を受けている。

> 1998年直接選挙により金大中政権が誕生しても教育の方向性は大きく変化することはなかった。金大中大統領の就任の辞では、「教育改革は今日、私たちの社会が抱えている数多くの問題を解決する核心的な課題です。大学入試制度を画期的に改革し、能力優先の社会を作ります。青少年たちは学習塾から解放され、保護者らは過重な市教育費から抜け出せます。知識と人格と能力を全く同じように重要視する智・徳・体の全人教育を実現させます。このような教育改革は困難を冒しても必ず成就させます。」と述べている。……重要なことはIMFの管理体制下の新出発であったということである。……通貨危機が教育改革の後押しとなったのである。……国際競争力を目指した教育改革は90年代初頭から始まっており、にもかかわらず通貨危機を回避するまでには至らなかった。「暗記式教育を受けながら育った社会指導層が国家経営の能力上の脆弱性を見せたからである」と評価されている（田中，2008，p. 89）。

一般の暮らしは苦しく格差は広がったが、国家としての経済の回復は予想以上に早くなされた。その間外圧としてのIMFの指導により会社の組合活動や社会保険等が整うという成果もあった。

1997年勃発の金融危機はIMFや世界銀行援助を受けたが非正規雇用の増加や、多くの企業倒産、財閥の半減などがあった。

> 韓国の経済は1998年の経済成長率がマイナス5.7％を記録、IMFによって課せられた経済・財務政策と平行して四大改革と積極的な対外開放政策から規制緩和をするなどして輸出が増大し、1999年成

長率10.7%、2000年には8.8%と短期間のうちに回復し、2001年にはIMFらの借入金を全額返済した。新自由主義改革が進む中「グローバル開放経済」時代が到来したといわれるようになった（小林，2017，pp. 87–88）。

教育では先の政権下で始まった第7次教育課程は現在まで続いているが、「2007改訂教育課程より随時改訂体制に変更」（イ・ワンギ，2012）となり内容は部分的に少しずつ変化している。

2001年に施行された第7次改訂教育課程では初等学校3，4年生の英語は週2回から週1回の授業時数に変更され、それまでの検・認定16種の検定教科書が国定教科書1種に統合され教えられるようになった（金，2012，p. 261）。

2001年英語を話せる人材育成を目標にTEE政策（Teach English in English）を発表し教師の英語授業能力向上のために研修や試作を重ねてきている。英語専担教師を拡充し、ネイティブ・スピーカーの採用も増やしている（KICE, 2009；金，2012，p. 272からの重引）。

1.2.1 盧武鉉（ノ・ムヒョン）政権（2003年2月～2008年2月）とグローバリゼーションの時代（第7次教育課程　1997年～）

2003年2月直接選挙により盧武鉉が大統領に就任する。盧武鉉は金大中と同じ民主党であり国際化の方針も、教育方針も前政権をほぼ踏襲している。

盧武鉉政権においても、2007年に発表された『先進国飛躍の十年』と題する資料において、「現政権は金泳三政権時に樹立された『5.31教育改革方案』の一貫性を維持し、公教育の正常化と学閥主義の解消に努力してきた」と言及している（田中，2008，p. 90）。

教育では「初等学校１、２年生の英語教育の実施は2008年８月まで全国50の初等学校における実験期間の後、世論を集約し2009年度からの１、２年生への適用如何が決定される」（田中，2008）予定であった。

しかし批判を受け実施されなかった。理由は日本と同様、国語力やしつけ、他教科との関係などであった。私立や指定校などもともと初等１、２年から実施している学校もあるが、教科書等の改訂を含め経過を見るに、2022年度も引き続き初等学校３年からの英語導入であり、その代わり１、２年に道徳・学活に当たる科目が入っている。私立や特別な学校は１年生から実施もある。金によれば改訂は次のような流れで行われている。

> 2006年改訂教育課程期（2006年８月〜2008年12月）には初等教育の目標と中等教育の目標を分離し、段階の表示を学年という用語に還元した。2006年改訂教育課程は2010年より施行予定であったが李明博政府の英語公教育強化政策推進により、初等英語教育課程の部分は廃止、中等・高等部分のみ施行されることとなった。2008年初等部分のみ改訂し初等英語授業時数増大、専科講師導入、中等・高等学校に英会話を週１時間ずつ別途運営など組まれている（金，2012，pp. 264–269参考）。

そしてこの改訂教育課程で国際語としての英語がますます強調されるようになっていった。

1.2.2　早期留学の最盛期（2006年）とリーマンショック（2008年）後の動向

初等英語教育の導入と大学入試の激化などにより、会社での英語の価値はますます高まり、不況で下火になった留学熱はまた上向きになっていった。留学は2000年ころからまた増え始め、2006年にはピークとなった。早期留学が多くなり、それにつれて留学をめぐる問題も多くなっていった。小林（2017）によると次のような流れになっている。

> 1980年代の韓国は経済規模の拡大と国際収支の改善に伴い、外国への門戸が開かれていった。海外旅行の規制が段階的に緩和され1989年には全面自由化された。……1988年ソウルオリンピック開催に向けて国際化の機運が高まった。こうしたなか、留学を希望する人たちが急増し、大学・大学院での修学および語学研修のため国外に出ている韓国人留学生は、1985年の24,315人から1991年の53,875人へと大きく増加した（教育科学技術部「国外留学生統計」)。……一般の人々が留学のためにお金を出すようになったのは、90年代のことだという。大学より前の段階の児童・生徒が留学する早期留学ブームは1980年代後半から起こり始め、1989年の海外旅行全面自由化をきっかけに拡大し、金泳三政権（1993年発足）の「世界化」政策の下で加熱していったといわれている（小林，2017，pp. 59–60)。

早期留学の問題点としては次のような記述がある。

> 1990年代初頭から1996年までの早期留学に関する新聞記事をみると、そのほとんどが、早期留学の多くが一部富裕層による「逃避性留学」であると批判する内容である。……親が子供を留学させる理由が、①現行の教育制度が気に入らないから、②どうせ良い大学に行くのは難しそうだから、③私教育にかかる費用よりも留学費用の方が安いから、④外国語だけでもちゃんとできれば食べていけるから、などの逃避的なものがほとんどであるというのである（中央日報，1990年10月31日；小林，2017，p. 61からの重引，以下同)。

> 親たちの声をみてみよう。「大学を出なければちゃんとした扱いを受けられない風土で、高校卒業生の四分の一程度しか大学に入れない明確な現実を知りながら、息子をそのまま放っておく訳にはいかなかった」(韓国日報，1992年2月26日；同 p. 61)。

以上のような内容がこの時代の新聞などで取り上げられている。

当時は初等・中等学生だけでなく、高校生の留学も原則違法で、外国への私費留学資格は「国外留学に関する規定」により「高等学校卒業以上の学歴があるか、これと同等以上の学歴があると認定される者で、私費留学外国語試験に合格するか、同試験が免除された者」に制限されていた。当時の早期留学の増加から鑑みて違法についてはほぼ黙認されている状況だったようである。

初期の早期留学ブームは、ソウル市、特に富裕層が多い江南地域で起こった局地的現象で、「ソウル市教育庁によると、ソウル市内の高校在学および卒業生のうち国内の大学進学を放棄して海外留学した生徒は1986年27人、1987年32人、1988年92人であったが、海外旅行自由化以後、急増し、1989年615人、1990年603人になったという。違法な留学生のほとんどは成績不振の高校生、または大学入試に失敗した高校卒業生でソウル市の生徒が主流であった」（中央日報，1991年4月19日；同 p. 63）という。

「ブームに乗って『留学院』と呼ばれる代理店が増え中には違法行為や詐欺事件も発生した。観光の名目で出国し親戚の家に預けてくるなどの方法もとられた」（小林，2017，p. 64）。

早期の留学生は学力不振児が多く適応しないで遊び回ったり、中退したり事件に巻き込まれた者もいたようである。

1993年金泳三政権が発足すると「世界化」（グローバル化）が国家施策とされ、韓国が世界経済体制に組み込まれていく中で国際競争力を構築していくことが課題とされた。外国語教育は世界化のための核心的課題とされ、1997年から初等学校３学年からの英語教育が開始されることとなった。初等学校の英語正規教科化は幼稚園での英語教育などの早期英語教育熱を呼び起こし、英語塾や子供の海外語学研修などの私教育市場の膨張をもたらした（イ・ミンス，2011，p. 371；小林，2017，p. 68からの重引）。

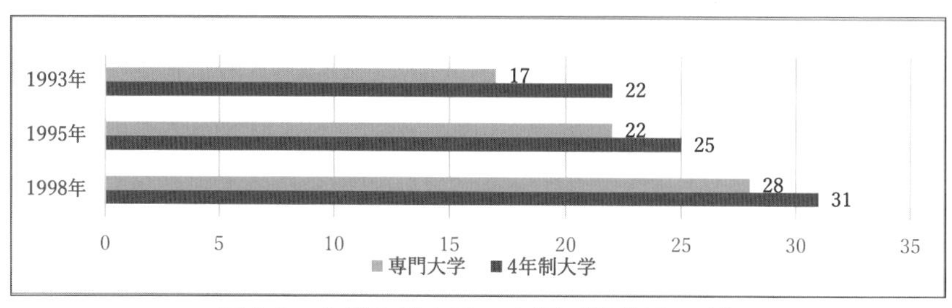

図1-2　大学入学定員の変遷（単位は万人）

小林（2017）から作成

また一方「大学設立準則主義」が導入され大学定員の決定権限を大学に移す「大学定員自由化」が進められて、大学入学定員の大幅な増加が実現されたため、「逃避性留学」の要因が改善された。1993年4年制大学127校定員22万人、専門大学が128校定員17万人であったが、1995年4年制が131校定員25万人、専門大学145校定員22万人、1998年4年制156校定員31万人、専門大学158校定員28万人と大幅に増えた（小林，2017，p. 69）。1998年高等学校進学率は64.1％と急速に上昇したが、定員の増加により競争の参加者がかえって増え、熾烈な競争は続いた。

「中・高校生の不法早期留学に対しては規制が強化されたが、江南地域では初等学生についても長期休暇中の海外研修だけでなく、アメリカ、イギリス、カナダ初等学校に1年ほど留学して帰ってくる現象が広がっていると報じられた」（文化日報，1997年1月15日；同 p. 72）。母がついて子が留学し父が金を送るという「キロギ・アッパ」という離散家族の問題や、留学のための私教育というのも現れた。1990年代後半の韓国では、アメリカの大学でMBA（経営学修士号）を取得して帰国すれば、すぐに課長になれたりしたという。就職の際に留学経験者が良い待遇を得られたことが早期留学熱を高めたのだろうといわれている。また大学入学定員は増えたものの一流大学の定員は限られていることから、国内で良い大学に行けないなら、外国に行かせようという発想が出てきたものと思われる。アン・ビョンチョル（1996）のアンケートによると

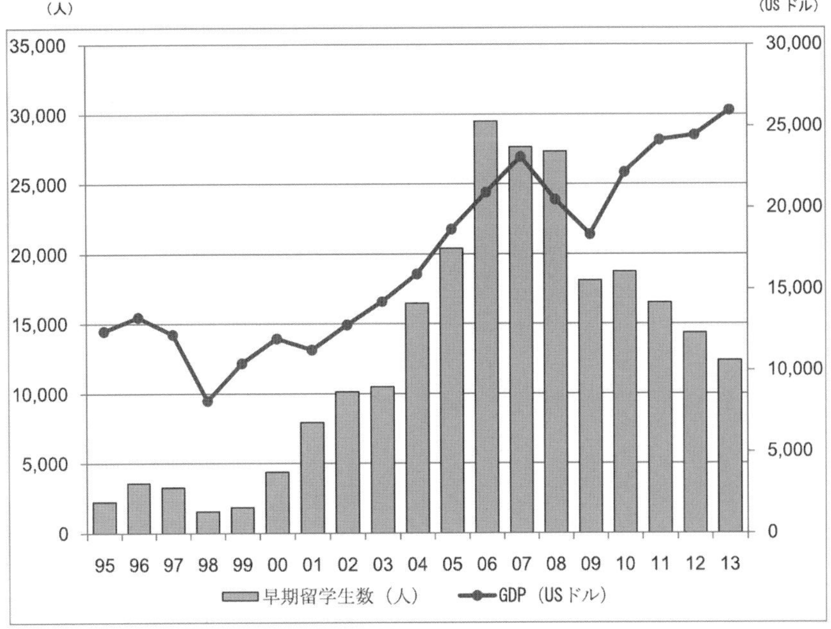

図1-3　１人当たりのGDPと早期留学生数の推移

韓国教育開発院『教育統計分析資料集』各年度、仲川（2015）による。
＊１人あたりGDPは（１月〜12月）の会計年度、早期留学生数は（３月〜翌２月）

行き先はアメリカが圧倒的に多く、新聞等では多くの問題が書かれているが、留学生のおおむね66.2％がアメリカの生活に満足し、86.7％がアメリカで引き続き学校に通いたいと回答し、理由は「自由で自律的である」「個性を育ててくれる」などであった。

1996年、アメリカの有名大学に入学するため早くから学費が無料の公立小中学校に留学する台湾・香港・韓国の子供たちを主な適用対象とする移民法改定で「違法留学生禁止」条項によって、アメリカの公立学校に１年以上通えなくなった。韓国も自国の国際収支赤字が増える中、規制に乗り出し送金ができにくくなった。しかし早期留学ブームは収まらなかった。1997年アジア通貨危機で国全体が経済危機に陥り、留学はいったん減ったかに見えた。

「1995年2259人、1996年3573人、1997年3274人、1998年1562人と減少した。その後1999年1839人、2000年4397人、2001年7944人、2002年10132人、2003年10498人、2006年29511人」(韓国教育開発院統計による)(小林，2017，p. 79，91）である。図1-3を見ると経済と留学生数との関係がよくわかる。2006年が人数のピークとなっている。

1998年経済成長率−5.7%、1999年10.7%、2000年8.8%と輸出増加のため経済状況は短期間のうちに回復し、ますますグローバル人材の必要性が感じられた。ソウル行政法院が17歳以下の早期留学者に対する国外旅行許可制限は国民の平等権に違背するとの判断を下し、1999年9月早期留学制限措置は解除された。2002年には送金の規制もなくなった。

早期留学とはいえ、まだこのころは都市部の金持ちの中・高校生が主であった。やがて、全国に、そして低年齢化し、初等学校の生徒や富裕層以外の家庭にも広がっていく。

2002年には早期留学生は1万人を超え、理由も成績不振の富裕層だけでなく、中間層で優秀な生徒たちが自ら積極的に外国のことを学び、よりよい教育環境を求めて留学するように変化してきた。併せて大学入試で語学優秀者の特別枠入試の制度ができたり、外国語高校から外国の大学に入学する生徒が生まれたりした。

留学する際、妻子を外国に、生計を韓国で支える父親の「キロギ・アッパ」が2001年頃から注目を集めた（同，p. 97)。留学は早いほど効果があるという考えから低年齢化が進み小中学生の1、2年間の留学が増え、国もアメリカ、イギリスから、2003年には安価なカナダ、オーストラリア、ニュージーランドそして2004年には中国やASEAN諸国そして南アフリカ共和国やインドも対象になってきた（同，p. 110)。留学先のツアーやノウハウ本が流行し、その中心はソウル市と京畿道であった。盧武鉉政権でも経済成長が続き、早期留学ブームは地方にも広がっていった。

アメリカの大学を卒業後、わずかに成功する者もいたが現地での就職は難しいものがあった。当初は大学卒業後、帰国し韓国で就職すると有利であり、そうする者が多かった。やがてアメリカの高等学校卒業後特別枠で韓国内の大学を受験したり、アメリカの中学校を出て、特別枠で韓国の外国語高校に入って韓国の大学を受験したり、アメリカの小学校に入るも小学校高学年から授業が難しくなるので韓国の初等学校に戻り、英語力を保ちながら韓国内の進路を目指す者が増えてきた。というのも早期留学は2006年ピークとなり、お金をかけ、多くの困難があったにもかかわらず就職においての留学経験が優位に働かなくなってきたからである。（同，p. 122）そして2008年リーマンショックで、再び不況に陥り、留学者数も徐々に減少していった。

減少した理由は留学自体が家族や子供の成長に影響があり、「半分成功半分失敗」と言われる中、会社の就職条件としての優位性がなくなってきたこと、金銭的に支援が大変になったこと、そしてもう一つは教育の格差が問題となり、それに対しての多くの施策がなされたことにもよる。

留学の過熱化と格差に対する施策には、例えば次のようなものがある。

①1997年小学校への英語授業導入

結果的には国内の英語熱・留学熱を高めた。

②2000年私教育復活

以前からshadow educationが問題となり格差対策のために、1980年から私教育全面禁止であった。しかし早期留学や闇の塾などが生まれかえって問題となったため、私教育を復活させ、英会話校やオンラインレッスンなどの道が開けてきた。

③放課後学校

学校や公民館など地域の施設を利用して放課後、補習というより塾の代わりになるような勉強する場所、わからなければ相談に乗ってもらえる場所を用意した。1995年頃から発達し2000年代に参加が増えた。「高等学校の生徒の利用が多く、2009年には70％にも及ぶ」(カレイラ，2014)。

④EBS (韓国教育放送公社) による教育番組

1990年にでき、2003年に公社化しその後浸透した。インターネット講座もあり大学入試問題とも関係している（カレイラ，2014)。

⑤「英語村」

2004年孫鶴圭京畿道知事の公約により作られ、全国に急激に広まった。2009年には32カ所存在する（カレイラ，2014)。

⑥国内留学貴族学校誘致・設立など

留学する代わりに外国の学校を誘致し、外国人教師の指導を売りに生徒を集めている。留学するよりも外貨の流出や経費は抑えられ、離別する家族の問題も改善するようだが、学校にかかる費用がかなり高く周りが韓国人なので費用対効果が疑問視され苦戦している。

ほぼ年代順に並べてみたが、この中で⑤の英語村については公費もかなりつぎ込んで数多くすばらしい施設が作られたものの、経営不振が続出し現在数はかなり減っている。

2006年ソウルの京畿道にできたパジュキャンプは最新最大の美しく広く立派な施設である。公立小学校が行う５泊６日の小学生英語キャンプや英語教員研修にも使われていた。

2009年私の訪問時には既にあまり人の姿が見えず、受付もカフェも英語は聞こえてこなかった。わずかに奥の建物で小学生対象の会話講座を白人講師一人が行っていて、それが唯一見かけた外国人の活動で授業での ALT とかわらないと感じる寂しい状態であった。当初公がかなりの経費を出し、民間と提携してやっていたが維持費も多く経営が大変で、現在はほとんど民間が譲り受けて団体を予約制で行ったり、都市の中で小規模で経営したり、数を減少させながら生き残っている状態である。現在日本にもいくつか英語村ができつつあるが、英語キャンプなどで代替えできるので、維持させることと効果とを考える必要がある（西子，2011)。

1.2.3 国際化に向けてのTEE（Teach English in English）政策①と英語研修

韓国で国際化が叫ばれ、経済活動やオリンピックなど国際行事での英語の必要性から1980年代初めから特別活動での小学校英語の授業が始まった。

> これにあわせて全国の教育大学では、特活英語を指導する教師のための研修課程が開設され、夏と冬の長期休みを利用して、特活英語指導研修が行われた（ト，2011）。

> 1992年からは学校長裁量時間の選択科目として英語が導入されるようになり、多くの初等学校で英語教育が行われた（コン他，2010）。

> 同じく1992年より全国11か所の教育大学で英語教育深化課程が開設され、1996年には英語教育深化課程を履修した卒業生が初めて輩出されるようになった（ト，2011；いずれも金，2012，p. 260からの重引）。

大学教育においてもこのような対策をとった。1997年初等学校３、４年生に英語を正課として教え始めたが、現場でも多くの研修が行われた。

> 英語の授業は1998年度はクラス担任（約60％）か、英語専科教員（約40％）が担当していたが、クラス担任は240時間の研修を受けることになっていた。このうち一般研修は120時間で、教材・指導法などの理論について大学教員が講義し、深化研修では英語圏の母語話者から教材・指導法について120時間実践的研修を休暇中や放課後の時間を利用して受講することになっていた（河合，2004，p. 27）。

当時の委員会の指導者から実態を聞いたが、各校中心となる学校と連携して放課後の時間など使いながらこの分量の時間の研修を全員に行うなど、徹底した研修の組みようであり日本でまねできるものではないと感じた。さて英語教育を進める中でTEEの方針が打ち出された。

> TEE（Teaching English in English）とは英語の授業を指導者が英語を使って教えるという意味である。2000年4月4日に発表された教育部の『英語で行う英語授業の活性化対策』において、学生レベルと教育条件を勘案したうえで2001年の初等3、4年生と中学1年生を初めに、2002年には初等5、6年生と中学2年生、高校1年生、2003年には中学3年生と高校2年生、そして2004年には高校3年生を対象に教育課程に合わせて段階的に拡大していくとされていた。
>
> その後教育人的資源部は2005年5月に「英語教育活性化5か年総合対策（2006～2010)」を発表し、TEEを活性化するための様々な支援策を施すようになった。この対策においてまずTEEを、「教授・学習に必要な基本的なコミュニケーション（授業進行、難しい文法説明などを除く内容説明）を英語で行い、教師と学生間で英語のコミュニケーションを重要視する英語授業を意味するもの」と定義付けている。ここで注目すべき点は、TEEが、教育内容に関係なく母語を一切使用せず、英語のみで授業を行うことを意味するものではないということである（金，2012，p. 271)。

日本の小学校英語科においても中・高等学校においても新指導要領の実施においてこのTEEが叫ばれている。英語使用についての議論も「すべてを英語でという意味ではない」など、問題となっている点も同じである。しかしながらそれに関わる教員研修にかける時間と経費は良くも悪くも日本は比較できないほど少ない。

1.2.4　李明博（イ・ミョンバク）政権（2008年２月〜2013年２月）と英語公教育強化政策

2008年、リーマンショックの影響を受け韓国も不況に落ち込んだ。国としての輸出は伸びていたが格差対策にあまり成果を感じられなかった２人の民主党政権を経て、韓国の民衆は直接選挙で保守の李明博を大統領に選んだ。李明博は在日で韓国に戻ってから苦学し、零細企業の現代建設を若くして国際的な大企業にするなど経済的な手腕が期待されていた。選挙公約にも挙げられた「李明博の経済回復の核心は『韓国747』計画といって毎年平均７％の経済成長、一人当たり４万ドルの国民所得、韓国を世界７大経済大国にするもの」（フリー百科事典日本語版：ウィキペディア，2019,「李明博」）であった。しかしアメリカとの貿易摩擦や経済危機を日韓通貨スワップ協定や竹島上陸などで切り抜けるなど後半は身内の不正もあって大変なものであった。MB ノミクスとよびマクロ経済政策をとり小さい政府を目指した。

教育政策としては李大統領自身が苦労をして働きながら高校や大学で学んだ経緯から、奨学財団で授業料に苦労する人々を助けたり、農村漁村地域に寮制公立高校を指定して援助したりするなどの施策を行った。

また韓国のグローバル経済を支える人材育成に力を入れ、英語公教育強化政策を打ち出した。

金によると「2008年政権交代に伴い、李明博政府の英語公教育強化政策が施され、初等学校の英語は再び３、４年生が週２回、５、６年生が週３回に増えた」（金，2012，p. 268）。第６次教育課程は1997年に初等学校英語を初等学校３・４年生週２回、５・６年生週２回、第７次教育課程当初（2001〜2007年）は３・４年生週１回、５・６年生を週２回、新政権発足で初等教育強化案が出され、2008年改訂教育課程では３・４年生週２回、５・６年生週３回となった（金，イ・ワンギ抜粋から）。

また英語を小学校１年から導入したい意向や、イマージョン形式で英語で教えることを李明博大統領は提案したが世論や周りの反対で実施には至らなかった。しかし外国語専門高等学校は全国で20存在し、済州島の国際都市構想なども出ている。

第７次教育課程はそのまま継続し、時代に合わなくなった部分については随時部分改訂ということになっている。

「2009年改訂教育課程」では第７次教育課程踏襲は当然のことながらその特徴が強まった。佐藤（2017）によると「特徴の一つが教科群と学年群の導入」である。

「教科群」×「学年群」の枠に基準授業時数が示され、20％の範囲内であれば各学校の裁量で時間数の増減を可能にした。中学校３年間の45分授業年間34週の教科の基準授業時数が、例えば数学では374時間で全体では最低3366時間であり、これをどの学年で何時間行うかは学校の判断となる。二つ目の特徴は「創造的な体験活動」つまり自律活動、サークル、ボランティア、進路などの活動が導入された。三つ目の特徴は「国民共通基本教育課程」から高校１年が外れ、高校はすべてが選択教科となり、中学校にも選択制が導入された。

表1-1　2009年改訂教育課程における中学校の教科と授業時数

中学校		教科群								創造的な体験活動	学年群別授業時数
		韓国語	社会道徳歴史	科学技術家庭	数学	体育	芸術音楽美術	英語	選択科目		
学年群	1–3	442	510	646	374	272	272	340	204	306	3366

文部科学省生涯学習政策局（2016年４月５日，p. 282表２）より佐藤由美（2017, pp. 13–23）

2011年改訂教育課程は高校選択科目開発を通じて特化した選択教育課程の運営、必須学習内容（語彙および到達基準）の調整から格差の緩和、コミュニケーション能力の重視などがあげられる。特に到達目標を体系化し、初等学校と中学校の到達基準の連携強化のために、初等学校到達基準の中で難易度が上級に属するものは、調整後中学校に移管した。また初等学校での体系的文字指導のため、リーディングとライティングの到達基準を補完し、3、4年でフォニックス、アルファベット、基礎ライティングおよび易しい文字言語などに対する指導方案を提示した。さらに初等学校の文字教育レベルと連携できるよう、中学校でのリーディング、ライティング領域の一部到達目標を低く提示した。

「語彙」では、学習の効率性を高める方向で基本基準に対するガイドラインを改善し、真正性（authenticity）と有用性の高いもので基本語彙一覧を調整した。到達基準、時数、教科書内容の分析、2007改訂教育課程の2315個の基本語彙の妥当性検討などを通じて基本語彙のレベルと内容を調整し、学年級別に奨励学習語彙数を再調整した。2007改訂教育課程の36個の文法カテゴリー、237個の文章を、2011年では38個の文法カテゴリー、306個の文章に再調整した。

コミュニケーション能力重視、音声言語優先、能力別教育推奨、アクティビティ及びタスク中心、到達基準の明瞭化などの特徴が挙げられる（金，2012より抜粋，pp. 265–268）。

以上のように李明博政権では様々な英語公教育強化の施策が出された。中でも教員研修の強化策であるTEE研修の進化と大学入試改革の１つとして修学能力試験の英語の４技能を図る国家試験NEATについて後に触れる。

1.2.5　英語公教育強化政策とTEE研修②

前述のように英語を初等学校で教えるようになって一般120時間、担任240時間の英語の教員研修が行われてきた。一方2005年「英語教育活性化５カ年総合計画」が出てTEE（Teach English in English）をもとに新たに様々な教員研修が行われた。しかしそこでリスニングとリーディング中心の入試制度や教師の英語駆使力の不足などから成果を上げられずにいた。特に教師の英語能力が問題となっている。

2008年の政権交代で、李明博政府の英語公教育強化政策の主要課

> 題である学生の実用英語能力向上、私教育費の軽減、英語教育格差の緩和の一つの方策としてTEEが再び注目され強調されるようになった（イ他，2011）。

そして、より具体的な施策法案として新たに２つの策がとられた。

金（2012）によると１つは2009年４月「初・中等教育法施行令」の一部改定案が出され、英語コミュニケーション能力向上で、2010年から初等英語の授業拡大と中等英語の能力別移動授業拡大に対応して人材確保のために打ち出した「英会話専門講師」制度である。英語に堪能で教員資格を持った者あるいは認定された者が最大４年まで別途任用できるというものである。2012年には高等学校も加え各校１人は配置を計画した（2012年に73％達成し2013年には100％になる見込み）。

もう１つはこれまでも行ったTEEをより一層強化する策である。

> 2009年９月教育科学部は英語公教育強化のために2012年まですべての英語教員が英語で授業が行えるようにするための「英語教師の英語授業能力向上方案」を発表した。この方案によると、当時一部の市道を中心に推進されていた「優秀英語教師認証制（ソウル：TEE認証制）」を全国的に拡大して2010年よりすべての市道で実施できるよう支援するという。「優秀英語教師認証制」は経歴・研修実績・英語で行う授業能力などを総合的に判断して市道別に教育監が認証書を発給する制度である。認証の段階によって最上位レベルの認証を受けた教師は「Mentor教師」や「研修指導講師（teacher trainer）」などとなる。そしてこれらの認証を受けた教師には、長期海外研修、教育費支援などの各種インセンティブが与えられるようになる。……認証の種類はTEE-AとTEE-Mの２つに分けられ……まずTEE-Aの応募資格は教育経歴３年以上、初等の場合は英語指導経歴１年以上が要件となる。それに英語研修と自己啓発指

数を統合してTEE指数が30以上。認証は1次では英語教授法の基本知識に対する評価（TEE-KT）で試験委託機関でのCBT評価、1次合格者は2次試験である「英語で行う授業実演能力評価（TEE-PT）」に進むことができる。評価委員は大学教授・校長・ネイティブ・スピーカー・TEE-M認証教師などの3名である。TEE-Mは教師経歴7年以上の一級正教師（初等の場合英語指導経歴3年以上）で英語研修指数40を含めたTEE指数80以上の者に限られる。評価は1次から4次まで。1次はTEE-KTの英語基本知識、2次は面接評価で10分前後の英語インタビュー、3次はTEE専門家課程研修テストで60時間のTEE職務研修、4次はTEE-PTで評価対象者の学校を実際訪問し正規の授業を評価することになる（金，2012，pp. 273–274）。

まとめると下の表のようになる。

表1-2　TEE認証支援資格と概要（イ他，2011より抜粋）

認証区分	応募資格	TEE認証課程	インセンティブ	活用計画
TEE-A（Ace）	▪教育経歴3年以上（初等は英語指導1年以上） ▪TEE指数30以上	▪1次TEE-KT ▪2次TEE-PT ＊各2レベル以上取得	▪TEE-A認証書授与 ▪語学学校での自律研修会（3カ月）	▪TEE授業公開（単位学校、地域庁地区別） ▪英語資料開発委嘱
TEE-M（Master）	▪教育経歴7年以上、一級正教師（英語指導歴3年以上） ▪TEE指数80以上（研修指数40以上）	▪1次TEE-KT ▪2次面接 ▪3次TEE専門家課程研修 ▪4次TEE-PT ＊各3レベル以上取得	▪TEE-M認証書授与 ▪海外での自律研修機会（1年以内）	▪Teacher's Mentor委嘱 ▪英語研修講師委嘱 ▪TEE-A審査委員委嘱

（金，2012，pp. 273–275）

ソウル市の調査ではTEE授業は著しく向上したと述べているが、一方で学習者に英語での説明が理解不能で教師と学生間のインタラクションが成り立たず、多くの学習者の大学受験のための学習としては効率が高くないとも言われている。

1.2.6 NEAT（英語の国家統一試験）の行方（2008年～2013年・2015年）

李明博大統領の時代にはこれまで述べたように外国語特に英語の力を育てるために、様々な施策がなされた。具体的には小学校の英語教育導入やそれに伴う教員研修の徹底、カリキュラムの再構築、修学能力試験の英語についての４技能を測る国の試験NEATなどがある。日本では10年ごとの教育課程の見直しによって変わる。韓国でも日本同様６年ごとあるいは10年ごとに変わることになっていたが、大統領が代わるとその方針によって徹底的に方向性や施策が変わることが多く見られる。この国の動きに連動して市や地域、民間も大きく影響を受け、知事の選挙後英語村を設立したり、留学や私教育が増えたりした。

その中でも国は英語のリーディング・リスニングを評価する修学能力試験に代わって４技能に対する国家統一試験NEATについてかなり力を入れた。

この「国家英語能力評価試験（NEAT）」は、主に大学生や社会人向けの１級と、中高生向けの２級・３級がある。過酷な大学入試制度の問題や外貨流出のこともあり、TOEICなどの外国のテストに頼らず英語の４技能を評価する国家英語能力評価試験（NEAT）を開発しようと、2008年から李政権が取り組んだ。当時は2012年から施行する計画があり、毎年巨額の準備費が充てられていた。

> 2009年から11年までパイロット試験を経て12年で２回施行された２級試験で、読む・書く・聞く・話す４つの機能で最高点数であるA等級を受けた受験生は、２級の場合、高い得点をもらったA等級の人が17.4%に達して多すぎ、「識別力に問題あり」との議論が起きた。こうした理由からソウル大学を始め、ソウル市と首都圏所在

の主要上位ランキングの大学はNEATのスコア提出を求めなかった。地方の27大学に止まった。2013年大学入試からNEATが採用される予定だったが、中学や高校の教育現場から対策が間に合わないと反発が噴出。また、民間の英語産業への依存が更に進み、塾に通える生徒と通えない生徒の格差が拡大するという批判も強まった。結局、大学入試へのNEAT採用は先延ばしされ、次の朴政権に判断がゆだねられた（朴，2019.5.21）。

大学修学能力試験の代替可否についても2012年度末に正式決定し、2013年度大学進学者を対象に全国7カ所の大学で適用され、実施したが、李明博政権の中で完結せず実施を2016年に延期し、次期政権に先送りとなった。李政権下でも難しかったが次期政権では当然本気度が変わってくる。次のような流れになった。2013年6月、突然NEATに対する衝撃的な報道があった。

世界日報によると「教育部が、39億円をかけて開発したNEATの修学能力試験の代替という計画をなかったことにするという結論を出したということが明らかになった」（世界日報，2013.6）。
その後「教育部がNEATを修学能力試験への代替案を廃止して2カ月が経ったが、試験自体を廃止する方案を、検討中であることが明らかになった」（Monday Today，2013.10）。

かくして李明博政権より100億円以上の準備金を使い次政権に託されたNEAT計画は消えてしまっている。NEATの2、3級試験を実際に行い、書店にはNEATの参考書が出回り、塾でも対策を行ってかなり当事者には浸透していた計画はシステム構築の大変さと現場の聞き取り不足という理由は本当かどうかわからないが水泡に帰した。
結局、学校教育現場の調査がきちんと行われていなかったうえに、当初の公教育のみで進める計画からは外れ、私教育熱に油を注いだこととなり、学歴格差の深刻化、広報不足などの問題にぶつかってしまったのだ。これまで研究・開発に当たり、39億円という税金が使われ、5年という時間もかかってしまったNEATは今や李明博政権の政策失敗の代表的例として挙げられてしまっている（安河内，2014）。

そしてNEAT試験自体は朴（2019）によると、2015年5000人あまりの受験生を最後に、朴政権により予算も絶たれ、廃止となった。多くの年月と費用を無駄にしてしまったわけだが、NEAT試験自体は韓国内で賛成が多く反対者はいないようで、最近復活の議論も出ているようである。日本も身につまされる話である。

1.2.7 朴槿恵（パク・クネ）政権（2013年2月〜2016年12月）と第7次教育課程（2009年度改訂から2015年度改訂）

2013年2月より直接選挙で朴槿恵政権となり、「経済復興」、「国民幸福」、「文化興隆」を通じて「第二の漢江の奇跡を作る偉大な挑戦に出る」と宣言した。特に北朝鮮には核を放棄し平和と共同発展の道に進むことを願い「韓半島信頼プロセス」をすすめ、安保理の北朝鮮制裁決議を国民や他国と一致して行い、外交的には中国に向かい評価された。しかし輸出が増えても輸入がその上をいく「不況型黒字」「若年層の失業」などの経済問題やセウォル号事故の際の対応に人心を失い、さらに友人の国政介入問題や財閥との金銭問題で、「2016年12月9日国会での弾劾訴追決議」により任期を待たずして罷免された。（フリー百科事典日本語版：ウィキペディア，2022閲覧「朴槿恵大統領」抜粋）

教育については、第7次教育課程の2015年改訂教育課程は佐藤（2017）によると、2009年度版を継承し中学校の必修教科に週1で「情報」を新設した。また「自由学期制」を中学校に導入した。各学校が任意の1学期間を自由学期に設定し、体験活動などを重点的に行う。この学期は普通教科の授業も討論や実習を中心に運営し、大きなテストは行わない。2013年度に試行し、2016年度からほとんどの学校で実施されている。PISAなどで問われる問題解決能力の育成や進路に夢を持って柔軟に考えられるようにとの意図だが、調査では学生、保護者、教員ともに好評のようで2016年80％実施である。内容は記録簿に叙述式で記載される。

受験のための知識のみの学習に傾きがちな中、良い試みではあるが、韓国の状況としては、学校教育を自由にした時間分だけますます私教育に力が入り、格差に影響しないだろうかという不安がよぎる。また批判もあるようだ。

なお選択教科のみ担った高校では2015年改訂で韓国語、数学、英語、韓国史、統合社会、統合科学、科学探究実験が必修となった。

また朴政権ではこれまでの韓国史の教科書が左派寄りになっているとして事実重視の国定教科書を作成したが、次の文政権となり、父親の漢江の奇跡の記述など非難され、最終的に日の目を見ない教科書となってしまった。

英語の教科書は以前のような国定ではなく検定で、2019年度小学校３年から学年で順次変わっている以外、2022年度も変化は見当たらず2015年改訂課程である。

1.2.8　文在寅（ムン・ジェイン）政権（2017年５月〜2022年５月）と教育（第７次教育課程）

文在寅は朴槿恵大統領の罷免に伴う前倒しの大統領選挙で当選し、引き継ぎ期間がない状態で大統領に就任した。前政権が保守の「自由韓国党」であったのに対し、野党であった「共に民主党」の政権である。師であった故盧武鉉大統領の方針を継ぐ政策が多い。労働者に対しては時間当たりの最低賃金を上げ、北朝鮮に対しては師同様融和政策をとっている。

安倍（2019）によれば所得主導成長が文政権の新たに打ち出した経済政策であり、2018年の最低賃金を前年比16.4％増の時給7,530ウォンに決定し、１月から引き上げを強行した。結果就業者数大幅減、中小企業等廃業に追い込まれたが、2019年も幅を縮小し、前年比10.9%増の8,350ウォンにすることを決定した。労働者の立場に立った姿勢については評価されているようだが、格差対策によりますます格差が広がっているという批判もある。

教育においては、先述のように、朴政権が歴史教科書について改訂し国定としたものについて、批判し却下した。古森（2019.1.9）によると、アメリカのアメリカン・エンタープライズ・インスティテュート所属のルービン氏から、2018年韓国教育部が発表した新教育課程の改正案について「韓国政府は自国生徒に北朝鮮の残虐な歴史を隠すための洗脳教育を意図している」と糾弾されている。また最近の韓国史の教科書では自国の歴史の半分以上は現代史で過去のことはあまり触れない内容となっているとの指摘もある。

また激しい受験戦争が話題となる大学入試制度について、文在寅政権下で、学生の負担緩和を目的に「2022年度大学入学制度改編方案と高校教育革新方案」が2018年８月17日に韓国教育部により発表された。大学の存在が現在の韓国で変わりつつあり、入試制度も変化している。

1.2.9　大学入試制度

1.2.9.1　大学進学率

18歳人口に対して大学入学者数の割合は2011年において「OECDの平均が60%に対して日本は52%、それに対して韓国は69%になっている」(文部科学省，2011)。日本の人数割合は少子化もあって少しずつ上昇しつつ、それほど以前と変わらない。

中央日報（2018.3.23）によると、「韓国の大学進学率の割合は1980年27.2%、1985年36.4%、1990年33.2%、1995年51.4%、2000年68%、2005年82.1%と急激に上昇し、世界でも最も大学進学率の高い国の一つとなり、その後基準が変わり2009年77.8%を最高に2010年75.4%、2016年69.8%」と日本以上に少子化であるにもかかわらず低下してきている。またソウル大学のキム・ソクホ教授は「人生の経路において、大

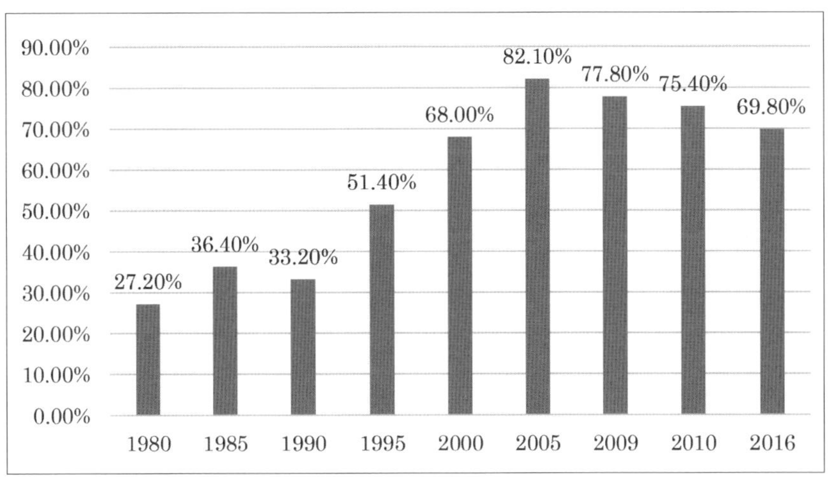

図1-4　韓国の大学進学率の推移

中央日報（2018）報道の情報をもとに作成

学卒業が就職や安定的な人生を保証するわけではないという認識が広がった結果」と説明した。

それにしても韓国では10人中７、８人は大卒者ということになり、世界的にもその割合は非常に高い。また留学者も2008年頃をピークとして人数は下降している。以前のように国の景気の良い悪いという問題だけでなく、国内の就職難など大卒や留学が就職やその後の人生の費用対効果を鑑みて著しい効果が認められなくなってきており、そのような世の中の動向を見て若い世代の考え方が変わってきているのは確かであろう。

なお高校入学率は99.7%（外務省，2017）とほぼ100%に近く、外国語高等学校等の特別な学校以外は、成績によって「平準化」といわれる制度で中学校の調査書により能力的に各高校均等になるよう分けられ進学する。

1.2.9.2　大学入試改革

韓国の大学入試の過酷さは毎年日本でもニュースになるほどで、修学能力試験にかけている受験生の姿がテレビの映像に毎年のように映る。韓国では大学入試が人生でたった1回一発勝負の統一試験であり、それによってどの大学に入れるかが決まる。しかも大学進学率は高いので、その中で勝ち残り、大企業や官職につくためには、ソウル市か近郊の有名大学で優秀な成績を収めなければならない。そのために幼いころから家庭教師や塾などほとんど放課後を勉学に費やす。試験日の英語のリスニングの時間は飛行機が止まり、遅れた生徒のためには白バイが走る。自分だけでなく、一般的にそのようなイメージを持っている人が多いのではないか。実は大学進学率だけでなく、入試の内容はかなり変化してきている。

1980年の全斗煥政権の教育方針から、1994年金泳三政権下で希望者の多い大学入試が平等に公正にそしてレベルが落ちないようにと、それまで各大学が出題し選考していた入試制度をやめ、国家の統一試験である修学能力試験が始められた。そしてリスニングも英語試験に含まれた。

聯合ニュース（2018.4.11）によるとその3年後の1997年に、過酷な受験戦争を緩和するために、日本で推薦入試といわれる高校の成績等で判定する制度を導入した。以後、修学能力試験によるものを韓国では年1回の「定時（一般）試験」、学生生活簿（日本でいう内申書）で年複数回行う選考を「随時試験」と呼んでいる。初め随時試験は国語・数学・英語のような授業科目の習熟度を評価して行ってきた。

「随時募集の申し込みは9月で1人6校まで応募が可能で発表は10月半ばから11月。そこで大学は学生の7割に当たる随時募集の枠を埋める。定時はその後募集があり試験は1月で、随時で受かっている生徒は応募できない。定時は3校まで応募できる。随時試験は学科試験はない」（伊東，2019）とある。

次の二階（2019）引用文と表を参考にされたい。

> 2007年これまでの教科の評価中心の「教科型」の随時選考に、授業科目以外の活動を評価する「非教科型」が加わった。各大学に配置された入学査察官を中心に学生簿、自己紹介書、推薦書、面接、

修能最低基準などを参考にして、学生を多面的に総合評価する（下表参照）。学生簿は高校３年間にどのような活動をしたかを記録する公式的な資料である。科学発表や英語発表などの大会受賞や、クラブ活動、ボランティア活動、進路活動、創意的活動、読書活動などが記録される（二階，2019）。

表1-3　大学入試選考の種類

区分	選考類型	主要選考要素	
随時	学生簿中心	教科型	教科中心
		総合	教科、非教科（校内活動、自己紹介、推薦書、面接など）
	論述中心	論述	
	実技中心	実技（特技など）	
定時	修能中心	修能	
	実技中心	実技（特技など）	

二階（2019）より

出典：「大学入試制度改編公論化Ｅラーニング熟議資料」大学入試制度改編公論化委員会（2018.7）

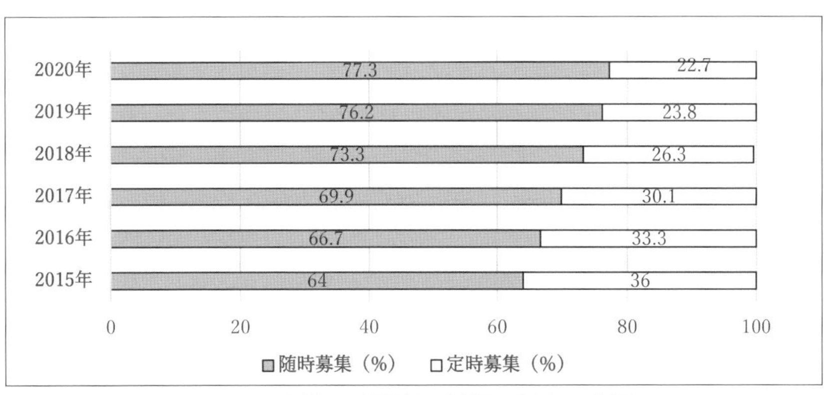

図1-5　大学入試選考の種類の割合の変遷

出典：「大学入学選考施行計画主要事項」（2016, 2018, 2020年度）韓国大学教育協議会

また2015年からの推移をみると、総人数は減っているのに徐々に随時定員の割合が増え、2015年随時定員241,093人（64.0%）定時135,774人（36.0%）計376,867人、2020年随時定員268,776人（77.3%）定時79,090人（22.7%）計347,866人となっている。

また修能選考によって入学する生徒枠の割合は「2000年度は新入生の96.6%、随時導入後2010年度は42.1%」（聯合ニュース，2019）、2015年度は全体の31.6%であったが2020年度には19.9%となり、それに伴い、随時募集の中でも非教科型の学生簿総合型の選考の割合が15.7%から24.5%に増えている（韓国大学教育協議会，2016，2018，2020年度）。

つまり修学能力試験の厳しさは今や韓国の大学入試の人数枠のたった20%に過ぎないのである。あとは学生簿による選考である。しかも教科の成績に加え、それ以外の総合評価での選考の割合が半分以上と増加している。

では全体の割合はそうであるが学校別ではどうであろうか。

表1-4　修能選考比率（%）

大学	修能	学生簿総合	学生簿教科
慶熙大（キョンヒ）	23.0	49.5	**0.0**
高麗大	16.2	62.3	9.6
檀国大（タングク）	26.5	28.9	22.9
東国大	27.1	46.6	**0.0**
ソウル大	20.4	79.6	**0.0**
延世大	27.1	34.9	**0.0**
梨花女子大	20.6	27.5	11.9
中央大	25.4	32.3	11.9
漢陽大	29.4	38,7	9.0

毎日経済新聞（2018.8.18）
資料：教育部（各大学の2020年度選考計画）：二階（2019）の表を引用

これを見ると誰もが聞いたことのある韓国の有名な大学（表1-4太字）は、軒並み教科型の学生簿選考（学業成績中心）はゼロで、修能試験の選考は30％に満たない。ソウル大に至っては、極端なことにあの厳しい受験勉強の末、修能試験で入学する生徒はなんと全体の２割で、あとは教科の優秀者というわけではなく、教科もあるがスポーツやボランティア、○○大会△賞などの総合評価による。

暗記ばかりの勉強の結果を追い求める入試から、過酷な受験戦争を緩和し、できるだけ中等教育の中身を充実させたり体験させたり様々なことに挑戦させたいという意図は十分理解できる。また2017年「教育部は一斉試験に反対する教師を解職し、懲戒……しかし試験施行のわずか６日前に一斉試験を全面廃止した」（イ・ヒョン，2017.8.24）というニュースが出るほど大胆な方針により大学入試改革を行おうという文在寅の意欲は十分に感じられる。そして大学側も暗記の試験点数だけでなく、入学後により良い成果を上げてくれる学生簿の優秀者を評価しているようだ。

しかし修能試験は、マイナス面はあっても、それにより平等、公正に選抜されていたというプラス面もあった。これまで長年の修能試験受験の弊害がいわれてきたが、2007年からの学生簿を元にした総合型選考の随時試験も10年以上続き人数割合も多くなるにつれて、様々な問題点が上がってきている。

学生簿総合型随時選考の問題点を次に挙げる。

①受賞歴やクラブなど学校教育で習得できないことが多く、経済的に余裕のある家庭に有利である。
②高校で作成した学生簿を中心とした選抜であるので作成者により主観的であったりして不正が発生しやすい。
③私立のエリート校や国際高校などの特別目的高校と普通高校では前者が有利になりやすい。

以上二階（2019）による。

それに加えて、

④高校生活を送る中で学生簿を気にして思想や教師に縛られた言動の制約が生まれやすい。
⑤賞やボランティアなどの乱発や記載内容の確認ができないもので合否が決まる。

などが考えられ、実際にもいくつか問題が起こっている。

2019年には政府高官や大学教授の娘の大学院入試の書類記載事項や口利きが問題となったが、それは随時試験の問題の氷山の一角ではないのか。

そこで先に述べたように大学入試制度について、二階（2019）によると、文在寅政権は、2018年8月17日、学生の負担緩和を目的に「2022年度大学入学制度改編方案と高校教育革新方案」を韓国教育部から発表した。2017年8月文大統領の公約で修能全科目を絶対評価に転換するという案があり、修能の比率拡大と絶対評価化が議論となったが、収拾がつかず、結局間をとって修能の割合を30％以上に拡大し行った大学に財政支援があり、共通の国語・数学・探求科目は相対評価、あとは絶対評価とした。

結果、選択科目の組み合わせが増え、簡素化を目標にした割には逆行し、修能の割合もあまり変わらないものとなった。

なお学生簿について「父母情報削除、受賞歴6個まで、サークルは学年一つ、小論文は未記載、資格等は入試判定せず、教師の記載文字数削減、自己紹介書字数削減、教師の推薦状廃止」(韓国教育部，2018.8.17) など、公平性を保つためと記載負担緩和の対策が取られ、これについては評価を得ている。

2019年11月28日聯合ニュースでは、「韓国教育部は28日、大学入試制度の公正性強化案を発表し随時の学生簿総合と論述による選考の割合が新入生全体の45％以上を占めているソウルの16大学で、2023年度入試までに定時の割合を（つまり修能の学科試験で選考する割合を）40％以上に拡大するという目標を盛り込んだ」とある。これは議論の結果を踏まえたものであり、まだ目標に到達していないことと現在の方向性はここから確認できる。ただし実際には「2020年度定時選考の募集定員の割合は全体の19.9％」（二階，2019）であり、AO・推薦入試の増加により課題が生じている日本の状況と似た悩みが感じ取れる。日本同様少子化や格差が影響しているのかもしれない。

1.3　情報化の歴史と教育格差

ここまで韓国の大統領の流れにより変化してきた教育課程やその時代の施策をピックアップしてきた。ここでは何代にもわたって取り組まれてきて現在も大きな役割を果たしている教育格差対策と情報化教育について取り上げる。この二つは結果的に大きくつながり、現在の私たちへの大きなヒントとなるような成果を上げている。できるだけ資料に基づいた客観的な事実の紹介に力を入れ、日本との比較や私見を差し控えてきたが、ここでは、タイムリーな話題でもあるので、知りうる限りの日本の実態と私見を述べさせていただく。

1.3.1　教育の情報化

韓国では情報化が早くから進んでいる。特に1990年代にグローバル化が叫ばれてから、英語教育とともに韓国のこれからの国の中心となる戦略として、強化されてきた。またこれは後で述べる教育費に対する格差教育対策にもなっている。

次の内容は小畑勇二郎氏執筆の、自治体国際化協会ソウル事務所が発表している『CLAIR REPORT』NO.442からの引用である。できるだけ私見を挟まず、学校教育関連を中心に抜粋する形で引用させていただいた。

1980年代には（全斗煥）大統領直属の諮問機関である教育改革審議

会の「教育改革構想」で情報化社会に備えたコンピュータ教育の強化案が提案され、コンピュータ教育を初・中等学校に積極的に導入する「学校コンピュータ教育の強化案」が策定された。この政策は、小・中学校へのコンピュータの普及と学校内のネットワークの構築が開始される重要なきっかけとなり、1990年代半ばまでに、コンピュータによる教育に向けた投資のための総合計画の策定につながった。この時期学校のコンピュータの普及は官民共同で推進された。すなわち、当時の教育部は、韓国電気通信公社と「教育用コンピュータ支援協定」を締結することにより、大量のコンピュータをより効率的に設置できるようにした。韓国電気通信公社は、1989年から1996年までの8年間で計640億ウォンをかけてコンピュータの普及と教室内のネットワークの構築を推進し、その結果、1996年度末までに、各学校で平均32.6台のコンピュータが導入された（自治体国際化協会，2017，p. 24)。

韓国ではかなり早くから学校にコンピュータの施設が行き渡っていたといえる。教育課程では1974年策定の第3次教育課程から高等学校の「技術」科目にコンピュータ教育が導入され、1981年の第4次から高等学校「産業技術」「数学」に電卓や電子順序図関連内容が入り、1988年策定の第5次からは初・中・高等学校全学年に「情報教育」が導入された。高等学校の選択ではプログラミング等も扱った。1992年策定の第6次教育課程では体系的な学習とともに裁量時間でパソコンの使い方を学習できるようになった。

1995年情報化促進基本法制定は第1次計画から20年にわたり第5次計画まで進められている。

⑴ 第1次計画（1996－2000年）

教育情報基盤の構築、すべての学校へのインフラ整備の完了、アクセシビリティーの強化、資料の開発・普及、教育行政情報化等

- 1996年先端学術情報センター、1997年放送院にマルチメディア教育支援センターが設立され、1999年統合しKERISが設立される。
- EDUNET（国の教育情報ポータルサービス）が1996年に、RISS（学術情報サービス）が1997年に設立され、学生・保護者および教員対象で初・中等教育課程の教授・学習活動の支援および教育施策の広報を担う。
- NEISの前身である学校生活記録簿電算化プログラムと学校総合情報管理システムが1996年から1997年に構築される。初・中等学校で生じる教育行政業務を効率的に遂行し、学生の学校生活記録と教職員の人事記録等の個人情報が管理されており学籍、成績、証明書から進学情報などの内容で教育目的に限り学生、保護者、教員、教育行政職員が活用できる。
- すべての教員に対する情報化基礎研修が1997年から2000年に実施される。すべての教員にパソコン支給、すべての学校でインターネットおよび授業先進機器が整備される。

⑵ 第２次計画（2001－2005年）

産業人材育成、生涯教育、健全な情報文化、ICT活用授業の安定定着、ｅラーニングの普及（サイバー家庭学習等）、NEIS開設、NEIS高度化→教育行政の効率化、学術情報流通システム高度化

- 教育人的資源部は2004年に私学における高額な授業料の問題を解決するために「公教育の正常化を通じた私教育費の軽減対策」を発表し、教育情報サービス（EBS修能講義やサイバー家庭学習等）の高度化を図った。特に情報格差を解消するためにｅラーニングを用いた支援事業として、低所得層の子供向けの情報化支援策が2000年から始まり、2007年末には約13万9000人の学生にコンピュータが支給され、約61万6000人にインターネット通信費の支援がなされた。2000年、教育課程の実施には、ICTに関する基礎的な教育を行うこととICTを活用することが明記される。

⑶ 第３次計画（2006－2010年）

ICTを活用した教育の活性化、教育全領域に情報化を取り入れた／eラーニングのグローバル化、Uラーニング基盤の構築、デジタル教科書の商用化開発

生涯教育や高等教育の情報化促進、低所得層の児童・生徒や障害者等に向けた教育の情報化支援、教育格差解消の施策としてe教授学習・e生涯学習・e教育のセーフティーネット

- eラーニングが進められる。初・中・高等学校を通して科目としてコンピュータ言語や情報教育がなされる。
- エデュファインは地方教育財政の透明化、効率、安定性、業務軽減を目的に2007年開設された。学校の物品管理や予算施設費、交付金など多くを扱っている。
- 2010年より教員能力評価制度が始まり同僚や専門家、学生、保護者が教員を評価する（NEIS）。

⑷ 第４次計画（2011－2013年）

デジタル人材育成・先進的R&D能力の強化、業務管理、EDSサービス、次世代NEIS開設、インフラからソフトへ、幼児教育情報化、クラウド教育サービス基盤造成

- スマート教育を導入適用し現場に適応した個別学習システムが進められた。そのほかデジタル教科書の開発・適用、オンライン授業の実施、教員のスマート教育実践力強化の研修が行われた。

2013年李明博大統領退任で修正し第５次へ。

⑸ 第５次計画（2014－2018年）

個別学習支援体制構築（幼・初・中等教育）、オンライン生涯学習体制の構築、eラーニング海外進出

- 教員の情報能力向上のための研修、授業モデル・デジタル教材開発・活用等。
- 自由学期制への対応と正規教科としてのオンライン授業の充実が

主である。

以上のような計画である。決して100％実施できているとは思わないが、韓国の学校や社会の実態を雑誌やネットで見ても、かなりこれに沿って進んでいるのではないか。教員情報化研修に2014年度は延べ120万人以上の教員が参加している。

韓国の情報化は社会全体としても学校としても進んでおり、普及の様子や利用について、この内容を見ただけでも、日本は20年以上遅れていると言えるかもしれない。日本は観光立国を謳いながら、都市の社会インフラとしてWi-Fiも整っていないことが近年話題となっている。1990年代に韓国が学校のインフラを整え、各学校にインターネットを整備し、コンピュータを普及させているが、2018年の日本の状態はそのあたりである。最近日本も学籍や成績等についてやっとデジタル化したが、学校全体でインターネットをスムーズに使える状態になっていない地域も未だに存在しているという。以前コンピュータの台数もその機能や大きさなども、学校のものはいったいどこで入手したのかと思われるほど、使いにくいものが多かった。台数は１人１台どころか、たとえば10年前の話だが、学校の数十台を、各授業の中で４人が交替しながら、２クラスがとりあって使う等、悲しい限りであった。校内のネット環境は以前より改善しているのだろうか。各家庭や個人は進んだコンピュータやスマートフォンを持っているのに、である。ちなみに大量に学校で備品を購入あるいはレンタルすれば安くなると思うが、備品の機器も個人が量販店で一つ買い求めた方がずっと安いのは、企業救済の為なのだろうか。

日本ではコロナ禍の中で急にオンライン教育を実施するよう地方自治体に何とかしなさいという指令を出したというニュースが出たりと緊急性は理解できる。しかし後は自治体任せで、私立高校などはオンラインで授業ができているのに、公が大げさな装備にお金をかけ、なかなか進まないことが滑稽である。

十数年前のことだが、比較的進んだ公立の学校で、デジタル教科書や大画面の液晶プロジェクターなどが整備された。しかし勉強不足かもしれないが、現場の教員にとって、使い勝手が悪く無用の長物であり、自分を含めあまり使われていなかった。韓国の例をみると日本の視聴覚機器や情報機器の使用頻度の少なさと教員研修不足、ソフト面での遅れがこの状態を作っていると感じる。機器があってもソフトの整備ができていないので、使う用途が限られてしまうのだ。教科書・問題集・参考書・辞典・ノートの機能をもつデジタル教科書が、使いこなせばここまで使えるものとは知らなかった。

韓国の場合1人1台の話どころではなく、デジタル教科書も普及し、それを使って個人が学習を進め、その学習結果が教科担任や学級担任・保護者に伝わるようなシステムを全体として使っている。

また教育格差是正の一環でもあるのだが、放課後教室というものがあり、そこでもコンピュータを使った学習ができるようになっている。「学生が毎日どんな学習をして教員がどのように指導したのかは保護者にも全て公開される。小学校から高校卒業までこのデータが蓄積され大学入試の資料になる。韓国ではデジタル教科書実証実験を始める為に、15年以上も教育行政改革とシステム開発を行ってきた」(リセマム, 2010.12.21)。

小学校の英語教育導入では日本の教員研修はかなり少なく、韓国は手厚かったが、情報化研修でも同様で、2010年代で「教員のスマートフォン講習が最低60時間義務づけられている」(こどもとデジタル.com, 2015.5.16)。そのため、どの教師もオリジナル教材を作れるほどの技能があるという。

2010年頃実際に韓国の小学校教諭と研修会で交流した際、彼らはコンピュータで、子供たちに宿題を出しその答えが子供たちからくるという話を聞き驚いた。その際この資料の通り、低所得の家庭には政府がコンピュータやインターネット環境を手配し、誰もがそのような学習に参加できるのだと言っていたことが頭に浮かんだ。それは韓国だけでなくアメリカでも2020年3月あたりからオンライン授業や課題のやり取りなどが行われているという。日ごろから教師・生徒共に使い慣れているということなのだろうか。

韓国ではコロナ禍にあたって、次のような措置を出している。

⑴　2020年4月1日、韓国教育部と科学技術情報通信部は、新型コロナウイルス感染症の感染拡大を受け、両者が連携して、子どもの遠隔教育環境の構築に総力をあげると発表しました。
通信3社（SKテレコム・KT・LGU）と協議し、データ使用料を心配せずに教育コンテンツを無料で利用できるよう支援（＊5月末までデジタル教科書・eラーニング・韓国教育放送公社〈EBS〉のウェブサイト等の教育コンテンツを利用する際、データ使用料を消費しないようにする等）

⑵　IPTVによる韓国教育放送公社（EBS）の教育コンテンツのリアルタイム配信及び追加料金なしでの視聴の実現（＊今後ケーブルテレビや衛星放送にも拡大予定）

⑶　低所得者層へのタブレット端末貸与のため、サムソン電子（3万台）、LG電子（6000台）からの寄贈

⑷　低所得者層の子どもへのオンライン学習に必要なスマートデバイスの貸与及び通信費の積極支援（＊低所得者層の子どもを対象に、31万6000台〈学校・教育庁が保有する23万台・教育部からの追加5万台・サムソン電子やLG電子からの寄贈3万6000台〉を無償貸与）

⑸　国内のソフトウェア開発企業による遠隔教育ソリューションの活用・普及のための共同

の5点が掲げられています（カレントアウェアネス－R，2020）。

日本も文部科学省（2020.4.10）から全国の都道府県や情報担当者に呼びかけられているようで、通信費については生活保護費に含むなどの指令が出ているというが、どの程度の実行が見込まれたのだろうか。は

じめの計画では2020年までにインターネット環境をそろえ最先端の教育の国になるはず（現在2023年完成計画を前倒し）であったのだから、これをきっかけに強力に早急に推し進めるべきである。遅かれ早かれ進めなければならない、ならなかったものであり、構築できれば他国並みに使えるようにすればよいだけの話である。

ちなみに日本の家庭のインターネット環境は総務省データ（2017）と内閣府調査（2019）から、そして豊福（2020）の調べによると「小学生のネット環境は86.3%、スマホ所有は49.8%」というのだから、必要ならば学校のコンピュータを当面貸し出し環境を与えることで十分可能であろう。真偽の確認はしようがないが、学校のサーバーが機能しないということに対しては、今のところできる範囲でやっていくしかない。初めての取り組みに学ぶことは多いのである。

また韓国や中国でも進んでいるようだが、「アメリカなど４月第１週で83%の家庭で学校が提供するオンライン遠隔教育で子供が学習している」といい、「教師は学校が閉鎖した３月16日から４月３日にGoogle Classroomの講習を受け、４月20日には低所得者層に無償でクロームブックとモバイルルーターを分けオンライン学習に移行できるようになっている。……Google Classroomで学校のIDを与えれば、アメリカなど無償で朝の会や授業を行えている」（時事ドットコム，2020）という。

新しいことには当然のことながら、反対や抵抗があるのだから、先見と機動力をもって行ってほしい。多くの教員は対面の授業は大好きだし、一人ひとりに寄り添ってというのは大切だが、その時代に合った方法もこの際慣れていく必要がある。それがいざというときのためであり、生徒や日本の今後にも生きるのではないか。施設が整ったら「負担が増える」とか思わず、未来のために楽しくこなしていくだけだ。2020年冬には全国で使えるように、また例えばインフルエンザでも休校になったところで使えばよい。これだけ多くの子供がYouTuberになりたいというこの時代に、親や兄弟がオンライン会議を家庭でやっている時代に、完璧にきれいな条件がそろうまで学校や地域が動かないのは時代遅れである。

ここまでの内容はほぼ2019年当時書いたものであり、そこからどの程度の実現がなされたのか。

2022年現在、GIGA スクールの使用が多く奨励され、端末は生徒１人１台の iPad がほぼ提供されており、文部科学省（2021.3.19）によると「97.6％の自治体が令和２年度内に納品を完了する見込み」とある。コロナ禍で休校の折、私立学校ではオンライン授業の話をよく聞いた。公立ではどうであろうか。確かに物は配布されたがその利活用率は地域や学校、教員により様々なようである。

小・中学校で「書く」学習は時間を要し、大変であり、全てをパソコンでとは思わないが、韓国以外のアジアの方々にも「日本はコロナ禍でも対面授業だったそうですね。我が国はオンラインでやっていましたよ」と言われると、そのくらいは普通にできるようにならないとと痛感する。

韓国の情報化の中でオンライン学習だけでなく、NEIS の存在は教員の雑務解消に、EDUNET は授業準備短縮に役立ちそうである。

1.3.2　韓国の教育格差対策

韓国の教育熱は高く、私教育費が高い。前の節で扱ったが、上の学校への進学率が高まってきた1960年代からその熾烈な競争から私教育が深刻な問題となり始め、1968年中学校無試験進学制、1973年に高校平準化政策が実施された。1980年には私教育全面禁止となったが、実は裏で不法な塾や法外な謝礼の家庭教師などが存在した。1997年小学校に英語教育が導入されてからますます教育熱は高まり、特に英語教育は熾烈な競争の対象となって、早期留学を促した。

2000年以後私教育禁止はなくなり、次のような格差対策がなされている。

⑴ 早期留学に対して英語村の設立・外国の学校誘致

2006年には留学人数は最多になるが、留学がよいことばかりではなく、離反する家庭の問題、帰ってきた生徒の受け入れ、自由なアメリカから帰ってきた生徒自身の適応の問題等が多くあった。1998年経済危機や2008年リーマンショックにより急激に留学が減り、お金をかけなくても留学に近い環境がある英語村や外国の学校の誘致に関連して済州島の国際都市計画などが始まった。英語村は官民で経営し、初・中・高等学校のキャンプや企業・教員研修などの需要があるが、2010年時にも既に経営難から一時より数も減り、下火になっており、その傾向は続いている。研修の予約制やコンサート・イベント会場としての利用等の多角経営、施設の小規模化などいくつかの大きな施設や都市の中心部では民間中心で続いている。

⑵ 放課後学校

1995年頃から「放課後教育活動」が始まり、塾などで行う授業を受けられるように学校や自治体の施設が活用された。「参加率は年々増えつつあり、特に高等学校の学生の利用率が高く、2009年以降は彼らの70％以上が放課後学校に参加している」（カレイラ，2014）

前の項で扱った情報教育についても機器を使って放課後学校での指導がある。また次で扱う放送教育番組も活用したりしている。大学入試問題も関連した内容が入ることになっており⑶と連携して人気がある。

⑶ 韓国教育放送（EBS）

政府は教育格差を是正するために韓国教育放送公社による教育番組に力を入れている。EBSは1990年にKBS（韓国放送公社）から教育放送部門が分離して開局した。地上波として教養・文化・芸術番組を放映している。「衛星波・ケーブルテレビ・インターネット放送はEBSi、EBS Plus、EBSe（EBS English）、EBS KIDS、EBS i-Radioなどがある」（フリー百科事典日本語版：ウィキペディアより抜粋，2020.6.13）。

また「EBSe は全世帯の 8 割が視聴可能で教育科学技術部が支援している」（渡辺，2008）とあり、使用範囲が広い。
以下の EBS Plus 1 と EBSe の詳しい説明はカレイラ（2014）による。

▪ EBS Plus 1
日本の大学入試センター試験に相当する大学修学能力試験教育用のチャンネル
2004 年私教育費の問題を段階的に解決するために修能試験用の講義サービスを放送することになり、修能試験対策講座の専門サイト EBSi（http://www.ebsi.co.kr/index.jsp）でインターネット講義を拡大した。2009 年には修能試験の企画段階から担当し試験の 7 割をこの番組から出題することを発表した。英語に関する講座は 162 講座あり高校 3 年生や浪人生のための講座が 68 講座、高校 1・2 年生用が 88 講座、さらに大学別対策講座が 6 講座ある。これにより「かなり私教育費が節約できたと報告」（イ，2005）がある。
※カレイラ（2014）の EBSi が現在のこれにあたると考えられる。
▪ EBS Plus 2
小・中学校の授業補完・職業教育用チャンネル・資格取得
▪ EBSe
英語教育専門チャンネル
2007 年開設。現在ホームページ（http://www.ebse.co.kr/ebs/index.laf）には幼児向け番組 30、小学生向け 75、中学生向け 69、高校生向け 13、一般および父兄向けが 40、教師用 11 あり、テストやゲームなども行うことができる。学校でも自宅でも学習でき、その中に SEL（School English Level）と呼ばれる学校の授業で使用することを前提として制作された番組がある。教員がダウンロードできるようになっていて、SEL1 から SEL5 は小学生で、フォニックスから、語彙・文法など、SEL6 から SEL8 は中学生向けで読む・話すに力を入れ、SEL9 から SEL10 は高校生を対象にしている。2011 年には放課後学校のための教材としてEBS English放課後英語教室が教科書に沿って制作されており、学年や発達段階に分かれて正規の授業との連携を強化している。各自が簡単な試験を受けレベルにあった段階から学習を始めることになっている。

▪ EBS KIDS

子供向け番組。2017年まではEBSuの名称で衛星DMBから放送。当初はEBS Plus 1だったが、現在は子供向けチャンネルでほかの子供向けとは異なり日本アニメはなく、EBS制作番組のみで構成されている。

▪ EBS i-Radio

インターネット限定ラジオ放送。地上波ラジオで放送されていた語学ラジオ番組のみで編成。

⑴の英語村についてはすばらしい試みと思い、2009年実際に訪問してみた。平日だったせいか広くてすばらしいパジュの施設内は、当時すでに閑古鳥で、受付から英語を話すスタッフは少なく、わずかに開いているカフェは韓国語を話す親子と店員、奥の方の施設で数人の初等学校の生徒らしい子供に白人のALTが熱心に英語で説明をしていた。おそらく初等学校の英語合宿ではないか。人を見つけて英語を話そうと思ったが見つからず、案内所で韓国人の女性の責任者のような英語を話せる人を唯一見つけ、施設について質問をした。休日の利用者は多いが通常は予約の研修が行われているとのことであった。

その後多くの英語村は経営難から民も官も手を引くところが多く、最盛期よりかなり数は減っている。

2020年にパジュ英語村の事務所に問い合わせると、唯一公立の英語村であるパジュはコンサートなど各種イベントや企業研修、初・中・高等学校の英語合宿や長期休業中の海外からの学生の英語キャンプ等、現在もなお予約制で使われている。

英語村については、日本でも東京都、群馬県、岡山県、大阪府、福島県、兵庫県、静岡県などに類する施設があり、民であったり官であったりし、カリキュラムを組んで英語漬けの英語合宿など予約で受け付けている。また地域によって宿泊施設を期間で押さえてALT等を集めて英語キャンプなどを開催しているところも多い。近くにあると便利だが、乱立しても入れ物ばかりになり、スタッフの数やレベルがそろわず意味のないものになってしまう。利用したいと考えている人はネットでも探してみると良い。

⑵の放課後学校については予算もそうかからず、韓国では格差対策として非常に効果的であったようである。

日本でも東京都で放課後に学校を利用して塾が入って指導し、官が援助するようなシステムが話題になったことがある。公立の小・中学校では授業または部活動が終わったら学校から即下校させるというシステムであまりこれは歓迎されそうになく、また勤務時間の関係もあり、その時間もとりにくい。テスト前や補習、放課後教室や図書室で残すことはあるが、格差のためとはいえ、ただでさえ長時間拘束している学校にこれ以上長時間、国中でというのは難しい。地域や実態に応じてならできるかもしれない。日本でも高等学校では長期休業中や生徒が帰った教室で集中できるからと数名の生徒が勉強している姿をよく見たことがある。また私立高校では塾に行かなくても済むように大学受験の勉強の補習を遅くまで行うという謳い文句で、生徒を募集している高校もある。

⑶の教育番組については、資料を読むと日本のテレビの教育番組とは比べものにならない数の多さと種類の豊富さ、質の高さであり、これだけで学校教育が網羅できそうな様子である。日本では通信教育の高校講座や大学、大学院の講座について聞いたことがあり、実際に視聴している人の話を聞いたことがある。しかしテレビの教育番組は地上波と衛星波の２チャンネルだけであり、自分が知らないだけかもしれないが、韓国のような小学校から高等学校まで学年やカリキュラムに沿って番組が組まれていることはないと思う。学校の授業でたまに見たことはあるが、それほど授業に影響のある教材や、わからなかったところを生徒が

後でもう1回見られる予備校講座のようなシステムもない。韓国のようなシステムは、塾に行っていない生徒にとって使えれば有効であるし、不登校の生徒や、休校になった場合でも、テレビのない家はそうないので、慣れないオンライン授業よりもレベルの高い講師陣とカリキュラムで日本中のどこでもすぐに役に立つと思われる。カレイラ（2010）の論文でも「教育面における後進国とならないためにも日本はこの現状をよく理解し、小学校の外国語教育における放送番組の活用というものを今後真剣に検討していかなければならないであろう」とあるが、困っている小学校への支援ともなる。国民がお金を出しているのであれば、このくらいの教育番組を国中心に組んでも良いのではないか。そんなに派手にお金をかけなくても、教科書会社が共同で行っても良いので、このような実際的な講座を作れないものかと考えてしまう。もちろん現場教師も慣れてオンライン授業ができるようになっていけばよいのだろうが、コロナ禍で急にやるより、通信高校や通信大学のようにできることを国主導でできないだろうか。

1.4　韓国の教育の特徴と英語教育

日本にもすばらしい教育の歴史は流れている。それは先人の努力のたまもので誇るべきものだと思っている。戦争前、戦争中、戦後の価値観の変化そして時代の流れで生徒主体の教育、暗記から考える教育へと変化もある。だがなぜか根本はあまり変わらないように思う。

韓国の歴史と教育の姿をこうして追いかけてきて、はっきり時代の為政者と教育施策がつながっている。戦後の反共教育であり、その後の民族教育、科学技術教育、グローバル化の戦略として英語と外国語教育、そしてICT教育と続く。ここでその特徴を挙げてみる。

①教育方針と大統領の施策がつながっていて、大統領が代わるごとに大きく教育方針が変わる。
②経済の貿易依存率が高いので、外国語教育に力を入れている。

③政権に都合の良い政治教育が入る（反共、反日、反米、民族主義、南北親和など）。
④親が教育熱心であるので方向が出されると一気にその方向に教育が向く。
⑤グローバル化、IT 化など社会や教育課程の変化に対して、教員研修の時間と質を十分確保している。
⑥全般的に公教育費は低いが、中心となる施策には惜しみなく予算を使う。

自由主義国家で法治国家でありながら、日本もそのようなことがあるのだろうが、教える内容が偏って見え、それが可能なのが不思議である。

もちろん良い面・悪い面があるが、方針に対してはっきりと動きがあるのは、大統領制の良い点であり、うらやましい点も多い。日本では周りのバランスに気を配るあまり、時代に必要な施策を打ち出しても、いつの間にか消えてしまったりするなど、省の間の綱引きでほとんど予算が取れずに消えてしまうものが多いのではないか。その点については日本も流されずに通す取り組みをしてほしいものである。

例えば何十年も前から計画を積み上げてきた教育改革と大学入試などである。これまでの人たちの積み上げや、下の学校の積み上げはどうなるのか、現場は常に振り回されなければならない。それは日本も韓国も同じであろうが。問題があるなら決めたことをやるための改善策を出せば良い。

教員研修についても、韓国では**小学校英語導入に120〜240時間、スマホ教育に60時間必要な人員に**と、ここまで徹底するのはうらやましい限りである。教員は、研修はいやだというだろうが、目標は生徒の力をつけることである。どこか気を遣うところが間違っている。もちろん経済的な問題があるだろうが、教育にお金を惜しむことは後に悔いを残すことにつながる。保育園も小学校も高等学校も無償化することより、施設や人員の充実、質の向上を願っている。

また韓国の良いところは格差などについても、一つの策を打った後、その是正策をかならず打っている。日本も文部科学省は専門家集団であるはずなのだから、問題に対して常に実働する策を考えて行ってほしい。現場の問題は解決できないような複雑な仕組みがあるのだろうか。日本の課題については、次の章で詳しく扱っていく。

引用文献

安倍誠（2019.2）．「文在寅政権の経済学 ——『所得主導成長』とは何か」日本貿易振興機構（ジェトロ）アジア経済研究所　https://www.ide.go.jp/Japanese/IDEsquare/Eyes/2019/ISQ201920_006.html

アン・ビョンチョル（1996）．「早期留学の現実と課題 —— 北カリフォルニアの早期留学生を中心に」『民族と文化』４、漢陽大学校民俗学研究所、pp. 423–468

中央日報（2018.3.23）．「韓国の教育熱に異変？　大学進学率、８年間で78％→69％に」https://japanese.joins.com/JArticle/239873

外務省（2017.11）．「諸外国・地域の学校情報」https://www.mofa.go.jp/mofaj/toko/world_school/01asia/infoC10700.html（2019年２月閲覧）

GHQ（1946）．"GHQ US Army Forces, Summation of U.S. Army Military Government Activities in Korea" Vol.2, No. 5-16, p. 32

イ・ヒョン（2017.8.24）．「文在寅政府、教育改革はきちんと推進されるのか」〔チャムセサン企画〕https://www.labornetjp.org/worldnews/korea/column/2017/moon100_3（2019年２月閲覧）

イ・ミンス（2011）．「教育熱と早期留学」イ・ゴンマン編『教育社会学』ヤン・ソヲン、pp. 355–376

イ・ワンギ（2012）．『改定６版　初等英語教育論』ムンジンメディア（韓国語）

イ・ワンギ他（2011）．『TEE』JYBooks（韓国語）

伊東順子（2019.11.02）．「文在寅大統領も頭を悩ます…韓国の大学受験『７割が推薦』の深き闇」現代ビジネス　https://gendai.media/articles/-/68151?page=3（2020年４月29日閲覧）

自治体国際化協会　ソウル事務所（2017）．「韓国における教育の情報化」『CLAIR REPORT』NO.442

時事ドットコム（2020.6.13）．「コロナ禍におけるアメリカ義務教育の変化～デジタル化が急加速～」https://www.jiji.com/jc/v4?id=covidusashimura40001（2020年６月13日閲覧）

カレイラ松崎順子（2010）．「韓国教育放送公社EBS-eの小学生対象の番組分析」『メディア教育研究』第７巻第１号、pp. 9–18

カレイラ松崎順子（2014）．「韓国の英語教育における格差とその対策」『東アジアへの視点』vol.25、No.1、pp. 17–25　http://shiten.agi.or.jp/shiten/201403/shiten201403_17-25.pdf（2020年５月20日閲覧）

カレントアウェアネス－R（2020.4.3）．「韓国、新型コロナウイルス感染症の感染拡大をうけ、子どもの遠隔教育環境の構築推進を発表：低所得層の子どもへのタブレット端末の無償貸与や通信費の支援等」https://current.ndl.go.jp/node/40703（2020年５月20日閲覧）

河合忠仁（2004）．『韓国の英語教育政策 ― 日本の英語教育政策の問題点を探る ―』大阪：関西大学出版部

KICE：韓国教育課程評価院（2009）．『英語で行う英語授業（TEE）評価ツールの開発』韓国教育課程評価院研究報告PRE2009-10

韓国教育部（2018.8.17）．『2022年度大学入試制度改編方案及び高校教育革新方向』

韓国大学教育協議会（2016、2018、2020）．「大学入学選考施行計画主要事項」二階（2019）の表による

金菊熙（2012）．「韓国の英語公教育政策の現状 ― 初等英語教育課程の推移と英語公教育強化政策内容を中心に ―」『松山大学言語文化研究』第32巻第1–2号（抜粋）

キム・ワンソプ（2002）．『親日派のための弁明』荒木和博・荒木信子訳、草思社、p. 104

小林和美（2017）．『早期留学の社会学』京都：昭和堂

こどもとデジタル.com（2015.5.16).「韓国のデジタル教育」log.uncou-plus.com（2020年５月20日閲覧）
古森義久（2019.1.9). Japan Business Press「北朝鮮は悪くない？　韓国が若者に『洗脳教育』文在寅政権の教科書修正に米国から警告の声」https://jbpress.ismedia.jp/articles/-/55147（2020年５月20日閲覧）
コン・オリャン、キム・ジョンリョル（2010).『韓国英語教育史』韓国文化社
南有哲（1994).「韓国の海外移民」『經濟論叢』vol.154(5)、pp. 43–65　京都大學經濟學會　http://doi.org/10.14989/44957（2019年11月28日閲覧）
水間政憲（2010).『朝日新聞が報道した「日韓併合」の真実』徳間書店、p. 154
向山英彦（2010).「韓国におけるグローバル化の成果と残された雇用問題」『環太平洋ビジネス情報RIM』Vol. 10、No. 39
文部科学省（2011).「大学入学者選抜、大学教育の現状　参考資料」
文部科学省、登録平成21年以前、附：韓国の学校制度等　http://www.mext.go.jp./b_menu/shingi/chukyo/chukyo3/015/siryo/attach/1400661.htm（2019年９月28日閲覧）統計は文部科学省「学校基本調査」
文部科学省（2021.3.19).「資料１　GIGAスクール構想の最新の状況について」https://www.mext.go.jp//kaigisiryo/content/20210319-mxt_syo-to01–000013552_02.pdf（2022年５月９日閲覧）
文部科学省生涯学習政策局（2016).『諸外国の初等中等教育　教育調査第150集』明石書店
仲川裕里（2015).「韓国の早期英語留学の動向と現況」『人文科学年報』vol.45、pp.157–185
二階宏之（2019).「韓国の大学入試制度改編」日本貿易振興機構（ジェトロ）アジア経済研究所　https://www.ide.go.jp/Japanese/IDEsquare/Overseas/2019/ISQ201930_002.html（2019年２月閲覧）
西子みどり（2011).『韓国に学ぶ英語教育 ― 小学校の英語教育導入への提案 ―』東京図書出版

パク・ソヨン（2008）．「放課後学校とEBS修能講義の私教育費軽減」*Journal of Educational Administration*, 26, pp. 391–411（2019年６月20日引用）

朴承珉（2019.5.21）．「飛行機も運行禁止 ── 厳戒態勢で行う韓国の英語センター試験」Wedge ONLINE https://wedge.ismedia.jp/articles/-/16249

リセマム（2010.12.21）．「韓国教育IT事情　教育情報化に見る日韓の違い」https://resemom.jp/article/2010/12/21/782.html（2020年５月21日閲覧）

李榮薫著・永島広紀訳（2009.2）．『大韓民国の物語』文藝春秋、p. 95

佐藤由美（2017）．「大韓民国の学校制度とカリキュラム ──『自由学期制』の導入」『埼玉工業大学人間社会学部紀要』第15号、pp. 13–23のうちpp. 14–15

申光榮・岸佑太訳（2009）．「韓国におけるグローバリゼーションと社会的不平等」『立命館大学人文科学研究所紀要』92号、pp. 93–118

ソウル聯合ニュース（2018.4.11）．「大学入試制度を大幅改革へ　改編案発表＝韓国教育当局」https://jp.yna.co.kr/view/AJP20180411001800882（2020年１月30日閲覧）

ソウル聯合ニュース（2019.11.28）．「大学入試の公正性を強化　修学能力試験での合格者増員へ＝韓国政府」https://jp.yna.co.kr/view/AJP20191128001500882（2020年１月22日閲覧）

田中光晴（2008）．「韓国における初等教育改革への取り組み：『世界化』政策の現状と展望」『飛梅論集』８、pp. 83–98、九州大学大学院人間環境学府教育システム専攻教育学コース　https://doi.org/10.15017/15673

鶴田義男（2017）．『躍進する韓国教育の諸問題』東京：幻冬舎

豊福晋平（2020）．「休校とICT活用　上　家庭でのインターネット接続環境」『静岡新聞』５月12日号

ト・ミョンギ（2011）．「初等英語教育と言語政策」『大邱教育大学初等教育研究論叢』第27巻１号、pp. 101–119（韓国語）（金，2012，p. 260より重引）

渡辺誓司（2008）．「放送・メディアが小学校英語を豊かにする～韓国の

事例から～」『放送研究と調査』６月号、pp. 56–65、NHK出版
安河内哲也（2014.1.23）．「韓国の『英語教育大改革』、失敗か？　英語をめぐる韓国のドタバタ劇」東洋経済オンライン　https://toyokeizai.net/articles/-/27934（2019年12月20日閲覧）

フリー百科事典日本語版：ウィキペディア「日本国と大韓民国との間の基本関係に関する条約」
https://ja.wikipedia.org/wiki/%E6%97%A5%E6%9C%AC%E5%9B%BD%E3%81%A8%E5%A4%A7%E9%9F%93%E6%B0%91%E5%9B%BD%E3%81%A8%E3%81%AE%E9%96%93%E3%81%AE%E5%9F%BA%E6%9C%AC%E9%96%A2%E4%BF%82%E3%81%AB%E9%96%A2%E3%81%99%E3%82%8B%E6%9D%A1%E7%B4%84（2019年11月29日閲覧）（最終更新2019年10月22日08：13）
フリー百科事典日本語版：ウィキペディア「李明博」
https://ja.wikipedia.org/wiki/%E6%9D%8E%E6%98%8E%E5%8D%9A（2022年５月９日閲覧）（最終更新2022年５月８日09：23）
フリー百科事典日本語版：ウィキペディア「朴槿恵」
https://ja.wikipedia.org/wiki/%E6%9C%B4%E6%A7%BF%E6%81%B5（2022年５月９日閲覧）（最終更新2022年５月８日09：09）
フリー百科事典日本語版：ウィキペディア「韓国教育放送公社」
https://ja.wikipedia.org/wiki/%E9%9F%93%E5%9B%BD%E6%95%99%E8%82%B2%E6%94%BE%E9%80%81%E5%85%AC%E7%A4%BE（2020年６月16日閲覧）（最終更新2020年６月13日08：03）

（参考）フリー百科事典日本語版：ウィキペディア「大統領（大韓民国）」
https://ja.wikipedia.org/wiki/%E5%A4%A7%E7%B5%B1%E9%A0%98_(%E5%A4%A7%E9%9F%93%E6%B0%91%E5%9B%BD)（2022年５月９日閲覧）（最終更新2022年５月５日23：21）

2．日本の教育実態

前章の「韓国の歴史と教育の流れ」では、第二次世界大戦後から現代にいたるまでの韓国の歴代の大統領の施策と教育の流れについて、扱った。韓国では時代の流れとともに大統領の方針が直接大きく社会の動向や教育に影響している。

日本でももちろん時の総理大臣や文科相の考え方が影響しないわけではないが、10年に一度教育課程の見直しがあり、それに基づいて教科書の改訂が順次行われる。ここ何年かは例えば「読解力」などPISAの結果によって方向性が動いている印象が強い。

日本の教育で話題になるのは最近では読解力、外国語の運用能力、コミュニケーション能力、また韓国同様私教育などで差がつく学力格差や大学入試などで、韓国と同じ悩みであったりすることが多く、それに対する韓国の動きが参考になったりする。

ここでは、韓国の教育施策の中で特徴的であり影響の大きかったいくつかの課題をピックアップし、日本ではどうであるかを調査する。

教育の中でも現在優れている韓国の英語力に一番寄与していると思われるのは、直接的な政府の施策ではないが、韓国の海外留学の多さという特徴である。次に大きな違いを感じたのは英語教員の研修ではないかと考える。また両国とも教育費や大学入試も大きな課題であり、ここではこの４点を中心に日本の場合をとらえる。

前章の韓国の様子と比較しながら読んで頂けると有り難い。

2.1　海外留学

2.1.1　日本の海外留学生数の推移

次の図2-1は日本と韓国の高等教育機関への海外留学者数の推移の比較である。

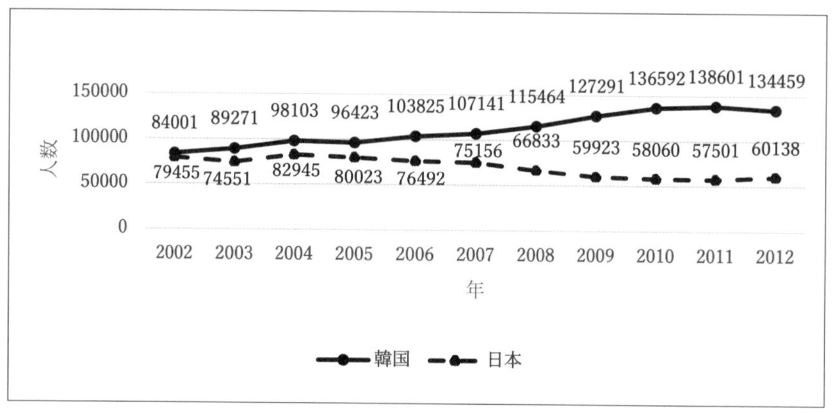

図2-1　高等教育機関への海外留学者の推移

（小林，2017，p. 51）

海外高等教育機関の主に正規課程に在籍している者の数：OECD,「Education at a Glance」（文科省提供データ）より作成

OECDの統計によると、2002年に韓国84,001人と日本79,455人と同じくらいであった海外留学生数は2012年には韓国134,459人、日本60,138人と倍以上に差がついた。人口比で日本は韓国の２倍なのでこれは割合としてかなり韓国が多い。またこれはあくまでもOECDによる統計で協定による高等機関への留学つまり大学以上の留学である。韓国で特徴的に多い早期留学を含めたら韓国の留学生の数と日本とでは韓国の方が圧倒的に多いと言える。

例えば2010年の韓国の小中高生の留学者数は小林（2017，p. 213）によると小中高生の早期留学は18,741人で、上図の高等教育の人数136,592人に加えれば155,333人である。日本の場合は、図2-1の文科省のグラフによると高等教育58,060人となっていて、早期留学は日本では少ないが（どちらも短期の語学留学や長期休みのsummer schoolのような旅行は含まない）韓国と同数であったとしても、半分の数であり、これを日本が10万人以上の早期留学者で上回ることは考えられない。韓国は早期留学だけでなく留学生の人数で圧倒的に多いといえる。もちろん世界の中では国民の数が違うのでアメリカや中国、インドの方が多いが人口比では圧倒的である。

前の図2-1のグラフはOECDの高等機関の協定に基づいた正式な留学生人数の統計である。「協定に基づいた」というのは「大学間が在籍を認めた単位を伴う正規の留学である」ということである。日本では2000年から減少し2010年頃からほとんど人数は変わっていない。2012年から統計の基準が変化したので以前と同等には比較はできない。協定による留学は減少しつつあり、どうやら韓国より少ないのはわかったが、日本は全体としてはどうなのだろうか。

さて次の図2-2のグラフは同じく日本人の海外留学生数の推移であるが、OECDの統計に加えて日本学生支援機構（JASSO）の統計が入っている。

図2-2の「日本学生支援機構（JASSO)」のグラフを見ると2010年の人数は低いがそこから近年急激に増加しているのがわかる。ただし下の

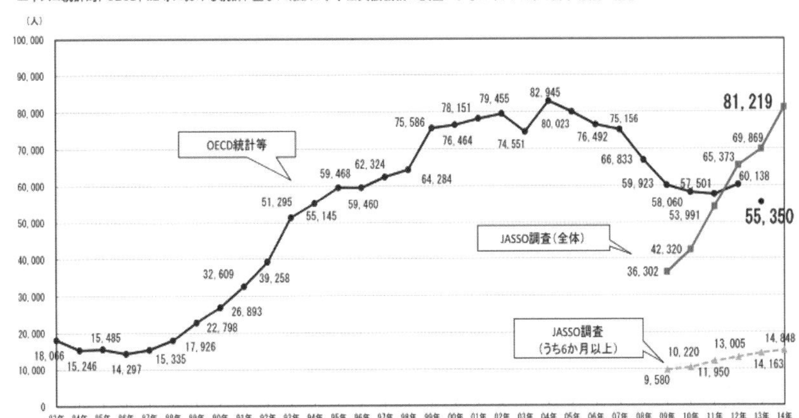

図2-2　日本人の海外留学生数の推移

（平成28年３月、文部科学省集計；星野，2016からの重引）

※2013年統計より、受け入れ国の国籍を持たない学生から国籍に関係なく高等機関に在籍する留学生が対象になったため比較しにくくなっている。出典元は「日本人学生留学状況調査」

６カ月以上の留学人数は横ばいである。

また「外務省の日本人海外留学生状況調査」という統計も目にする。

つまり当然のことながら留学生数の統計は同じ年度でも基準が違うため、組織によってかなり異なり実際の全体数を把握することは難しいということがわかる。ただし国際比較や国別の推移の比較は同じ統計内で可能である。

そこで留学事業者65社以上で構成される「一般社団法人海外留学協議会（JAOS）」は、「独立行政法人日本学生支援機構（JASSO）」が2016年１月に「JAOS」会員である留学事業者36社を対象に行った「留学事業者36社による日本人留学状況調査」に関して、調査協力を行った。

> 結果、2014年度においては、文部科学省が発表した「日本人の海外留学者数」（2016年３月）の統計数値である55,350人とはほぼ重複しない、64,988人の日本人が留学していることがわかりました。従来の文部科学省による統計は、海外の高等機関で学ぶ日本人留学生数のみ反映しており、最も人数が多い語学留学などの数字は含まれていませんでした。そのため、より正確に日本人海外留学生数を把握することを目的として調査したものです。本件では、文部科学省による統計でとらえられていない海外留学の実態を明らかにしました。日本から近く物価が安いフィリピンへ4,338人が語学留学しているほか、中学・高校留学では12,552人が「JAOS」会員留学事業者から留学しています（JAOS，2016.11.16）。

ここから「文科省統計約55,000人、JAOS統計約65,000人、そしてJASSO統計約52,000人の３つの統計を足して、重複の可能性のある数字を除くと約17万人という数字が出てくる……日本人留学者の約40％が留学エージェント経由であるといえる」（星野，2016）という見解もある。実際にこの指摘の通り留学者数は統計値よりかなり多いことは確かだが、重なり率やエージェント利用率は推定である。つまり、日本の留学統計も隠れた数がかなりあるということになる。国情によるが諸外国の統計でも同じことがいえるかもしれないので国際比較は難しいかもしれない。

下の図2-3を見てみる。これは留学期間別の日本人留学者数の推移である。

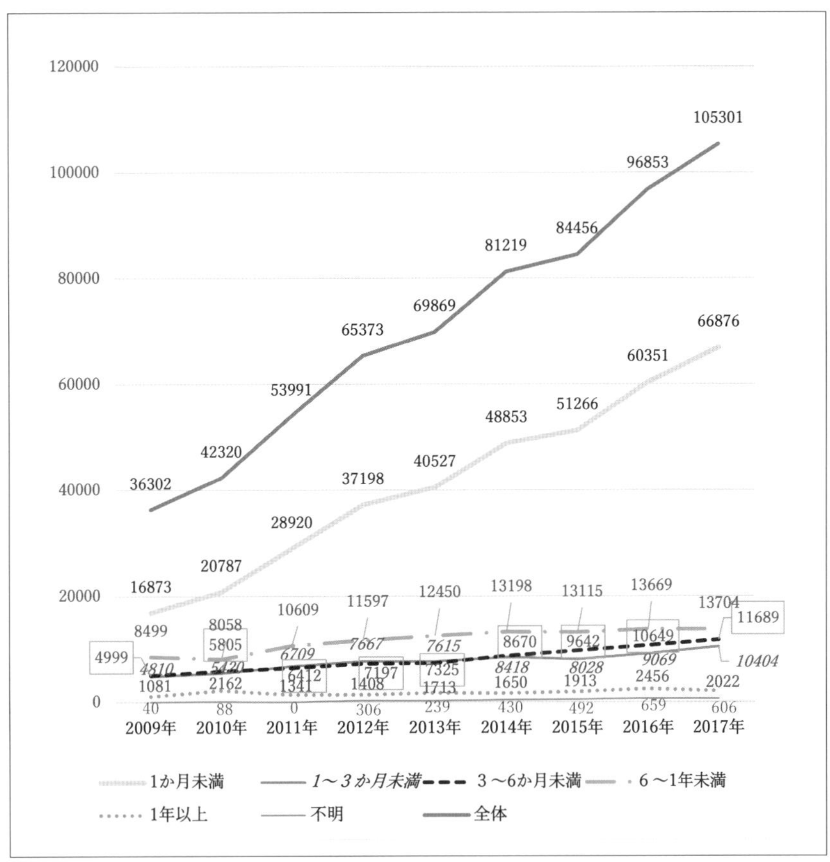

図2-3　留学期間別日本人海外留学者数の推移

出典：日本学生支援機構（2019）「協定等に基づく日本人学生留学状況調査結果」対象は日本国内の高等教育機関に在籍する学生等で日本国内の大学等と諸外国の大学等との学生交流に関する協定等に基づき、教育又は研究を目的として、海外の大学等で留学を開始した者及び、在籍学校において把握している限りにおいて、協定に基づかない留学をした者。短期の交換留学等も含む。

これは「日本学生支援機構」の統計によるもので、図2-1同様高等教育機関の協定による留学生を扱ったものである。同じ2016年度についてOECD統計の人数は55,969人であり、この日本学生支援機構の統計は留学期間が1年に満たない学生や交換学生も含まれているためかなり多く、96,853人となっている。ただし民間留学事業者の語学留学やsummer schoolなど機構の管轄外のものは含まれない。

しかしながら、これを見ても2014年あたりから日本の海外留学生の全体数は確実に増えている。これまで減ってきているように見えた留学生数は近年かなり増え、2009年度より2017年度の人数が3倍になっている。

ところが図2-3で留学期間を詳しく見ると、非常に短く、協定に基づく高等教育機関の留学ではあるが、1カ月以内の短期の留学がほとんどであり、全体数の伸びと同じ傾きで伸びていたのはこの1カ月未満の留学である。それ以外のグラフの線はかすかに増えてはいるがほぼ横ばい状態である。1カ月未満の留学は2009年度から2017年度にかけて50,000人も増えているが、1カ月以上の留学は2009年度20,000人程度で、2012年度に30,000人近くに増え、2017年度は30,000人を大幅に超えたが40,000人には至っていない。図2-2のJASSO調査でも6カ月以上の留学はほぼ横ばいであり、図2-3でも1年以上の留学に関しては例年ほぼ2,000人を維持している状態である。

つまりここで日本の全留学生が増えているのは高等教育機関の協定によるものであっても、2011年度から半数以上は1カ月未満の短期留学であり、その分野のみが近年急速に増えているのである。もちろんJAOSの見解のようにここに出ていない旅行事業者による短期の語学留学はもっと多いに違いない。日本の留学の最近の特徴は「1カ月未満の短期留学が多い」といえる。

確かに見聞を広めたり、外国の人たちと話したり、英語をブラッシュアップするためには2、3週間の体験も貴重かもしれない。しかしこれを留学と呼べるだろうか。グローバルな人材育成につながるのだろうか。

2.1.2　日本の海外留学の特徴

「語学留学は日本独特の留学形態である」と栄陽子（2014）は指摘している。これは先ほどのJAOSのような留学事業者のデータや身の回りの人の動向からも推し量れる。

図2-4のグラフは日本人の留学の目的について留学事業者に相談に来た者に対して意識調査をしたものである。一番多いのは語学習得であり、コミュニケーションやリフレッシュも含めて体験的な目的が第２位になっており、学位取得、キャリアアップ、資格取得、専門の研究など仕事や専門知識を高めキャリアに生かしたいという希望はないわけではないが、非常に少ない。つまり留学希望者は「語学習得のために留学をしたい」と考えている。

また留学に対して高校生がどんなふうに考えているかのアンケートでは図2-5のような結果が見られる。

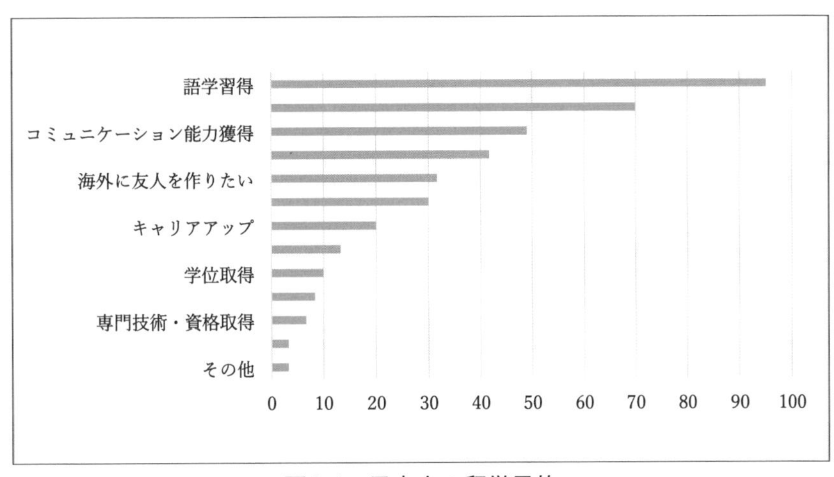

図2-4　日本人の留学目的

（複数回答）％

出典：留学ジャーナル『留学白書2016』個別留学相談に来た617名に対して行った留学意識調査によるものである。

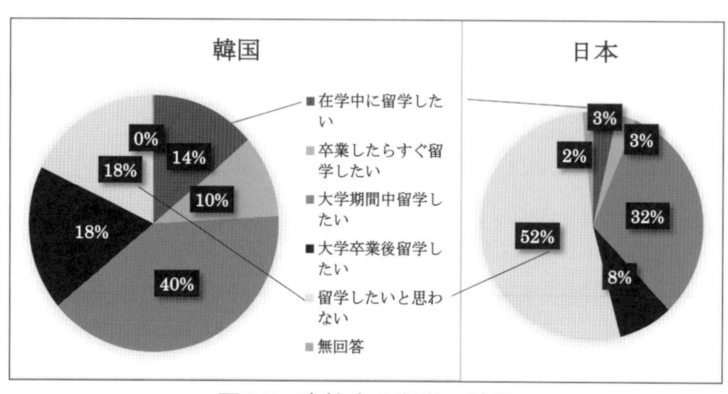

図2-5　高校生の留学の希望

小林（2017，p. 51）

これを見ると「日本の高校生の半数強は留学したいと思わない」であり、次に多いのは「３割が大学期間中留学したい」というものである。それに対して「韓国は大半の生徒が留学したいと思い」大学期間中に留学したい生徒は４割と日本同様多いが、それ以外の高校在学中でも、卒業後でも大学卒業後でもかなり希望が多いということがわかる。

2018年日本・アメリカ・中国・韓国の４カ国で普通科高校生を対象に「高校生の留学に関する意識調査報告書」（国立青少年教育振興機構，2019）が行われた。調査方法は集団質問紙法により、どの国も1200以上の回答を得ている。

その統計結果で分かったことは次のようである（同，2019，pp. 2–3）。

①日本の高校生は「海外留学に興味がある」と回答した者の割合が５割強で４カ国中一番低く、「外国に留学したいとは思わない」と回答した者の割合が５割弱で一番高かった。

②留学したくない理由のトップは「日本の方が暮らしやすい」である。

③最も重要な留学の目的は「語学の習得」に集中している（図2-6）。

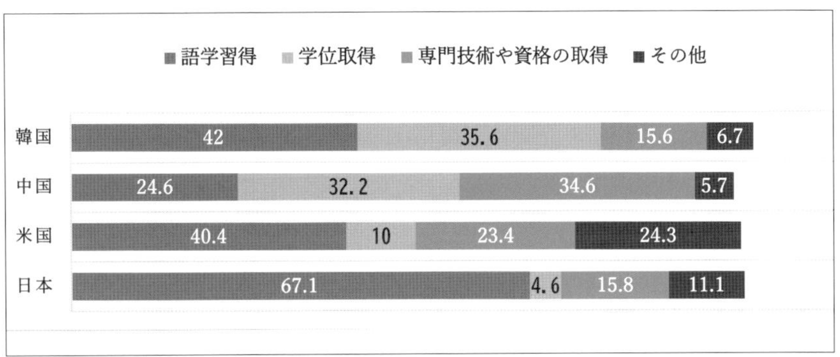

図2-6　留学の最も重要な目的

国立青少年教育振興機構（2019）より

図2-6を見ると語学習得を希望するものは韓国も４割と多いが、日本は約７割と圧倒的に多い。それに対して中国、韓国は学位、専門的な技術や資格の取得が非常に多いことがわかる。留学先で最も勉強したいことでは工学・理学系に中国の高校生の希望が非常に多い特徴があった。

④日本人の９割以上が「日本で暮らすことに満足している」と答えている。

⑤外国への関心、自己肯定感、将来への希望が４か国中一番低く、将来への不安は一番高い。

⑥「外国へ行ったことがある」生徒について日本はアメリカ、韓国より少ないが、行った経験のあるものほど留学への興味や希望が強い傾向がみられる。

以上のような特徴がみられた。

次に同調査で留学したい期間を見てみる。

これを見ると韓国、中国が７割程度あるいはそれ以上が１年以上を希望しているのに対して、アメリカ、日本は１年未満の短期を希望する者が多く、特に日本は７割近くが１年未満の短期の留学希望である。これ

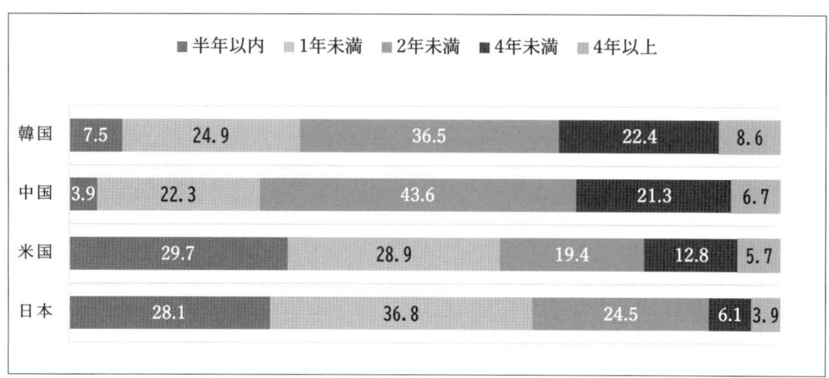

図2-7　留学したい期間

国立青少年教育振興機構（2019）より

は自国がある程度進んだ技術や教育を持っていて、暮らしやすい環境にあり、特に留学や海外で暮らすことに利点を見出せない、今の暮らしに満足している、ということなのだろうか。

鈴木（2017）の論文で「中国、韓国、インドからの留学生は欧米などの大学や大学院での学位を取得するという明確な目的意識を持ち正規留学に挑む」とある。

韓国では語学留学も多いが、学位を取るような長期の正規留学は日本より多く、大学入試や就職の厳しさを反映している。サムスンなどのグローバル企業では海外留学をして学位を取った者を以前ほどではないが、現在も就職、昇進で優遇しているという。

そして以前は日本人が1位を占めていたアメリカの留学生人数では最近は中国が1位で、インド、韓国とそれに次いでいる。中でもインドからの留学生はIT系で優秀であるといわれており、71％が大学院生で（日本は20％）その多くが理工系である。アメリカでは「いかにして外国の優秀な学生や研究者をアメリカに引き寄せるか」をテーマに全米学長会議が開催されたように、諸外国や特にインドの大学生を勧誘し奨学金を整えたり、卒業後アメリカの頭脳として引き止めたりと尽力し、実際にその人材が現在のアメリカの先端企業をリードしている。

つまり、日本の海外留学の特徴としては、第一に自身が日本での生活や教育に満足し、将来への不安や自分への自信がないため、大きな変化である、海外留学を望んでいないという若者の傾向が見える。不安の中には留学した場合の語学や人間関係、生活の安全性、お金の問題、将来の就職やキャリア、学校の卒業や資格など多くのものが含まれている。留学したことで就職や生涯賃金に大きなメリットが見えれば挑戦するかもしれないが、日本では周りを見渡してもそう感じられないのであろう。

第二に日本の海外留学生の望むものは語学の習得である。日本の大学で高度な技術や知識の習得などは十分であり、自分の経験を豊かにするためにも、これからの仕事や能力のためにも自信をもって外国語でコミュニケーションをとる力を身に付けておきたいという気持ちからであろう。語学留学や研修の多さからも推し量れる。確かにTOEFLの点数などは低めである。しかしながら、またそれは逆に、どの国の人でも外国人なら同じ不安であろうと思われるのに、そう思えない日本人の外国語に対しての自信のなさ、外国人に対する劣等感がうかがえる。

第三に短期の海外留学が非常に多く、正式に長期間留学して学位を取ろうというものが少ない。短期であれば安価で行ってこられるし、春夏の長期休みを使っていけば高校生や大学生であっても日本の学校の単位や卒業、就職を逃すことはない。外国の学位を取ることは大変であることと、大変な思いやお金をかけてまで留学した後に、日本社会で留学者に対してのハイリターンが大して望めず、就職の時期を逃したり、お金を多く使ったり、ハイリスクのみが見えてしまうのではないか。韓国でも2010年以降は留学後の就職にあまり留学のメリットが関係しないようになり、かといってアメリカなどで就職するのは難しく、経済状況が良くなっても留学の人数が減ってきているという実態がある。従ってちょっと体験して語学を磨いてくるという短期留学が気楽で手ごろなのであろう。自分も経験してわかるが２週間なら耐えられるが、２年間の覚悟やお金はないということなのだろうか。

以上の３点が主な特徴として挙げられる。

2.1.3　日本の海外留学の課題

ここまで最近の日本の海外留学の状態について調べてきた。そして**①あまり海外留学を望まない、②語学留学が多い、③短期の留学が多い**という3つの特徴が、浮かんできた。次に留学ジャーナルでの調査で長期留学をする場合の問題を調べてみる。

①英語力（語学力）が足りない。学業成績はこれに付随する。確かにTOEFL調査を見ると最近では日本は世界中で下位の方にいるという結果を目にする。それに対しては小学校での英語教育導入や教育改革など手が打たれている。効果がどうなるかと方向性については今後の課題である。しかし海外留学をするときにどの国の生徒も自信をもって行っているかというと、初めは全く分からなかったという生徒は外国でも多いようである。ただ全部外国語での授業を受けたことがあるかというと、日本の場合は特別なシステムを有している大学、高校以外ないのではないか。例えばICU、秋田の国際教養大、国際科のある高校や、英語イマージョン・プログラムを導入している加藤学園などが挙げられる。

これに対してバカロレアやスーパーサイエンス・ハイスクールなどの

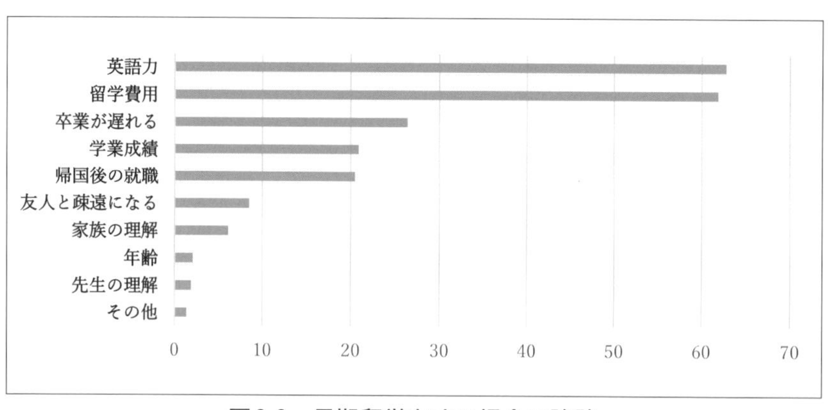

図2-8　長期留学をする場合の障壁

出典：留学ジャーナル『留学白書2016』

施策が出ている。

②留学費用が高い。以前と比べ物にならないほど留学費用、特にアメリカの大学の学費が上がっているという。日本の私大生は250万円程度、４年間で1000万円前後かかる。「カナダの大学では１年に220万円、アメリカでは特に都会の大学では550万円程度」（鈴木，2017，p. 49）という。住むところや奨学金がとれるかどうかにもよるが、栄(2014）も４年間で「米国留学に2300万円以上必要」と言っている。脅しではない。それで学位を取るところまでこぎつけられれば良いが、アメリカの（外国の）大学の入学は卒業を保証したものではない。また希望する先はアメリカだが、最終的に経済的な理由で英語圏のオーストラリア、ニュージーランド、カナダ、語学留学でマルタ、フィリピンなどが実際に選ばれることになる。

③卒業が遅れる、帰国後の就職が難しい。日本の企業では今でこそ柔軟な採用になってきたが新卒採用を重視し、しかも資料集めから書類作成、エントリー、インターンシップなど３年次から就職活動が始まっている。従ってその線を外してまで留学に価値があるかどうか考えてしまうのだろう。学校や科によるだろうが以前より授業日数も拡大し長期休みも短い。単位に遜色なく外国に行ってくるのに３カ月とるのはかなり難しい。せいぜい１カ月か２カ月とれるかどうかである。最近よく聞くが大学間、高校間など学校間で協定があり、はじめから１年留学や単位のカウントがなされるようになっている学校なら、１年行っても単位は認められて進級卒業できる。そのような協定による留学というものが最近少しずつ多くなってきている。そしてその方が生徒や保護者は安心であろう。あるいは１年休学して行ってくる方法もある。しかし外国の学校は９月始まりが多いので、その半年についてその点でも考える必要が出てくる。高校から外国の大学入学を目指していなければ、４年間で学位をとったり外国の大学院に行ったりというのは難しいのかもしれない。大学へ行ってからだと休学して自己責任で１年行くか、大学を出て外国の大学院に行くかということになるだろうが、いきなり外国の大学院だと語学の面でも生活に慣れるうえ

でも学生のハードルが高くなりそうである。はっきりとした目的意識があれば別であるが。

④先生の理解。上記の留学への難しさを考えたとき、高校から外国の大学を目指すのが留学の理想的な方法であろうが、そこに行って外国の大学を卒業しようと考える機会があるかどうかも大きい。普通の高校生は自分の点数と目指したい職業を漠然と考えて、先生や親の助言を受け、受かりそうな国内の大学を受験し、留学など考えることもなく国内の大学を卒業して就職するのだろう。長期休暇に１カ月程度海外旅行や語学留学の発想はあっても、そこには長期留学の知識や助言は入ってこない。そのような進路をとった経験談や成功話も周りに不足している。従ってやはり日本の若者にとって海外留学のハードルは高い。

2.1.4　日本の最近の留学政策・留学生を増やす動き

韓国では早期留学が2000年代初めに急激に増え、母親が子供の留学に同伴し父親が祖国から送金をするという家庭崩壊や外貨放出の問題もあり、特に早期留学の増加を抑える対策が取られた。そのために欧米の学校を国内に誘致して、オールイングリッシュで授業を受ける体制や国際都市済州島の計画も立てられた。ソウル市内や近郊に乱立した英語村もその施策の一部である。そして2006年を山に早期留学者数は徐々に減少している。しかし大企業に就職するために、留学して学位を取ったり、何カ国語もの言語を習得したり、またそのまま海外に移住したりと、韓国は日本よりも留学に依然として前向きである。それについては前述の中国やインドも同じである。

日本では留学は2000年に入って当初減少傾向にあった。世界はグローバル化に向かっており、物も人も常に海外との交流で成り立っている。そのようなグローバル化の進んだ世界の中で、依然として日本の文化しか知らない、外国語で外国の人たちと議論したりできないのでは日本企業は生きてはいけない。GDP（国内総生産）は中国に抜かれて世界３位になったといわれてからかなり時間がたつが、「一人当たりのGNI

(国民総所得）は15位あたりから下がり2015年には34位になっている」(Edtech & Inno, 2016）という。またアジアでも順位を落としている。日本では高齢化、少子化、人口減少などの問題が深刻になってきており、企業の生産性が低いといわれている。

経済界の後押しやそのような世界のグローバル化に逆行するような背景もあって、2013年６月14日、閣議決定として「日本再興戦略 — JAPAN is BACK —」や「第２期教育振興基本計画」が出された。その「日本再興戦略」の中で、成長戦略として、

⑴　民間の力を最大限引き出す。
⑵　全員参加・世界で勝てる人材を育てる。

ということが謳われている。人材育成では大学の潜在力を引き出し、スーパーグローバル大学を創設し、世界大学トップ100に10校以上を入れる計画や2020年までに留学生を倍増する「６万人から12万人へ」計画がある。

特に留学に関しては「意欲と能力のある若者全員に、学位取得等の為の留学機会を与える。このための官民が協力した新たな仕組みを創設する。」「国家公務員総合職試験や大学入試等にTOEFL等の国際的な英語試験の導入等を行う。」とある。またインターンシップの活用や奨学金制度の充実、留学促進のために2015年度卒業・修了予定者からの就職・採用活動開始時期変更、秋期入学に向けた環境整備、留学経験者の把握等ネットワーク強化、「外国からの留学生も2012年14万人から2020年30万人に倍増させる」などの施策が述べられている（首相官邸, 2013.6.14)。

そして「成長への道筋」として「世界で勝てる人材を育てる」の中に、次のような文言がある。

(日本の若者を世界で活躍できる人材に育て上げる）今や日本の若者は世界の若者との競争にさらされている。将来の日本を担う若者

が、国際マーケットでの競争に勝ち抜き、学術研究や文化・国際貢献の面でも世界の舞台で活躍できるようにするためには、まず何よりも教育する側、すなわち学校を世界標準に変えていくことを急がなければならない。日本の大学を世界のトップクラスの水準に引き上げる。……また、「鉄は熱いうちに打て」のことわざどおり、初等中等教育段階からの英語教育を強化し、高等教育等における留学機会を抜本的に拡充し、世界と戦える人材を育てる。(首相官邸, 2013, p. 5)

これを受け、2014年4月23日官邸から「若者の海外留学促進実行計画」が出された。ここでは「生産年齢人口の減少と一人当たりのGDPも後退している状況にありグローバル化した社会において活躍する人材を育成することが喫緊の課題で」それには「海外留学が効果的」であるが、「わが国では海外留学するものが急激に減少しており、促進する必要がある」としている。さらに減少している背景には前に述べた日本人学生の「海外留学へのリスクヘッジ」や留学が就職に強みになったりせず、就職時期も失するなどの点が挙げられている。

次の図2-9は学生が留学を躊躇する理由の主なものである。前の図2-8の留学の障壁と合わせてみてみる。

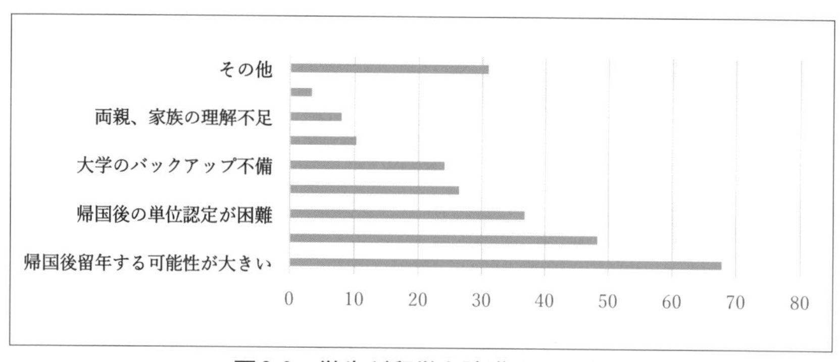

図2-9　学生が留学を躊躇する理由

出典：首相官邸（2014)「若者の海外留学促進実行計画」大学アンケート2007より

経済的な理由など、図2-8と同様な内容がみられるとともに、ここでは教師や大学のバックアップ、情報不足が大きくとらえられている。日本では海外留学が特別な少数の生徒のこととして、本人だけでなく、保護者も教員も経験不足、情報不足からあまり前向きにとらえられていない状況が伝わってくる。

そのためこのようなマイナス要因を取り除く必要性が語られる。具体的には、

⑴ 留学内容の明確化と質の向上
「グローバル人材育成コミュニティ」の創設、インターンシップなど体験活動の充実、大学のカリキュラムとの連携
⑵ 就職・採用活動開始時期の変更
⑶ 海外留学後の就職活動支援
３年以内既卒者は新卒枠
⑷ 海外留学における経済的負担の軽減
給付型奨学金の拡充、法人、公共団体、外国政府が支給する奨学金の活用促進に向けた情報提供
⑸ 学校の体制整備
単位互換の促進、卒業時期の遅延回避や高校との関係
「スーパーグローバル大学」「スーパーグローバルハイスクール」、ジョイント・ディグリー制度導入
⑹ 安全管理
⑺ 語学力の向上
英語教育改革（小学校３年生からの英語授業の実施）、JET 活用、英語教員の米国派遣、大学の環境整備

⑺の語学力の向上について次の図2-10のように日本の学生はTOEFLの平均点が低く、外国語（特に英語）について中国、韓国をはじめとするアジア諸国の後塵を拝している。またアメリカ留学に際してアジアか

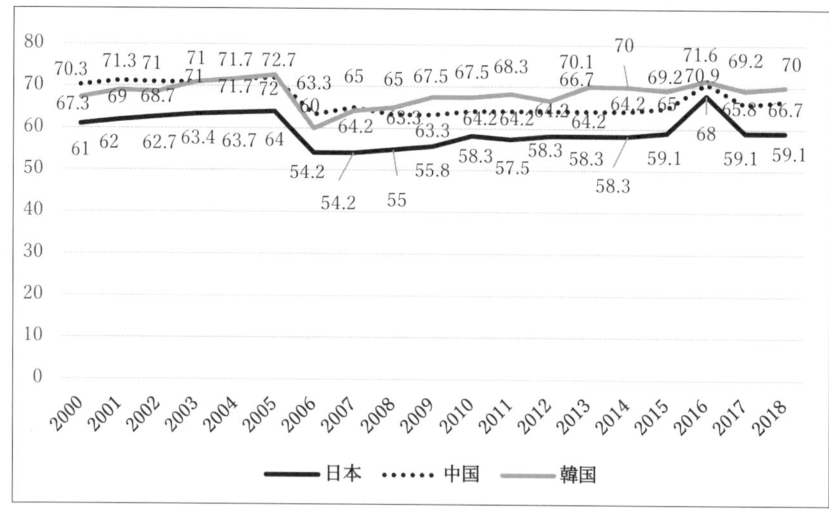

図2-10　TOEFL 得点率の推移

出典：ETS, Test and Score Data Summary for TOEFL iBT Tests（2016のみ ITP の数値である）

らの海外留学生が増加し、日本人がアジア枠に入りにくい状況がある。図2-10を見ても日本の TOEFL 得点が最近中国、韓国に大きく後れを取っていることが見える。韓国では1997年に小学校に英語が導入され、その世代が高校３年生になる2006年あたりから中国との逆転の動きが起きて現在にまで至っている。

⑻　留学機運の醸成

「トビタテ！ 留学 JAPAN」キャンペーン、高校生の海外留学の促進、国際バカロレアの促進、留学フェアの実施

⑼　留学先に応じた対応

留学数が減少しがちな英米の大学での学位取得のために環境整備、提携校を増やす

次に「日本再興戦略（2013）」の中の「民間の力を最大限引き出す」という方針を受け「若者の海外留学促進実行計画（2014）」の計画の中

で目玉ともいえる「トビタテ！ 留学JAPAN」を取り上げる。

文部科学省は意欲と能力のあるすべての日本の若者が、海外留学に自ら一歩を踏み出すことを目的として、2013年10月より留学促進キャンペーン「トビタテ！ 留学JAPAN」を開始した。官民協働で政府と各分野の企業や人材からの支援寄付などにより「グローバル人材育成コミュニティ」を形成し将来世界で活躍できるグローバル人材を育成する。背景には減少しつつある正規留学と就職・卒業の問題、情報不足、大学とのコンタクトなど上記で扱ったような留学についての問題点がある。特に一番の障害となる経済的な問題について助言や、奨学金、アドバイスを提供している。

対象は、国費による大学院学位取得では海外の大学院で修士又は博士の学位取得を目的とした長期留学や大学間の協定派遣型など、短期長期の期間だけでなく学び方や支援の仕方についても様々な型がある。希望者はコースを選び、テーマを決め、留学の計画書類を提出し、書類審査から面接を含む試験を受け、合格者には研修と渡航費、滞在費、学費が貸与される。

鈴木（2017）は「日本の高校、専門学校、短大、大学に在籍している28日以上２年以内の留学に対して、返済不要の給付型奨学金の支援や出発前や帰国後の研修が行われる。……具体的には現地活動費として月額12万から20万を支給するほか、年間上限30万の補助を授業料として支給」と制度について述べている。

このように民間の会社が資金だけでなく試験の段階からもこの制度の試験官として加わることにより、留学後の就職についても会社に理解が得られる可能性が生まれてくる。2017年現在で207社が加わっており、企業や学生にこの制度の認知が広がることが期待される。

海外支援制度の支援対象学生は実施前の2012年0.9万人に対して、実施後2017年には2.3倍の2.1万人となり、支援金額は2012年31億円に対して2017年には2.1倍の64億円となっている。

日本代表プログラムの応募者・合格者は次の図2-11のように大学生で２倍、高校生で４倍となり、図2-3のように2013年以降実際の留学生

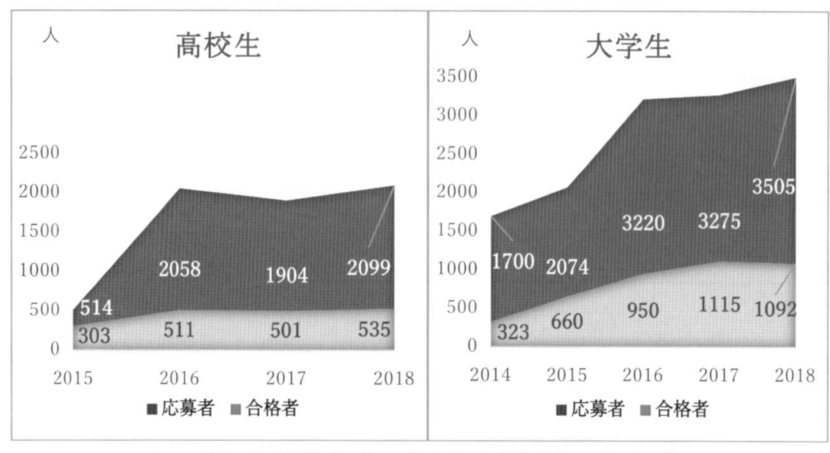

図2-11　日本代表プログラムの応募者・合格者数

数も確実に増えている。

戦略の目標の日本人海外留学者数12万に対して、図2-3の日本学生支援機構の統計で2012年に65,373人だった日本人海外留学者数は、2017年に105,301人になっており、JAOSなどの統計から語学留学を含めれば、留学生は目標の12万人を超えていよう。すなわち「トビタテ」の奨学金や広報活動の効果が上がってきているとも言えよう。

海外からの留学生については30万人目標のところ、同じく日本学生支援機構の統計では2018年に298,980人となっており、どちらも高い伸びを示している。

ただし気になるのは図2-3で明らかなように1年以上の留学は2012年度1,408人から2017年度2,022人と多少増えたものの依然として少数派であり、「トビタテ」では3カ月以上を推奨しているものの、統計全体としては増えている留学のほとんどは1カ月未満の短期のものである。これは就職や語学力、広報活動、大学のあり方など根本的な問題が原因となっているためもっと包括的な戦略が望まれる。日本の例では当初の抵抗が大きいせいか、いきなりの長期留学というより、短期の留学者が次に長期の留学に向かう可能性が多いことから、彼らが次の挑戦の突破口となってくれることを望む。

また2017年度あたりから留学ジャーナルの情報では「中高生の留学とともに、40代以上の社会人留学や教職員の留学、シニア留学などが増加して社会経験を積んでからのキャリアアップや生涯教育の方法という特徴の一つとなっており」(留学ジャーナル，2017，2018)、社会人になってからの再教育というこれまで日本ではあまり見られなかった動きが出ている。それは社会としても個人としても得るものがあり、望ましい傾向であると言えよう。例えば職を辞することなく、休職や研修として留学できる制度など、学生だけでなく社会人にも奨励する施策が望まれる。

これは留学について2019年にまとめたもので、その後コロナ禍、そして円安などで外国人留学生も日本人留学生もきびしい時期を迎えた。

以前の状況にもどりたいところであるが、逆にオンラインの受講などが発達してきている。両方の利点を生かしながらもやはり外向きの日本に向かうことを願う。

引用文献

独立行政法人日本学生支援機構（2014.3）．「日本人海外留学生数に関する調査報告書」http://ryugaku.jasso.go.jp/datas/master_link_pages/pdf/020150223110047_WzMAW.pdf

Edtech & Inno（2016.4.30）．「GDP世界第３位を誇る立派な“中堅”国家・日本、ということでGDPやらGNIやら調べておこうと」https://naohilog.com/chat/japan-economic-indicator-gdp-and-gni/（2020年３月10日閲覧）

星野達彦（2016.12.8）．「文科省発表の倍以上！　実は多かった日本人留学生の数」留学マナビジン　https://ceburyugaku.jp/48086（2020年２月24日閲覧）

石川裕之（2018.2）．「韓国における留学生送り出しの現況 ― 2010年

代以降を中心に ―」ウェブマガジン『留学交流』Vol. 83　https://www.jasso.go.jp/ryugaku/related/kouryu/2017/__icsFiles/afieldfile/2021/02/19/201802ishikawahiroyuki.pdf（2021年２月22日閲覧）

JAOS：海外留学協議会（2016.11.16）.「留学事業者36社による日本人留学状況調査」“PRESS RELEASE” https://www.jaos.or.jp/wp-content/uploads/2016/12/JAOS_%E6%97%A5%E6%9C%AC%E4%BA%BA%E7%95%99%E5%AD%A6%E7%94%9F_%E3%83%97%E3%83%AC%E3%82%B9%E3%83%AA%E3%83%AA%E3%83%BC%E3%82%B916.11.16.pdf（2020年３月１日閲覧）

JASSO：独立行政法人日本学生支援機構（2019）.「平成29年度協定等に基づく日本人学生留学状況調査結果」https://www.studyinjapan.go.jp/ja/_mt/2020/08/date2017n.pdf（2020年10月22日閲覧）

小林和美（2017）.『早期留学の社会学』京都：昭和堂

国立青少年教育振興機構（2019.6）.「高校生の留学に関する意識調査報告書 ― 日本・米国・中国・韓国の比較 ―」https://www.niye.go.jp/kanri/upload/editor/139/File/houkokusyo.pdf（2020年２月22日閲覧）

文部科学省・内閣官房（2014.4.23）.「若者の海外留学促進実行計画」http://www.cas.go.jp/jp/seisaku/ryuugaku/pdf/honbun.pdf（2020年１月22日閲覧）

文部科学省（2019.1.18）. 報道発表「『外国人留学生在籍状況調査』及び『日本人の海外留学者数』等について」https://www.mext.go.jp/a_menu/koutou/ryugaku/__icsFiles/afieldfile/2019/01/18/1412692_1.pdf（2020年１月22日閲覧）

文部科学省（2013）.「トビタテ！ 留学JAPAN」https://tobitate.mext.go.jp/about/index.html（2020年１月30日閲覧）

文部科学省（2016.3）.「日本人の海外留学生の推移」（；星野，2016からの重引）

農林水産省（2013.6.14）.「日本再興戦略 ― JAPAN is BACK ―」https://www.kantei.go.jp/jp/singi/nousui/dai2/sankou.pdf（2020年２月24日閲覧）

留学ジャーナル（2017，2018）.『留学ジャーナルNEWS RELEASE』

https://www.facebook.com/RugakuJournal（2020年２月20日閲覧）
栄陽子（2014）．『留学・アメリカ大学編入への道』東京：三修社
首相官邸（2013.6.14）．「日本再興戦略 — JAPAN is BACK —」https://www.kantei.go.jp/jp/singi/keizaisaisei/pdf/saikou_jpn.pdf
鈴木穣（2017）．「『語学留学は日本独特の留学形態である』を考察する — 若者を取り巻く状況と今後の変化 —」『上武大学ビジネス情報学部紀要』第16巻、pp. 39–62

2.2　小学校の英語に関する現職教員研修

2002年「『英語が使える日本人』の育成のための戦略構想」が発表され、総合的な学習の時間内ではあるが小学校で英語教育が可能になった。2011年小学校の５・６年生に外国語活動の時間が週１時間もたれることとなり、2020年からの小学校学習指導要領改訂の全面実施により、小学校３・４年生に週１時間の外国語活動、５・６年生に週２時間の英語科（外国語科）が始まった。これまで英語を扱ってこなかった小学校の教員が、この流れの中で正式に教科としての英語の指導を始める。

日本の英語教育が批判される中、方法とともに教員の力不足を指摘する声も多い。海外では例えば「オランダなどCEFRレベルのB2以上が英語を教える教員になるコースへの大学の入学条件」で、「フィンランドでは英語教員の基準はC1」（British Council, David Hayes, 2014, pp. 16–22）ともいわれているが、日本の英語教員では同B2レベルの英語検定準１級またはTOEFL iBT550以上と平成25年度第２期教育振興基本計画でいわれながら、「平成25（2013）年度調査ではこの基準に達している教員の割合は中学校27.7%、高等学校レベルでは52.3%」（文部科学省，2016）と数値に追い付いていない状況である。新規採用では英語の実技試験や英検など基準を出している都道府県、市町村や学校も多いようであるが、現職の教員の過半数は全く違った価値観の英語教育で育

ち、試験を受け、英語以外の仕事に追われてきた者も多いわけであるから、残念だが現状は仕方のないことともいえる。中学校・高等学校の英語専門の教員でさえこのように苦しんでいる。英語が苦手で小学校の教員になったとしたら時代の変化を嘆いているのかもしれない。しかしそれでもやらなければならないのである。

ここでは、小学校英語の導入と学習指導要領改訂にあたって、現職教員に対してどのような研修が行われたかを探っていく。特に、「準備のためにどのような研修が、どのように行われたのか、またそれは適切であったのか」について、日本より先に小学校に英語を導入した韓国の場合と比較する一方、日本の小学校教員の研修の実態についてベネッセ等の調査を参考にしながら考えていく。対象とするのは日本の2008年、2009年の外国語活動導入に備えた研修内容と、2014年から５年間の英語科導入に向けられた研修内容で、後者を中心に見ていく。2020年学習指導要領改訂の準備の研修は終わり、実際に小学校が英語科の指導を始めた現在、これらの研修を検証し、その足りなかった面に注目して、研修を強化することを提案したい。

2.2.1　英語教育改革の経緯

今回の英語教育の変化にかかわる英語教育改革の流れについて文部科学省教育課程企画特別部会資料3-4（2015, p. 1）を基にまとめてみる。太字は今回ここで触れる教員研修につながる大きな変化となる内容である。

○ 1986（昭和61）年、臨時教育審議会「教育改革に関する第二次答申」で中高における英語教育の目的の明確化・教育内容等の見直しとともに、英語教育の開始時期についても検討を進めることを提言。
○ 1992（平成４）年、研究開発学校を指定し、国際理解教育としての小学校英語教育の実験的導入を始める。
○ 1996（平成８）年、中央教育審議会第一次答申で総合的な学習の時間の活用等により外国語に触れる機会を持たせることが適当とされる。全国都道府県に１校ずつ研究開発学校が指定される。

○ 1998（平成10）年、2002年度から実施の学習指導要領が告示され、「総合的な学習の時間」の設定により、全国の小学校でいわゆる英語活動が広く行われることとなった。

○ **2002（平成14）年、「『英語が使える日本人』の育成のための戦略構想」が発表**された。あわせて指導要領が完全実施され、全国の小学校で英語教育が可能になる。その翌年から５年間で中・高等学校の英語教員６万人全員が、２週間の実践的コミュニケーション能力育成と指導力向上のための演習・発表を含む研修を受ける。

○ 2006（平成18）年、中央教育審議会外国語専門部会で、小学校高学年での週１時間程度の英語教育が提案される。

○ **2008（平成20）年、中央教育審議会答申として外国語活動の新設**を決める。

小学校学習指導要領を改訂し小学校５、６年に外国語活動を位置付け週１コマ実施する。中学校学習指導要領を改訂し、各学年の授業時数を週３コマから４コマへ充実させる。高等学校学習指導要領を改訂し生徒の理解の程度に応じた英語を用いて行うことを基本とする。**各地域の指導主事を集め中央研修を行いその後地域で中核教員研修**し自校で校内研修を行う。

○ 2011（平成23）年、小学校学習指導要領を全面実施する。24年度中学校、25年度高等学校を順次実施する。全小学校の15％が、低・中学年から英語学習実施。

語彙数を中学校900語が1200語、高等学校1300語が1800語となり、英語は必修科目となる。

○ **2014（平成26）年**、文部科学省有識者会議より「今後の英語教育の改善・充実方策について」報告がある。**小学校・中学校・高等学校英語担当教師550名に中央研修（英語教育推進リーダー研修）**を行う。**翌年よりそのリーダーを中心に中核教員研修**を行う。

○ 2020（令和２）年、小学校学習指導要領改訂で全面実施により、小学校３、４年生に外国語活動を週１時間、小学校５、６年生に週２時間の英語科（外国語科）を実施する。３年度中学校、４年度高等学校を順次実施する。

小学校必修語彙を600〜700語とする。３年度中学校学習指導要領完全実施により、必修語句を1200語より1600〜1800語、高等学校を順次実施により必修語句1800〜2500語とする。

背景には以上のような英語教育改革と研修の流れがあった。

2.2.2　現職教員の英語に関わる研修

これまでも文部科学省や都道府県・市町村の教育委員会主催で様々な研修が行われてきた。2011年と今回の2020年の学習指導要領の改訂では、小学校に英語の導入という初めての試みである。そのためには準備の研修が大きく必要とされる。その中でも規模の大きかったものについて、これまでと2020年現在、そして小学校と中学校・高等学校の英語に関わる研修についてみていく。

2.2.2.1　これまでの現職教員の英語に関わる研修

一つ目は2002（平成14）年７月「『英語が使える日本人』の育成のための戦略構想」が発表されて、英語教員の資質向上に鑑み2003（平成15）年度から５か年計画で中学・高校の全英語教員に対し、集中的に行った研修である。研修の目的を「英語コミュニケーション能力育成のための指導力（英語力及び授業力）育成」に置き、２週間の長期集中カリキュラムを通して少人数形式により講義のみでなく、演習、発表など受講者の主体的参加を中心とした研修にすることなど盛り込まれている。韓国のTEE研修にあたるものと考えられる。

これにより全国６万人の英語教員全員が授業や英語の講義・演習を含んだ研修を行うこととなった。計画は各都道府県によるが、文部科学省がモデルを示し、講師依頼や経費についても半額持つ形であった。はじめと終わりにTOEFLテストまで行い、各グループの授業研究２回、最後の発表まであり、かなりの大きな研修であった。もちろんそれを計画する英語教育指導者の中央研修や指導主事などの６カ月、12カ月の海外研修などがあったり、各地域の委員会中心に依頼した外部の講師や中央研修の受講者が研修講師等となって協力したりするなどである。全国の中学校・高等学校の英語の全教員の、しかも１年を通した２週間程度の内容の研修というのは、新規採用教員の研修や５年研修・10年研修などと比べてもかなりの質と量であったと思われる。

二つ目は2008（平成20）年３月小学校学習指導要領の改訂により2011年より外国語活動が小学校に導入されることになり、それに備えた研修である。わかりやすくまとめられているので次に清水他（2011）の論文の導入部分を引用する。

> 2008年（平成20年）３月、『小学校指導要領』の改訂が告示され、2011年度４月から、全国の小学校における「外国語活動」の実施が決定した。これにあわせて文部科学省による全国の指導主事らを対象とした指導者養成研修が行われ、続いて各市町村の教育委員会では、中核教員を対象とした研修が行われた。本講座の対象地域においても、2008年度と2009年度に各５日間、「小学校外国語活動中核教員研修講座」が実施された。研修の目的は「外国語活動の基本理念等を理解するとともに、授業指導力の向上および英語運用力の向上を図ることと、受講した中核教員が各小学校において、校長・教頭の支援のもと、平成22年度までに２年間で30時間程度の校内研修を計画的に実施できるようにすること」であった。中核教員は各学校で2008年度と2009年度にそれぞれ１名ずつ指名され、中核教員研修を受講する。そこで学んだことをもとに、各勤務校で実情を踏まえた校内研修を企画・実施し、勤務校の教員全員の指導に当たるものとされた。こうして、教員研修センターにおける指導者養成研修の内容が、中核教員研修を経て、全国の現場の小学校教員に伝えられる体制がとられた（清水他，2011）。

この研修の指導者研修（中央研修）参加者は各市町村、都道府県の指導主事等であり、その研修を受けた指導主事から各小学校年１名、２年間で計２名の中核教員は25時間の研修を受けた。この研修後２年で30時間の校内研修を義務づけられていたことが、2014年からの研修と異なる。

三つ目は「平成23年度（2011）より導入した外国語活動の確実な実施のための研修」（文部科学省，2015，pp. 27–28）であり、一般的な指導主事・中学校英語科教員などが参加して行う小学校教員の研修が行われた。これは３日間集合研修を受けた者が学校内で実践研修を行い学校全体として研修を行うものである。もちろん研究指定校などはこれ以外に多くの研修を行っている。また中学校・高等学校では教育委員会主催で教育課程説明会や数回の研究授業と研修、教育センターが中心となった研修会などが行われてきた。外国語活動が活発になってきてからは小中連携についての小学校・中学校の合同の研修会がどの地域でも行われている。全員というより一部教員が重く行い、それを享受するという形である。通常の継続的な研修に近い形である。

四つ目は次に挙げる今回2020年の学習指導要領改訂に向けた教員研修であり、小学校は英語の教科化、中学校・高等学校は主にTEE（Teach English in English）に備えるものである。

現職小学校教員に対する英語研修としては、これらの中で2008年からの二つ目と次に挙げる2014年からの四つ目が今回の小学校英語の導入と教科化に関わる大規模な研修であったと考えられるので、この四つ目の研修を中心に二つ目との共通点と違いを見ながら研修の特徴をつかんでいく。

2.2.2.2　2020年小学校学習指導要領改訂・完全実施に向けた現職教員の英語に関する研修

今回の2020（令和２）年の小学校指導要領改訂により小学校３、４年生に外国語活動週１時間、５、６年生から教科として英語科が週２時間導入されることになった。それに伴い、以前から移行措置でかなりの学校が前倒しで授業を行ってきているが、小学校教員の英語に対する研修と「英語で教える」という課題のもと中学校・高等学校教員にも英語研修が組まれた。

文部科学省（2017a）によると2014（平成26）年度の外部専門機関と連携した英語指導力向上事業「英語教育推進リーダー研修」とその翌年からの地域の「中核教員に対する研修」とで成り立っている。英語推進リーダー研修は地域で選ばれた少人数の教員を全国で集めて、毎年小学校教員200名、中・高等学校教員100名について５年間で行われる中央研修である。その通りであれば５年間で全国の教員小学校1000名、中・高等学校500名に施行され、カリキュラムは文部科学省とブリティッシュ・カウンシルが行っている。中核教員とは各学校の代表１名で、中学校・高等学校では英語担当教員である。研修は地域の教育委員会と教員養成大学などが連携し文部科学省やブリティッシュ・カウンシルの提示するカリキュラムを参考に各地域で工夫して行われる。そのときに中心リーダーになり講師を務めるのが前年度の「英語教育推進リーダー」である。つまり、直接研修ではなく、はじめにリーダーに手厚く中央研修を行って、その後地域の全学校の各校１名の中核教員に伝達講習し、それを各小学校の教員に校内研修で広めていくという、わかりやすく言うと、「ねずみ講のようだ」（shun-sensei, 2017）と評する者も出て

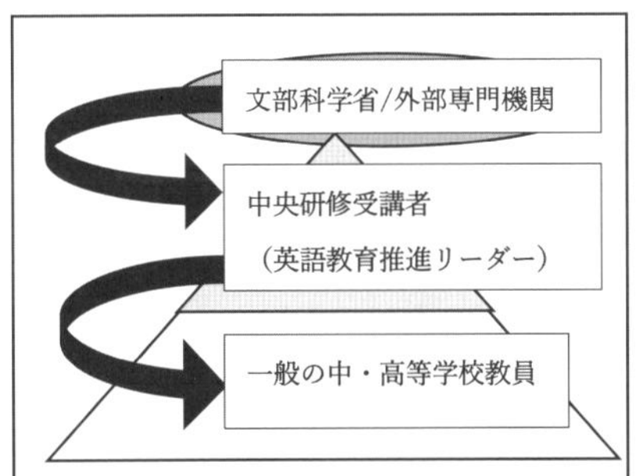

図2-12　小学校の内容伝達研修
（文部科学省，2017a，p. 82）

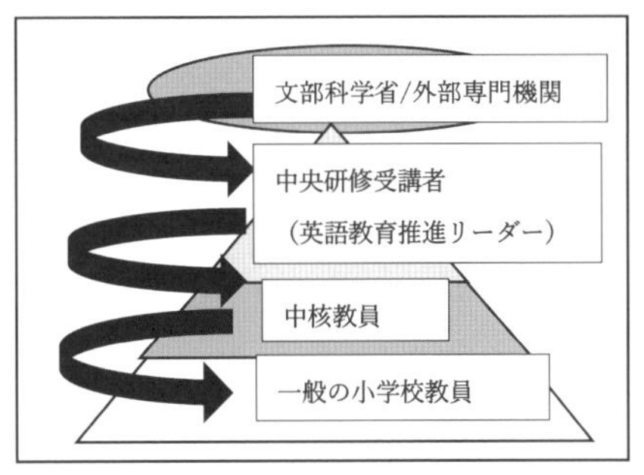

図2-13　中・高等学校の内容伝達研修
（同）

いるようだが、これをカスケード方式と呼ぶ。小学校では他の教員は校内研修で内容を受け、中学校・高等学校は最終的に英語科教員全員が受講する。図2-12・図2-13で示す。

➢英語教育指導者リーダー研修

『小学校外国語活動・外国語研修ガイドブック』（文部科学省，2017b，p. 164）によると、文部科学省は「グローバル化に対応した英語教育改革実施計画」（平成25年12月13日公表）に基づき、2014（平成26）年度より「小・中・高等学校における英語教育推進リーダー」を養成するため、外部専門機関と連携した中央研修を開始した。中央研修参加者は英語力および英語指導力の充実を図るとともに、研修修了後は、「英語教育推進リーダー」として各地で研修（小学校の場合、中核教員研修等）の講師として研修内容の伝達・普及を行うこととされている。そして、中核教員研修を受講した教員（各小学校の中核教員）は、所属校において校内研修等を通して研修内容の普及を図ることが期待されている。中央研修には、各都道府県・政令指定都市教育委員会より推薦された教員が参加する（小学校では全国で年間約200名参加）。中央研修は、外部専門機関（平成26〜29年度はブリティッシュ・カウンシル）と連携して行われ、年２回の集合研修を軸として長期間を通じた継続的な研修が実施される。実習までの中央研修を修了した参加者は文部科学省より「英語教育推進リーダー」として認定される（表2-1参照）。

また次のような中核教員への流れになる。

> 国は、平成26年度から５年間程度のうちに地域における「英語教育推進リーダー」を養成する中央研修を行う（１年間で小：約200名、中：約180名、高：約120名）。都道府県・政令指定都市教育委員会は、「英語教育改善プラン」によるPDCAサイクルに基づき、英語教育推進リーダーを講師とした研修等を実施し、すべての小学校の中核教員や中・高等学校の全英語担当教員に研修成果を還元する（文部科学省，2017a，p. 82）。

表2-1　英語教育推進リーダー研修の進行イメージ

事前課題	5h 程度	▪ 授業をビデオ撮影し提出
↓		
中央研修(1)実践のための研修	35h 程度	（春〜夏に実施） ▪ 英語力テスト
↓全て英語で実施　小：内容は読み聞かせ、歌チャンツ、発音と綴り、ALT との基本会話		▪ 5日間の研修（小学校4日）（自らの指導に生かす研修）
授業での実践	20h 程度	▪ 研修成果を自らの授業で実践
↓中高：内容は4技能教授法と言語活動、教科書の活用法、モチベーションの向上法など		▪ オンライン教材を活用した英語力向上 ▪ 中央研修参加者による交流（オンラインサイト） ▪ 授業をビデオ撮影し提出→業務委託先による評価
中央研修(2)指導のための研修	35h 程度	（秋〜冬に実施） ▪ 5日間の研修（小学校4日間）（域内研修の実施に向けた研修）
↓（研修実習のための準備・打ち合わせ等）	21h 程度	中央研修の成果を全国各地に確実に波及
地域の中核教員（小）、英語担当教員（中・高）に対する研修	14h 程度	▪ 中央研修の修了者が小学校の「中核教員」、中・高等学校の英語担当教員に研修（各人が14時間程度の研修を担当し研修記録を国に提出） ▪ 業務委託先は、研修の状況を訪問調査で確認
↓（研修のまとめ・報告書提出等）	5h 程度	▪ 教育委員会と大学の連携を進め、研修を「免許法認定講習」「更新講習」の一部とすることが可能

「英語教育推進リーダー」として国が認証		▪中央研修の修了者は、「中核教員」、中・高等学校の英語担当教員への「研修実習」を完遂した上で、「英語教育推進リーダー」として認証される
↓	計135h	
研修の更なる充実	▪研修修了者の指導力などを分析しながら、研修内容を改善する（国） ▪各地域における英語教育推進リーダーとして、指導主事等と連携しながら、地域の英語教育を推進する（各地域）	

（文部科学省，2017a，p. 79）

➢中核教員研修

文部科学省（2017a，p. 82）によると中核教員は中学校・高等学校では学校の全英語担当教員がそれにあたり中・高等学校の英語教員については中央研修に参加した英語教育推進リーダーによる研修に、平成27年度からの５年間で、全員が参加しなければならないとある。

文部科学省（2011）によると、以前の2002（平成14）年計画の研修では中学校・高等学校の英語科教員対象で翌年から５年間で全員参加と、今回と同じであるが、前回は指導主事が中心となり大学の先生など一般教員全員に対し専門家が直接講師を務め、各々年間70－80時間の研修を行った。当時の全国の中・高等学校の英語教員は約６万人であり、人数も内容も多くかなり大規模な研修であったが、今回の研修内容は一般は14時間とかなり少なくなっている。

小学校においては、中核教員研修（中央研修参加者にとっては研修実習）は、各地域の教育委員会において計画され、中央研修参加者が講師となり各小学校の中核教員等（各校１名程度、主に外国語教育担当の教員）を対象に行われる。中央研修の研修内容を確実に伝達普及させるため、中核教員研修は合計で14時間程度実施することとしている。今回本当に必要なのは小学校の教員の研修であると思うのだが、全員の研修ではない。しかも研修をほかの教員より少し前に受けたなりたての英語推進リーダーによる研修である。ただし地域によっては、講師（中央研修参加者）による公開授業や教育委員会の担当指導主事による説明、大学教授による講義等を加えるなどの工夫をしているところもある。

この研修を単純計算すると、毎年200名で５年間英語教育推進リーダー育成の中央研修が行われ、計1000名、各リーダーが20名の中核教員の研修を行うので、小学校教員20000名がこの14時間の中核教員研修を受けることになる。時間数は異なるが研修を受けた小学校教員はこれで21000人となる。

小学校の中核教員はそれを元に各学校で校内研修を行い還元しなければならない。つまり中・高等学校の英語教員はほぼ全員14時間の直接の英語研修を受け、小学校の場合は担当教員の数分の１程度がその14時間の中核教員研修を受け、校内研修でそれを全体の教員に広げるのである。しかしながら今回は校内研修に30時間という前回のような規定がないので、学校によって一般教員にはかなり少ない伝達研修となったであろう。

研修ガイドブック（文部科学省，2017b，p. 165）によると「中核教員研修は、主催する教育委員会が各地域の実情等を踏まえて計画・実施している。……夏季休業中に３日間程度を利用して集中的に行うところもあるが、１回あたりの研修時間を短くして５～７回程度実施しているところも増えてきている」という。中核教員に期待される役割は所属校において、外国語教育に関する校内研修の計画・実施、校内研修における授業公開、外国語・外国語活動の授業を行った教員に対する日常的な助言・支援、専科指導（学年間での授業交換も含む）、年間指導計画や教材等の作成などであり、これらを管理職等と相談して実施する。

2.2.3　韓国の研修との比較

韓国では1997年に小学校３、４年生から正式に英語を教科として小学校に導入した。日本同様それ以前にも課外活動や学活として少しずつ導入されていた。もちろん先進的なソウル市内の大学付属の小学校や私立の小学校では1年生から当然のように導入している学校もあった。

(1) 韓国の小学校英語科導入時の現職教員の研修

日本同様、正式科目として英語科が小学校に導入される前に10年以上の歴史があった。当時の小学校の現職教員の研修はどうであったか、次に示す。

> 教科としての導入が決定した1996年から全国規模で、次年度3年生担当予定教員を対象に年120時間の英語の職務研修が実施され、その年度以降も順次、同様の研修が行われた。研修の約7割は教員の英語運用力を高める内容で、残り3割が英語教授法などの英語指導理論等であった。現在英語村で行われているTEEの研修内容もその路線に沿った内容となっており、それ以上に、TESOLのコースでは、英語を第2言語として指導する理論を学ぶなど、より専門性を高める内容になっている（山本他，2015）。

現在のTEEとTESOLの研修は一般の小学校教員の英語研修ではなく差別化した指導者育成のコースである。

また河合（2004）は著書で次のように述べている。

> 英語の授業は1998年度はクラス担任（約60%）か、英語専任教員（約40%）が担当していたが、クラス担任は240時間の研修を受けることになっていた。このうち一般研修は120時間で、教材・指導法などの理論について大学教員が講義し、深化研修では英語圏の母語話者から教材・指導法について120時間実践的研修を休暇中や放課後の時間を利用して受講することになっていた。（中略）歌・チャントなどの教授法、教材作成・活用方、指導評価などの解説が

載せられている。

以上のような内容であり研修の時間数がいかに多かったかが伝わってくる。

2009年に私が韓国のソウル特別市教育庁で英語教育担当にインタビューした時も同様である。日常の放課後にも定期的にこれらの研修が組み入れられていたのは驚きであった。

> はじめは学級担任がやっていたが、準備が大変であったり、専門性の問題やカリキュラムの遂行が不揃いになってしまいがちな問題があるので、後に、ほとんどの学校では英語担当教員が中心となって、授業を行ったり、プランを作ったりするようになった。現在（2009年）ソウルの小学校には7000人の英語教師がいる。中学校の教師が小学校を見ているわけではない。Training center で研修を行っている。放課後や長期休みなどを利用して研修し、熱心で優秀な教員は海外にも派遣して研修を行っている。SME といって大学教師がカリキュラムを作り、国立ソウル教育大などの教員養成大学で、新しく教員になる生徒や正規教員にも研修を行っている（西子，2011，pp. 32–33）。

次は２つの小学校で校長、教頭、英語担当と話した時の内容である。英語担当はどちらも若く、１人はアメリカの大学院を卒業し native のような英語で堪能であった。もう１人は優秀教員で１カ月海外留学し英語も堪能であったが、高校・大学で６年間日本語を学び、日本語にも通じていた。韓国では英語以外の第２外国語を高校、大学で学び大学入試の課目にも当時より入っている。

> 教員は２種類で、正規の教員と native speaker とは別に、外部から専門の instructor を募集し採用しており、効果を上げている。教えるのは学級担任だが、負担軽減と共通の指導内容を目指すため、英

語担当の教員が中心となり、教材を準備し、以前より専門化している。従って授業はかなりの割合でall Englishになりつつあり、英語の質が上がってきている。導入当初、native speakerと仕事をするのを嫌う教員もいたが、その地域でのmiddle schoolがcenter schoolとなり、夏休みなどの長期休業時に教え方について２週間ほどのEnglish training campを韓国の教員とnativeなどの外国人co-teacherとで行い改善されてきた。……現職教員には再教育（re-education program）が実施され、電子機器・教材を使っての授業や教師自身の英語を高める研修が行われている（西子，2011，pp. 35–36）。

これは当時の韓国の小学校現職教員の研修とその実働している教師の構成である。英語が導入されて12年たつ頃の様子であるので導入当初だけでなくかなり手厚い研修が引き続き行われている様子がわかる。

⑵ 韓国のTEEに対する現職教員研修

前の山本他（2015）でも少し触れていたが、韓国では2000年に出されたTEE（Teach English in English）政策のため2005年に「英語活性化５か年総合計画」を発表し、2006年より実施した。

TEE政策では、TEE-A・Mの優秀教員認定制度が設けられた。金（2012）によると「2009年９月教育科学部は英語公教育強化のために2012年まですべての英語教員が英語で授業が行えるようにするための『英語教師の英語授業能力向上方案』を発表し『優秀英語教師認証制（ソウル：TEE認証制）』を全国的に拡大して2010年よりすべての指導で実施できるよう支援する」という。「優秀英語教師認証制度」は経歴・研修実績・英語で行う授業能力などを総合的に判断して市道別に教育監が認証書を発給する制度で、最上位レベルの認証は「Mentor教師」や「研修指導講師（teacher trainer）」となり、認証教師は、長期海外研修、教育費支援などの各種インセンティブが与えられる。TEE指数は、時間数だけではないが英語の研修時間10時間当たり指数ポイント１で、40ポイント必要のTEE-M（Master）になるにはかなりの研修を積まなければならない。前の表1-2のように少数の英語教員に研修を多く積ませてインセンティブを与え、エリートの英語指導教員を養成している。詳しくは「1.2.5　英語公教育強化政策と TEE 研修②」(pp. 41-44) を参考されたい。かなりの時間数をかけ、ステップを踏んでいる。

また2010年からは「英会話専門講師」制度で英語の堪能な教員免許を持つものを４年期限付きで採用し各校に配置した。

小学校に英語を導入するとき最低でも120時間、しかも native のいる英語村や地域の center school となっているところで英語専門教師や大学講師が関わり、直接研修を個々の小学校教員に行い（担任には240時間)、それ以後も順次120時間の研修やキャンプを続け、二十数年たった今も TEE 講師の差別化や海外留学のご褒美で研修に励ませる。もちろんこれは中等学校・高等学校の教員にも当てはまる。並行して小学校教員養成課程の大学では児童英語や教えるための授業単位をとって二十数年たつわけであるから、もはや小学校の教員はほとんど英語の授業を TEE で行える状態にまで研修を受けてきていると考えられる。このように教師の英語力は確実に向上しているが、一方 TEE の方法は多くの学習者にとっては英語の説明が理解不能で、大学受験の学習として効率がよくないとも言われている。

これは韓国の研修の例である。

一方臨時採用の専科ではあるが、「台湾は360時間」（文部科学省, 2018）の研修という情報もある。

⑶ 韓国と日本の比較

さて小学校への英語導入に際しての教員研修の取り組みについて、ここでは少し先を行っている韓国の情報を中心に例として載せたが、日本と比較してどうであろうか。

表2-2　小学校英語導入時の韓国と日本の研修の比較

	韓国	日本 (推進リーダー)	(中核教員)	(一般教員)
時間	120時間（担任は240時間）	135時間（実質70－80時間）	14時間程度	不明（平均6.8時間）
講師	大学教授等、中・高英語教員	外部委託専門家・大学他	リーダー候補	中核教員
その他	次年度担当者中心で継続、英語・指導法７割、理論３割	授業等含む（少数） 全国で毎年200名で５年	各校数名 毎年１名	他多数、全く受けない人もいる

私は韓国の研修時間の最低120時間を放課後や長期休暇を使って勤勉に小学校の先生方が研修している姿を想像して、中央や施策の本気度に感嘆した。しかもその研修はお互い同士が行うというより、必要とされる英語の知識や技能、授業法など各地の経験者や児童英語の専門家から指導されるのである。それが特別な教員ではなく必要な人に120時間、あるいは240時間である。

韓国の小学校現職教員の英語研修は、

①特別な教員ではなく、一般で研修時間が120時間確保されている。
②専門家から直接英語の知識・技能や授業法について指導される。
③教科化以後もTEEのために初等学校、中・高等学校教師に英語研修が課され、多くの研修したものへのインセンティブなど差別化が行われている。

これらは児童英語指導に慣れていない小学校教員にとって自信や力になるに違いない。

これに対して日本の場合は、

①中央から選ばれた少数の教員だけが135時間の研修を受ける。中核教員は伝達講習を14時間受ける。ただし中央研修も実質的には70－80時間が指導される時間であり後は自己研修に近い。以前の2011年の研修では一般小学校教員は２年間で30時間の校内研修を行うことになっていたのだが、実際に行われた校内研修について2009、2010年時の後の調査では「校内研修は１年半で平均6.8時間」（ベネッセ，2011，p. 13）と30時間にはほど遠かった。今回はその目標すら指示されていない。

②▪中央研修の小学校教員である「英語教育推進リーダー」候補約1000名は直接専門家から研修を受けるが、学校のリーダーである中核教員はその講習を受けた自分たちと経験はそう変わらない「英語教育推進リーダー」候補の講師からわずか14時間の研修を受ける。小学校の一般教員はその14時間の研修を受けてきた中核教員を中心に校内研修を行う。

▪地域や学校、リーダーの資質によって研修に格差が生まれやすい。講師が専門家である中央研修のレベルは一定だが、中核教員研修は英語教育推進リーダーと地域の委員会とで計画して行うので、地域のやり方や、リーダーの資質によって対応はかなり異なる。というのも小学校の場合選ばれた英語推進リーダーは、実際に英語授業の経験を積んだ教員はそう多くはないからである。中核教員が行う校内研修にも同様の不安がある。また校内研修ともなれば他教科の研修も存在し、英語に対して抵抗のある先生方や他教科との関係から質と量を確保しにくい。

③その後の研修を含め、意欲的に研修した者の差別化というより、トップダウンで研修を受けられる教員と受けられない教員が決まってしまう。

両者を比較した場合、明らかに韓国の現職小学校教員の研修の方が量・質ともに十分であり、授業を受ける生徒のことを考えているといわざるを得ない。

例えば韓国の小学校教員で翌年英語を初めて担当する可能性のある者がその学校に数名いたとして、同時あるいは順番に120時間あるいは240時間の児童英語や教育法などの英語研修を行うのに対して、日本は全国で選ばれた５年で1000名つまり都道府県に135時間の英語の研修を受けるものは平均して約20名程度ということになる。一つの県に小学校の数はもちろん20校以上、一つの市でも20校以上はあると思う。外国語活動導入時の2008、2009年の研修を入れてもその研修時間の少なさは比較にならない。

しかも韓国では実際継続的に多くの教員がこの研修を受けている。

大統領の号令の下に行う韓国式の120時間の研修を日本が同じように行うとしたら、日本の小学校の放課後、長期休暇に詰め込むことは他の活動に支障を来すことになり兼ねない。また英語という科目が教員から反発を被ることになってしまい、それもまた適切ではないとも考える。やりながら共に考え、そして研究し前に進む。それも一つの方法であるかもしれない。

また2008、2009年の研修は指導主事を集めた伝達研修であり、トップダウンの感は否めないが、今回2020年に向けては各地域から選ばれた教員をリーダーとして育成し、ボトムアップの研修にして実践の蓄積を重んじたと考えれば、日本式も経費節減でよかったのかもしれない。

ただ誰も経験してきていない新しいことを行うにしては、準備不足といわざるを得ない。自分は小学校教員の免許を取るために大学でいくつかの授業をとったが、全教科を学んだわけではない。しかし、それは小学校で国語や算数を学んできた経験があるからで、中学校の前倒しでない音声中心の新しい英語を目指すなら、専門家や会話スクールの先生以外、脇本（2013, p. 4）も指摘しているが、「このような経験をした教員はおらず」まだ誰にもイメージのないことなのである。

大井他（2005, p. 41）が「韓国ですべての教員が十分に研修を受けられるわけではなく（中略）日本の状況とそう変わるわけではない」と述べているが、小学校への英語導入時の研修に関して、韓国と比較すると、日本は最低限の研修を考えても質も量も足りておらず、さらにこの研修は韓国と異なりそれ以後は継続されていない。2008、2009年の研修を考慮してもカスケード方式で指導主事と中核教員が25時間研修、後は校内研修とあまり変わらない。また韓国の120時間は専科に対してであって担任は240時間であることを忘れてはならない。

2.2.4　小学校英語に関する教員の基本調査等から見える研修の実態と必要性

では一般の小学校現職教員は実際どのくらい、どのような研修を受け、どんな必要性を感じているのか。これについてベネッセの小学校英語に関する基本調査と様々なアンケートを基にした論文等資料を参考にみる。

ベネッセにより、小学校の総合的な学習の時間に英会話や国際理解の時間がとられた2006（平成18）年に小学校英語に関する基本調査の第１回、その後2011年の外国語活動の必修化が決まった移行措置段階の2010（平成22）年に第２回の基本調査が行われた。

⑴ 研修の時間と頻度

教員アンケートの中で、各小学校の英語に関する研修の時間は２年で30時間が義務付けられていたにもかかわらず、「昨年度（2009）から今年度（2010）夏休みにかけて、あなたは何時間くらい外国語（英語）活動に関する校内研修を受けましたか」という質問に対する回答は平均6.8時間で０時間と答えた学級担任も約２割存在する（図2-14参照）。この調査が研修期限の２年後までにあと半年あると考えても、20時間を超えたものは１割強に過ぎない（ベネッセ，2011，p. 8）。

また校外の研修に参加した頻度では次の図2-15のような結果で、２割強の教員は全く参加していない。

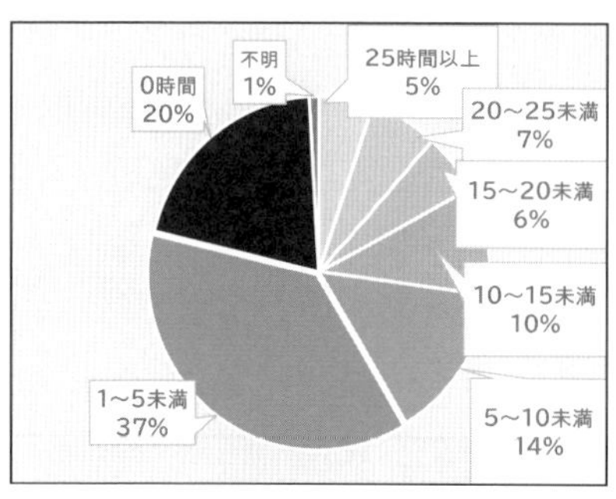

図2-14　外国語活動の校内研修時間（2010年調査）

（ベネッセ，2011，p. 8）

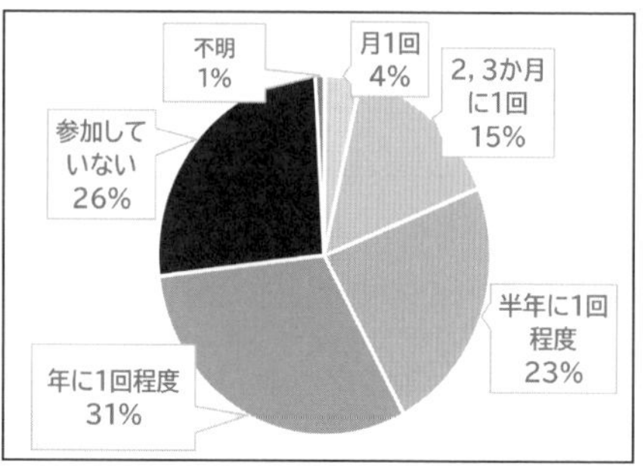

図2-15　外国語活動の校外研修に参加した回数（2010年調査）

（同，p. 8）

⑵ 指導する自信

また「外国語（英語）活動を指導することに自信がありますか」という質問に自信があると答えた教員は３割に過ぎなかった（図2-16参照）。

また自信の有無は指導経験はもちろん校内研修の時間の多い少ないにも関係していることが図2-17・図2-18でわかる。

小学校教員の英語授業に対する自信の有無については、執行他（2019，p. 20）や脇本（2013）も「小学校教員は英語は嫌いではないが、外国語・英語活動をするのは負担に感じたり、自分の英語力に不安があったり、英語を教えることに不安があったりするという傾向が表れている。」また多くの教員は「英語自体を嫌いではないが、自分の英語の力不足や教え方の知識不足から負担に感じている」と指摘している。また海外の調査でも「教員の英語力不足や教授法並びに学習方法の知識欠如について教員は不安を感じ」ており、それが「教えることの自信のなさ」につながる。

この自信については2006年調査で、教務主任の21.7％が「自信がある」と答えており、2010年調査では26.3％とあまり変わらない。学級担任調査でも31.7％であり、いくつかの研修を経ても英語指導の自信につ

1
1.6
30.1
56.1
12
0
とても自信がある
まあ自信がある
あまり自信がない
全く自信がない
不明

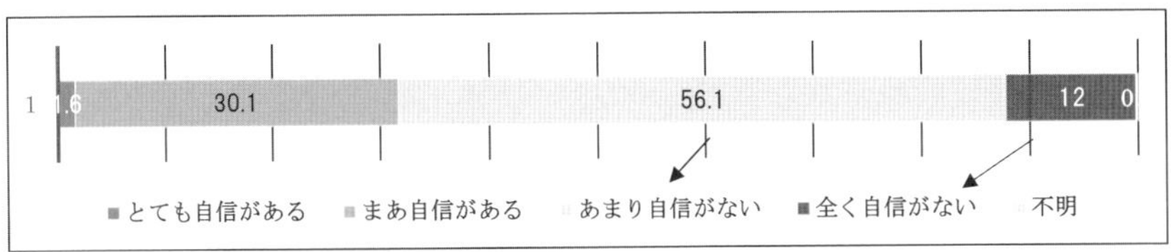

図2-16　外国語活動を指導する自信の有無（2010年調査）数字は％

（ベネッセ，2011，p. 9）

50
45
40
35
30
25
20
15
10
5
0
20.8
24.2
35.5
46.2
0年間
1～2年間
3～4年間
5年間以上

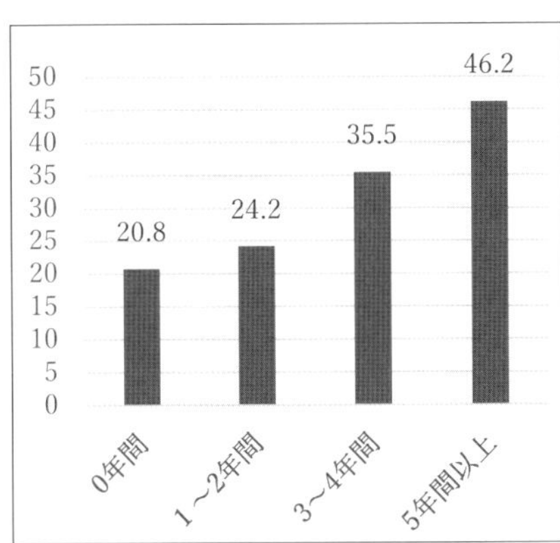

図2-17　指導の経験年数と自信

（同，p. 9）

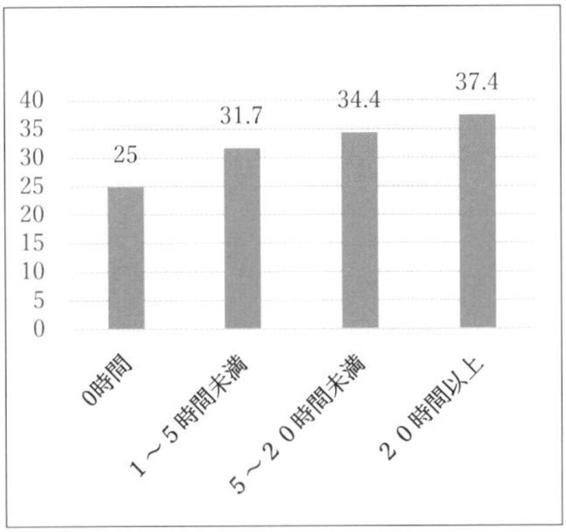

40
35
30
25
20
15
10
5
0
25
31.7
34.4
37.4
0時間
1～5時間未満
5～20時間未満
20時間以上

図2-18　校内研修での研修時間と自信

（同，p. 9）

ながっていない。

それに対して同時期の教務調査で「指導がうまくいっている」という答えが2006年51.8％だったのが、2010年80.2％に上がっており、同年担任調査でも「指導がうまくいっているか」に対して81.1％が「うまくいっている」と答えている。

これは自分の英語力や独自の授業を組むには自信がないが、英語ノート等や教材のCD・DVDなどができ、これらを使って既定の授業をするイメージができつつあるからではないか。また授業の主力は2006年調査でALTが6割、担任が3割であったが、2010年では担任が66.6％、ALT等が25.6％で逆転しており、経験によって外国語（英語）の授業を行うことに慣れてきていることも要因であろう。

⑶ 研修内容

中核教員研修のやり方は地域やリーダーによって少しずつ異なるであろうが、内容は共通して主に、「①教室英語（１時間）②絵本活用（２時間）③単語や表現の学習（３時間）④ ALT との打ち合わせ（１時間）⑤歌（２時間）⑥アルファベットの音（２時間）⑦授業指導案作成（２時間）⑧他教科と関連した内容（１時間）である」（執行他，2019，p. 20）。

では実際に2010年アンケートで「校内研修で扱った研修内容はどうであるか」（教務調査）、「どんな研修を望んでいるか」（担任調査）の乖離はないか図2-19を見る。

これを見ると担任は授業に直接役に立ちそうな「指導法」についての研修を一番望んでおり、実際に行っている研修もそれを満たしている。しかし教員が次に望んでいるのは、自らの「英語力」をつけるための研修や「教材作成」「評価」の研修で、希望と実際との間の乖離が大きい。実際の授業準備よりも、まず指導計画や理念・目標など提出書類作成のための時間が多くとられ、英語力育成や教材作成の時間は成果を

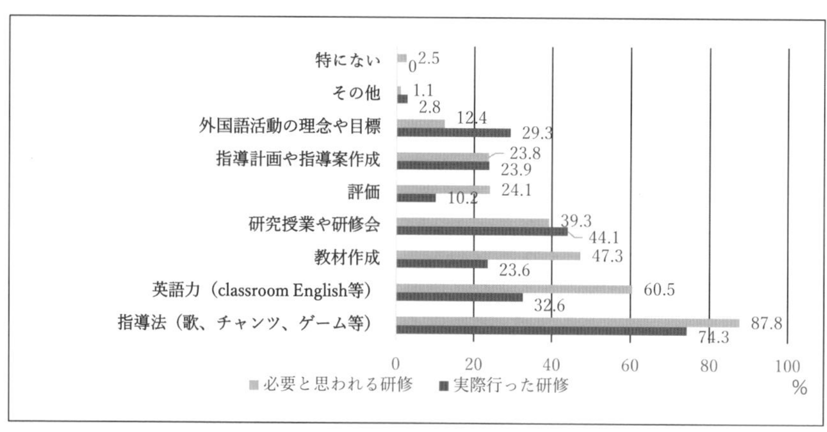

図2-19　必要と思う研修と実際の研修（2010年調査）

（ベネッセ，2011）

上げるのに時間と労力がかかるので、現実的に研修で扱われにくい。限られた時間で英語力をつけるのは自己研修に任されるのだろうか。せめて自己研修につながる共通の刺激となる研修が望まれる。またベネッセ（2011）によると近隣の小・中学校英語担当者が集まる機会は小学校とは４割強、中学校とは３割程度あるが、授業交流は２割程度で、教科化によりこれからの小中の連携の必要性を考えると重視したい項目の一つである。

ベネッセだけでなく多くの研究者がアンケートをとっている。日本英語検定協会（2016）が2015年から2016年にかけて行った必要な研修の調査では「①指導法②英語力向上③ ALT・JTE 等との連携④カリキュラムや指導計画⑤評価⑥他校の事例など」となっている。指導法、英語力の必要性は変わらないが具体から全体へと「５年間の外国語活動の経験と2020年の教科化を目前に教員の意識も変わりつつある」（執行他，2019，p. 21）。

なお研修内容で担任が英語を指導する上で必要な力の項目について、井草（2010）は「児童理解や classroom English、教授法など９つの外国語活動に求められる担任の役割がある」と述べている。担任は学級の児童一人ひとりの理解について、英語の専科教員や JTE などより、優れているに違いない。執行他（2019）や脇本（2013）はその中の９番目にある「英語の誤りを訂正するタイミングや訂正の仕方を知っている」に注目している。そしてその誤りについては、それについて「必要な語彙を知って、フィードバックが行えることが肝要である」とも述べている。それは今まで触れられてこなかった項目であるが、今後教科としての英語には TEE を心がけるならば特に必要なものであると考える。そして誤りに気づいてその時その場で指導し、易しく正しく言い換えるには、やはり基本的な英語力が必要で、その研修を担任が望むのも当然である。

2.2.5　考察

学習指導要領完全実施の2020年、既に英語の授業は始まった。カスケード研修は有効であったか。

〈成果と課題〉

成果として、いくつかの小学校で研究授業を見学する機会に恵まれ、先生方の積み重ねの努力が感じられる授業や掲示物に、多くの素晴らしい実践を見た。中・高等学校の教員にはイメージできないレベルの高いものもあった。日本の教師がその限られた環境の中で精一杯指導を行っているということがよくわかる。研修会を開催しその間に実践経験を積ませていくという日本の方式をふまえ、参観させていただいた授業は、どれも小学校で外国語指導を始めて僅か十数年と思えない成果を見せていた。研究授業だけでなく、一般への広がりが期待される。

課題としては、次の3つが挙げられる。

⑴ 英語指導を始めるにあたっての一般教員の研修時間があまりに少なく、研修を行う講師や内容の質も確保されていないため、授業者の自信や創造性に繋がらない。

⑵ 一般教員の望む英語力向上についての研修が足りておらず、希望する研修内容と実際の研修との乖離が大きい。

⑶ 授業を多く見ることは全体をイメージしやすくなり、授業のレベルアップにつながる。教科化の研修に際して、一部教員のみの参加で全体の交流や授業研修の機会が少ない。生徒理解や互いの連続性を理解するためにも授業研修を通した、より一層の小・中の連携が望まれる。

素晴らしい研究授業の陰で心配なのは、全ての小学校教師が自信をもって英語の授業を行うために、この2回のカスケード方式の研修と校内研修だけでは足りないことである。高度化する中・高等学校の教員も研修が必要だが、小学校で扱う児童英語は以前のモデルがないので、少数の選ばれた教員だけでなく、現職小学校教員全体に継続して研修の機会が与えられることが望ましい。初期の学習は大切であり、教科となった上は小学校の研修会で以前よく聞いた「間違いの訂正は中学校で」ではなく、授業の中間支援やその場で簡単な英単語や説明でうまく訂正する英語力またはコミュニケーション力がほしい。途中正解を提示して一度言わせるだけで効果が違う。

そのための研修として、以前の免許更新時の研修等（2022年度免許更新制度は終了）も広く行き渡る良い機会であったし、年２回程度の交流研修や優秀教員が選ばれ海外研修に行く制度もよい。しかし川上（2010, p. 68）は「実践的な部分は（中央研修を受けた）その指導主事が実際に児童を前に外国語活動をしたことがあるかによって、研修での学びが違ってくるであろうし、今後体験したことを基に児童を前に授業することで、そこで得た知識や技術が身について、今度は研修の指導者として指導できるようになるのではないだろうか」そして「自信のない指導者から指導された研修ではさらに習得率は減少するだろう」と述べている。中央研修や長期の海外研修を受けた指導主事やリーダーは授業で直接児童や教員に研修成果を還元するかというと、残念ながらあまり現場で実践しないうちに管理職となり、伝達講習後は履歴となり、還元という意味ではあまり有効ではない。

〈提案〉

先の課題を基に次のことを提案したい。

⑴　年２回程度の中学校・他小学校との互いの授業公開を伴う交流研修を担当者だけでなく全員が悉皆で行う。現在研修会はあまり多くの授業を担当していない代表者の会になりがちと聞く。

⑵　５年生を受け持つ担任及び専科教員中心に数年をかけサマーキャンプ＋月１研修を行い、その年は認定試験を行う。試験は既存の英語検定などでも作成したテキストでも目標が示せるものが良い。ALTとのサマーキャンプは児童英語指導・英語力向上の内容とし、月１研修は知識と英語力向上とする。

⑶　海外研修を一般教員に広げる。現在海外旅行や語学研修など自らの費用と長期休暇を使って参加する教員も多い。海外などで長期勤務

者に与えられる長期休暇のサバティカル休暇ではないが、５年以上勤務した者が今後教員を続ける約束で半年から１年程度海外留学やインターンシップなどに自費でも退職せず行ける制度がほしい。また長期休暇の１カ月程度の語学研修やインターンシップなど推奨する環境になれば公の費用節約と効果は大きい。

⑷ まとまった研修時間や場所がとりにくい場合または上記と並行して、オンラインや通信教育での英語力向上研修の単位や資格取得を申告し履歴や給与に反映させる。資格は英語科教員免許や小学校英語指導者資格、専修免許、集中講義のTESOL（英語教授法）などでも外部機関の講座の単位でもよい。自身が受けた通信教育は参加するだけの研修よりもハードで、オンラインのレポートやスクーリングは厳しいが有意義なものであった。

既に小学校や中・高の英語教員の中には、英語講座や海外語学研修など、機会を見つけて個人的に学んでいる多くの人たちがいる。英語科が始まったから研修は終わりではなく、また韓国のような差別化ではなく、英語を学ぶ児童生徒と英語を教えていく先生方のために、継続的な質の高い研修を広く提供し、そして研修に参加することを推奨する環境を切に願っている。

2022年現在専科指導の学校と担任指導の学校で格差が生まれつつあるという。多くの小学校教員が、より良い英語指導ができるための研修は必修化となった今こそ必要であろう。

＊この内容は『中部地区英語教育学会紀要』50号（2021）に掲載発表された西子の論文「日本の小学校の英語に関する現職教員研修についての考察」の元となっている原稿に訂正、加筆したものです。

引用文献

ベネッセ教育総合研究所（2011）．「第２回　小学校英語に関する基本調査（教員調査）」第１部「解説・提言」３・４、第２部「おもな調査結果」第３・４章　https://berd.benesse.jp/global/research/detail1.php?id=3179（2020年５月３日閲覧）

David Hayes（2014）．「公立小学校における英語教育の成功要因」British Council https://www.britishcouncil.jp/sites/default/files/ees-reportstateprimaryschools-jp_0.pdf（2020年３月９日閲覧）

井草玲子（2010）．「より良い外国語活動の指導のできる小学校教員の養成を目指して ― 学級担任の役割と今後の課題 ―」『東京福祉大学・大学院紀要』第１巻第２号、pp. 189–195

河合忠仁（2004）．『韓国の英語教育政策 ― 日本の英語教育政策の問題点を探る ―』大阪：関西大学出版部

川上典子（2010）．「小学校英語：教員研修の実態と課題 ― 九州・四国ブロックの指導者研修および各地域の研修の現状より ―」鹿児島純心女子大学『国際人間学部紀要』（16）、pp. 61–76

金菊熙（2012）．「韓国の英語公教育政策の現状 ― 初等英語教育課程の推移と英語公教育強化政策内容を中心に ―」『松山大学言語文化研究』第32巻第1–2号（抜粋）

文部科学省（2015.4.28）．教育課程企画特別部会資料3–4「小学校英語の現状・成果・課題について」https://www.mext.go.jp/b_menu/shingi/chukyo/chukyo3/053/siryo/__icsFiles/afieldfile/2015/05/25/1358061_03_04.pdf（2020年３月１日閲覧）

文部科学省（2016）．教育課程部会小学校部会資料５「小学校における外国語教育の充実に向けた取組」https://www.mext.go.jp/b_menu/shingi/chukyo/chukyo3/074/siryo/__icsFiles/afieldfile/2016/03/22/1368720_5.pdf（2020年３月３日閲覧）

文部科学省（2017a）．全国学力・学習状況調査における中学校の英語

の実施に関する最終報告「6．英語教育における今後の養成・研修について」基礎資料3-4　https://www.mext.go.jp/b_menu/shingi/chousa/shotou/112/shiryo/__icsFiles/afieldfile/2017/03/06/1382682_8_1.pdf（2020年4月3日閲覧）
文部科学省（2018）．教育課程部会外国語専門部会（第10回）議事録・配布資料「資料6　小学校英語に関する現職教員研修の例」https://www.mext.go.jp/b_menu/shingi/chukyo/chukyo3/015/siryo/attach/_icsFiles/afieldfile/2018/01/29/1400819_001.pdf（2019年4月3日閲覧）
文部科学省（2009）．『小学校外国語活動研修ガイドブック』東京：旺文社（参考）
文部科学省（2017b）．『小学校外国語活動・外国語研修ガイドブック』東京：旺文社
日本英語検定協会（2016）．「小学校の外国語活動及び英語活動等に関する現状調査　報告書」
西子みどり（2011）．『韓国に学ぶ英語教育 — 小学校の英語教育導入への提案 —』東京：東京図書出版
大井恭子・笹島茂（2005）．「韓国小学校英語教育からの示唆」『小学校英語教育学会紀要』5巻、pp. 37–42
執行智子・宅間雅哉・カレイラ松崎順子（2019）．「小学校英語の現職教員研修 — 何が必要なのか —」『言語学習と教育言語学：2018年度版』pp. 19–28、日本英語教育学会・日本教育言語学会合同編集委員会編集、東京：早稲田大学情報教育研究所
清水律子・久保田靖子・中野香（2011）．「小学校『外国語活動』のための現職教員校内研修の試み」山陽学園大学『山陽論叢』第18巻
shun-sensei（2017）．「文科省が行う通称『ねずみ講研修』英語教育推進リーダーが行う研修」https://shunsensei.exblog.jp/23829129（2019年4月9日閲覧）
脇本聡美（2013）．「公立小学校での英語教育の現状と課題」『神戸常盤大学紀要』第6号
山本元子・韓在熙（2015）．「日本と韓国の小学校英語担当教師の研修に

関する一考察」『日本教育学会大會研究発表要項』74巻、https://www.jstage.jst.go.jp/article/taikaip/74/0/74_KJ00010070445/_pdf/-char/ja（2020年３月３日閲覧）

2.3　公教育費と格差是正

韓国の教育の歴史を追ううちに、韓国の教育熱心さとそれに伴う私教育費の多さに目を見張った。また「国の公教育費は少なく、教員の給与のみで、あとの建物、施設、補修、その他学校にかかる経費は国ではなく地域の税や人々の寄付によって賄われている」（鶴田，2017）という。施設や授業料だけでなく、実際幼少時から個人で塾、家庭教師を雇うなど私教育費は高くなるばかりであり、韓国の家計に占める教育費の割合はかなり高い。「家計支出に占める教育費は韓国7.3％、日本2.2％」（東洋経済日報，2009）ということだが、2006年統計庁調べは14.1％となっており負担は相当のものである。

日本は国の公教育費は少ないといわれるが、補助金など国が出しているので韓国ほどの問題ではないのではと当初思っていた。しかし調べていくうちに、予想と異なり日本の大変な状況を知ることとなった。日本は国土が狭く資源がない分、教育立国として人材を育てているのだと少しは自負していた。しかし2020年代の現在の韓国よりも、どこよりも、日本の公教育費は低いのである。そこで統計上何がどのくらい低いのか、韓国との違いは何か、同じ悩みの韓国はどのような方策をとっていて結果はどうであるかを調べ、日本は今後どうするべきかを考える。

2.3.1　OECDの中の日本と韓国の公教育費

まず世界各国と比べて、日本や韓国の教育費はどうであるかを統計からみる。

経済協力開発機構（OECD）が発表した2017年の加盟国の国内総生産（GDP）に占める小学校から大学までの教育の公的支出の割合による

と、図2-20の示すように日本は最高値のノルウェー6.4%、OECD平均の4.1%に満たないどころか、韓国の3.1%をかなり下回り、比較できる38カ国中、下から2番目の2.9%という結果を見ることとなった。

また1クラス当たりの人数は表2-3で示す通り、OECD平均で小学校21人・中学校23人と少ないのに対し、日本は参加国中で2番目に多い小学校27人、中学校32人となっている。当然のことながら教育費は多い方が、教室の人数は少ない方が望ましい。その学校の生徒数と定数との関係によるが、日本のクラス平均人数は以前よりは減っているものの、32人ではコロナ対策どころではない、密な状態である。

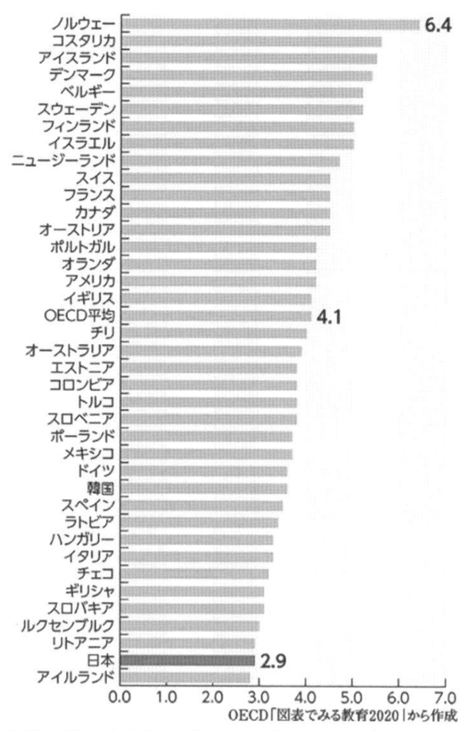

図2-20　各国のGDPに占める教育の公的支出の割合（2017年統計）

（しんぶん赤旗，2020.9.10）

表2-3　各国の教室内人数比較

国名 2018年統計	学校区分 小学校	中学校
OECD 平均	21人	23人
日本	27人	32人
アメリカ	22人	26人
イギリス	26人	24人
フランス	23人	25人
フィンランド	18人	19人
韓国	23人	26人

（OECD「2020年版図表で見る教育」より作成）

また図2-20は2017年、表2-3は2018年の最近のOECD統計であるが、状況は以前とあまり変わっていない。ここから教育費についてよくまとめられている『平成21年度文部科学白書』を中心に、2009年度統計で示していく。

次の図2-21のグラフはOECD調査の2009年度統計によるもので、図2-20と違うのは、OECD平均5.7％に対して、日本は5.0％で低いがまあまあ平均に近い。これは年度が古いためではなく、教育支出の公費負担及び私費負担の合計であって、政府支出だけでなく、家庭の支出が入っている。上位がノルウェーではなく、アメリカ、カナダ、韓国などが入っている。韓国は７％を超えている。つまり日本が順位を上げたのは、家庭の出費のおかげで、それでも高くはないということになる。韓国ではたびたび高額の私教育費が問題になるが、公教育費がそれほどでないのにこれだけ上位になるのは、各家庭において日本と比べ物にならないほどのかなりの額の出費があり教育熱心さを示しているともいえる。

また2017年の図2-20との比較のため2009年の公教育費について

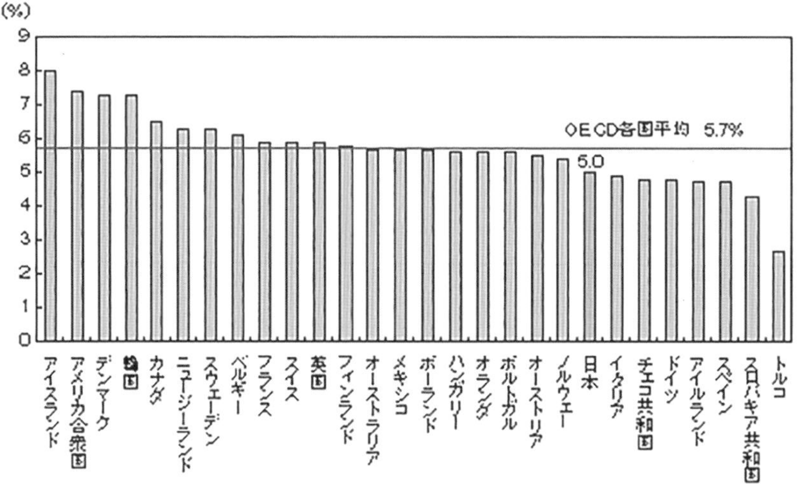

図2-21　教育支出の対 GDP 比（公費負担及び私費負担の合計）

（出典）OECD「Education at a Glance 2009」より文部科学省作成

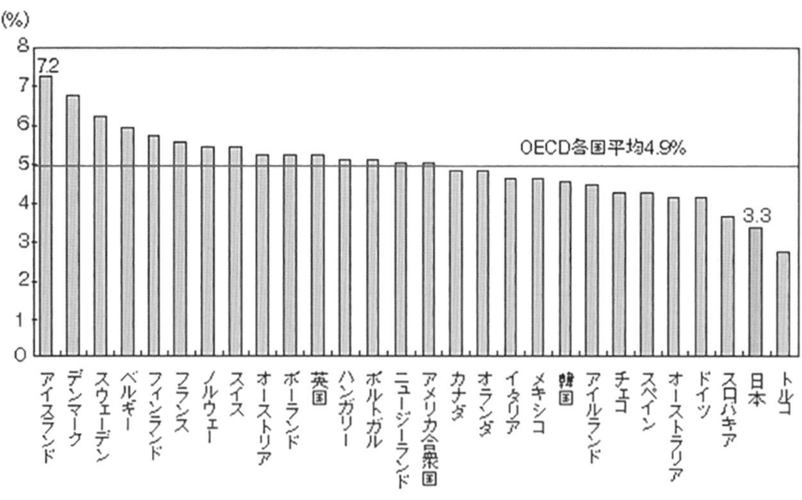

図2-22　公財政教育支出の対 GDP 比

※トルコ（2.7%）は、前年のデータの提出がなかった。

（出典）OECD「Education at a Glance 2009」より文部科学省作成

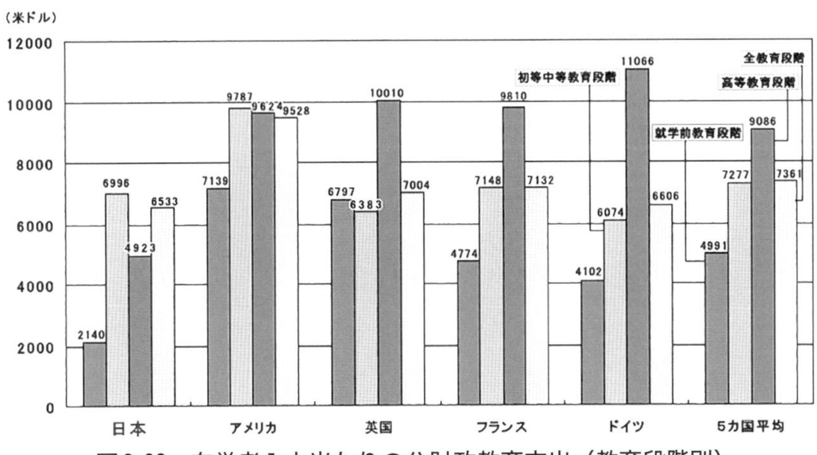

図2-23　在学者１人当たりの公財政教育支出（教育段階別）

出典：OECD「Education at a Glance 2009」

図2-22を示したが、日本は2017年統計同様に下位から２番目である。2009年には民主党政権になり、「高等学校授業料の無償化や子ども手当」など教育に対してかなりの施策がとられたはずである。そのための教育費の調査・説明に力を入れた『平成21年度文部科学白書』であったに違いない。しかし図2-22の2009年当時の下位から２位の日本の順位はその後の図2-20（2017年統計）まであまり変わっていない。高等学校授業料について自民党に代わり、家庭収入の制限が入ったせいであろうか。割合で言うと2009年当時3.3％から2017年は2.9％と少なくなっており、OECD平均の4.9％よりはるかに低い。本当に世界水準と比較して悲しくなるほど、日本は公教育費が少ないのである。

それはGDP比較という、統計上の問題かとも考え、OECD同2009年調査の在学者１人当たりの公財政教育支出のグラフを図2-23に示した。グラフは就学前教育段階、初等中等教育段階、高等教育段階、全教育段階の１人当たり公教育費の各国比較の棒グラフだが、日本のグラフ面積の少なさから他国と比べて全体としてもいかに金額が低いかはっきりと見て取れる。

2.3.2　日本の教育費の足りない部分はどこか

　では日本の公教育費の一番足りない部分は何だろうか。先の図2-23でも日本が全教育段階で実質的にも非常に少ないのがわかるが、中でも就学前と高等教育の段階では他の国よりはるかに低い。

　日本は小・中学校義務教育であり無償である。高等学校も民主党政権当時の無償化ほどではないが私立であっても支援が入っている。教職員の給与は地方が担っているが３分の１は国が払っている。大学も十分ではないが、国立、公立、私立に資金が投入されている。保育園も公立が多く私立も特に認可保育園には補助が入っているはずである。就学前教育は最近の支援により多少改善されているのかもしれない。しかしながら次の図2-24では日本の教育の就学前と高等教育の段階では半分以上が家計で賄われているのがよくわかる。

　図2-24を見ると、日本は資本主義、自由主義ということで支出の割合がアメリカに近く、他と比べて私教育費が多い。ただ義務教育の年代の初等中等教育段階では他の国々とそう違わないが、就学前段階ではアメリカに比べてもなお私教育費の割合が著しく多いのがよくわかる。次に段階別にどんな問題点があるかを見ていく。

⑴ 就学前教育段階

　近年少子化により労働人口が減り、女性労働者を増やすため、保育費無償化という政策がとられるようになった。まだ３歳から５歳の段階の無償化と補助が大きく、０歳から２歳は所得や家庭環境によっては補助されている。所得によって支援という部分もあるが、統計上多少改善しているかもしれない。

　しかしながら、保育士の人数や給与が十分でないままで、入所を望む子供の数が無償化で急増し、定員を上回っていたり、施設や保育士の質確保が急にはできなかったりと、あまりうまくは進んでいない状況である。公費は節約し人件費は低いままで、教育の質を上げることは不可能である。

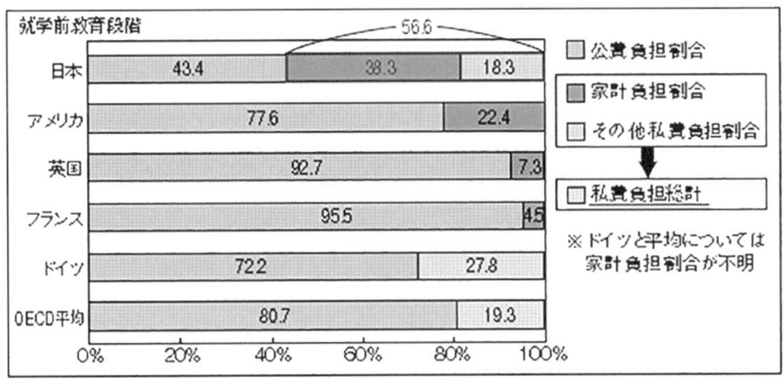

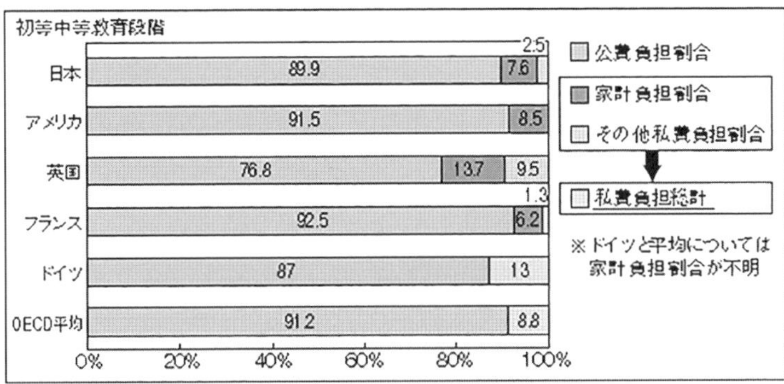

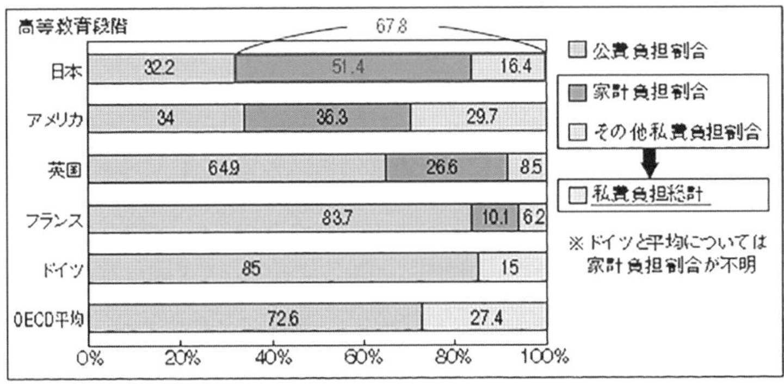

図2-24　教育費の公私負担割合（学校段階別）

（出典）OECD「Education at a Glance 2009」より文部科学省作成（上３図とも）

アメリカでは「低所得者層の就学前の子供たちを教育し、継続して結果を見るというペリー就学前計画の研究」（James J. Heckman 他，2007）で就学前教育は生涯収入に大きく影響するという説がよく知られるようになり、その後就学前教育に力が入れられるようになった。（図2-25参照）そのため、就学前教育段階では近年アメリカも公費を投入して充実させてきている。

他の国々も費用対効果と女性の職場進出を考慮し1990年代から検討され導入されたところが多い。各国の様子は次の表のとおりである。

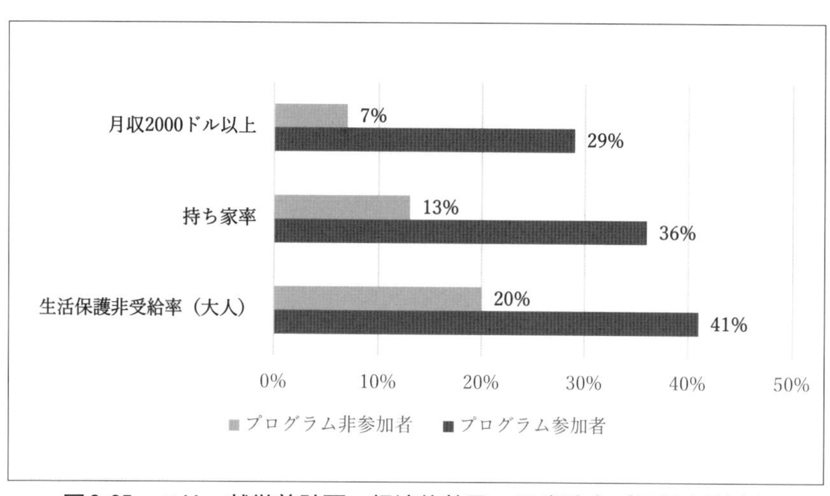

図2-25　ペリー就学前計画　経済的効果　40歳時点（2004年調査）

出典：James J. Heckman 他（2007, p. 92）

※ペリー就学前計画（Perry Preschool Program）とは、ミシガン州ペリー幼稚園で1960年代から始まり、現在も追跡中である。低所得のアフリカ系米国人家庭の３、４歳の子供対象に午前中2.5時間幼稚園で学び、週１回90分家庭訪問で母親も共に学習し、２年間専門家が指導にあたる。等質の実施クラスと未実施クラスの生徒について３－11歳、14、15、19、27、40歳とデータを集めた結果、テストだけでなく、非認知能力が高まり、本人のその後の生活や、生活保護、犯罪、10代の妊娠率の低さなど、成長後の投資より、よい経済効果がみられた（James J. Heckman 他，2007, p. 27, 31）。

表2-4　諸外国における就学前教育の無償化開始年齢と指導者

国名	義務教育開始年齢	就学前教育無償化開始年齢	指導者の資格
日本	６歳	３～５歳	保育士・幼稚園教諭免許
アメリカ（州による）	５～８歳（６歳が25州）	５歳（州により４歳児も）	初等教育教員免許・保育士
イギリス（イングランド）	５歳	３歳（週15時間、年間38週まで無償）	初等学校教員免許・教員免許・就学前教育専門免許
フランス	６歳	２歳（２歳は低位層優先）	初等教育学校教員資格
フィンランド	７歳	６歳	幼稚園教諭又は初等教育教員資格
韓国	６歳	全３～５歳	準教師・正教師２級・１級

出典：国立教育政策研究所（2015）「諸外国における就学前教育の無償化制度に関する調査研究」を元に作成

就学直前の学年、主に５歳児については、どの国も力を入れており、小学校と同様の教員免許を持った児童教育の専門家によって、公費で行っているケースがほとんどである。３歳から５歳についてはアメリカでも他の国々でも、州や市ごとに異なるケースが多く、所得によって私費を援助する形が多い。また日本と違うところは、国立教育政策研究所（2015）の調査では、保育より教育効果を考えて指導者を初等学校教員免許を持ったものとしているところが増えてきている。

⑵ 初等中等教育段階

全体的に公教育費が少ない中、初等中等教育の支出は先進国の平均に近い。小学校・中学校は義務教育で無償であり、高等学校も無償化とまでいかないが支援が入っている。

またその中でもPISAなどで測る学力については全体の中で常に上位に入っている。

OECD調査の中で一つ救いであると思われたのは、「調査によれば、我が国は経済・社会的背景に恵まれない生徒がトップ・パフォーマーに占める割合が34.9％であり、OECD加盟国中、２番目に高い水準となっている。これは不利益が教育によって緩和されていることを示唆するとされる」（文部科学省、2009a）という点である。日本では他国よりも低所得の階層の子弟が学力が高い層にいるということである。しかしそれもいつまで続くかはわからない。というのはここ数年だけで全国学力調査の得点推移のグラフでは、少しずつ下位層が増え、上位層が減ってきているからである。近年のPISA調査では、我が国は学力の中位層・高位層が減るとともに学力の低い層が増えつつある（図2-26）。

OECD生徒の学習到達度調査（PISA）は15歳児を対象に、読解力、数学的リテラシー、科学的リテラシーの三分野について３年ごとに実施されており、図2-26は特に読解力についての変化を表したものである。

図2-26から下位層の人数が増えつつあり、上位層が減りつつあるこ

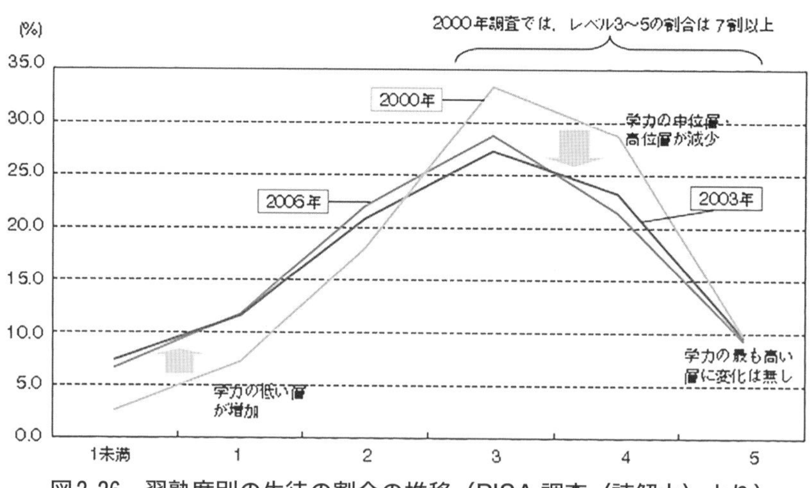

図2-26　習熟度別の生徒の割合の推移（PISA調査〈読解力〉より）

（出典）国立教育政策研究所編『生きるための知識と技能』ぎょうせい（2002, 2004, 2007）より文部科学省作成

とが見て取れる。やはり公教育費も関係しているのではないかとも考えられる。PISAの平均点ばかりに注目して一喜一憂せず、このような根底でひそかに進む学力低下に今注目すべきである。経験上ではあるが、中学校の普通のテストでもここ十数年の間に、得点分布グラフの真ん中の中間層の山が低くなったり消えたりし、低位に山ができ、学力の二極化が進んでいる様子が見られた。上位の山の人数が増えているなら救いもあるが、中間層がなくなり下位に移って、上位が少なくなっているのであれば、深刻である。見えない格差が広がっているのかもしれない。

⑶ 高等教育段階

大学などの高等教育について、フランス、ノルウェーなどヨーロッパの国々では、公費で賄う国が多い。高等教育を受けたものが社会に後に貢献する割合を考えると十分採算が合うという考え方であり、大学進学率も高い。図2-27の**大学進学率についてのOECD調査では、**オーストラリア96%、ノルウェー76%、アメリカ74%、韓国71%、**日本51%でOECD平均は62%**となっている。少子化ではあるが**日本の大学進学率は決して高い方ではなく、むしろ低い方である**。

貢献度を計算すると、例えば日本の例では、「大卒者・院卒者一人当たりの費用便益分析で費用＝2,537,524円、税収、失業逸失税や犯罪費用を抜いて、便益6,084,468円となり、効果額＝3,546,944円で約2.40倍の効果がある」（三菱総合研究所，2011）という。就学前教育ではないが、世界でも大学卒業者は社会的に発展や経済効果を生み出すという考え方が多く進学率は上がってきている。

しかし教育費に関してアメリカや韓国、日本などでは、教育を受けたものはその個人が後に利益を受けるのだから、受益者払いという考え方が強い。中澤は日本の教育に対しての一般の考え方は「社会移動機能の側面が強調されれば、教育は公共財ではなく、私有財の色彩を強く帯びる。他者と差異化する手段となる」（中澤，2018）と言っている。彼が指摘するように日本がこれだけ高等学校までの無償化を言いながら、大

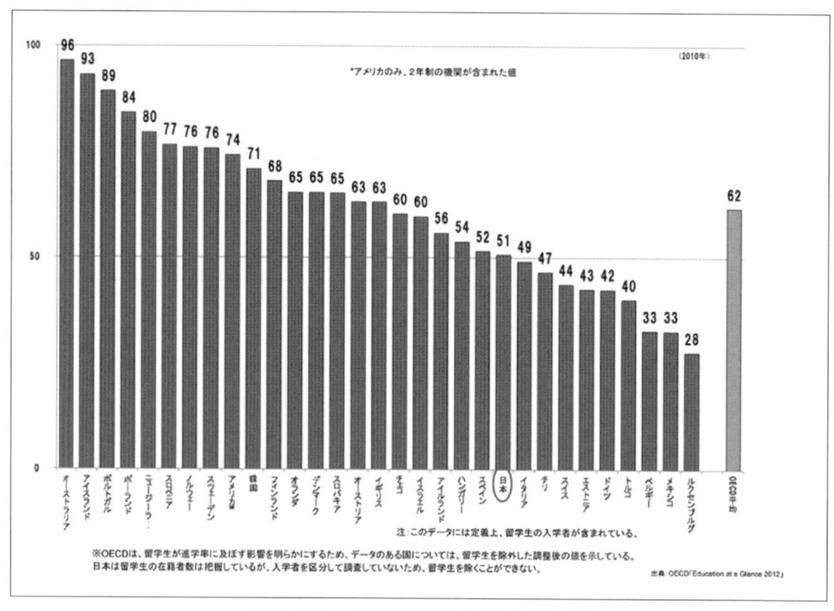

図2-27　大学進学率の国際比較

（出典）産業競争力会議下村大臣（当時）発表資料「人材力強化のための教育戦略」10　OECD「Education at a Glance 2012」のデータをもとに文部科学省作成（2013）

学等の高等教育の負担軽減を言いにくいのは、原資がないことに加えて、大学の学費の受益者がすべての国民に関係するわけではないという解釈をされ、国民の理解を得にくいことがあるようだ。子供より老人の人数が多く、年金や医療はすべての人に関わることだからである。また授業料がかなり高いアメリカでは学生本人が大学の授業料を払う考え方であるのに対して、日本や韓国は保護者が払う考え方が強い。

しかしながら、高等教育である大学の授業料が高い場合、家が裕福で大学に行き高い収入を得ている親だけが子供の大学の学費を払うことができ、その子供たちだけがまた大学に行けて、高収入を得る機会が増えることになり、高収入の階層はいつまでも高収入で、低収入の階層は永遠に抜けでることができないことになる。つまり、これは社会においての格差の継承となる。

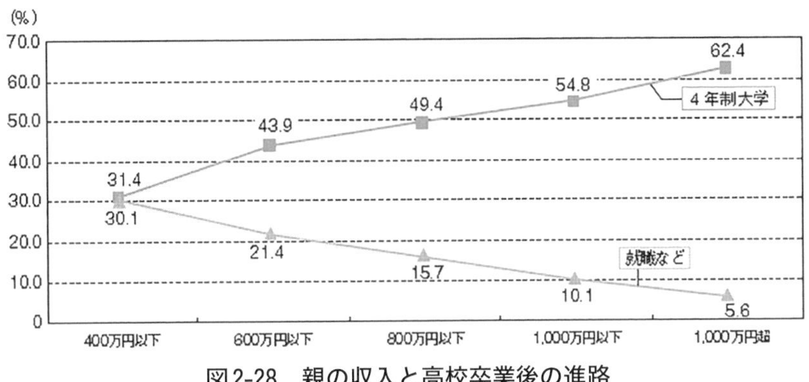

図2-28　親の収入と高校卒業後の進路

注１）日本全国から無作為に選ばれた高校３年生4,000人とその保護者4,000人が調査対象。

注２）両親年収は、父母それぞれの税込年収に中央値を割り当て（例：「500～700万円未満」なら600万円)、合計したもの。

注３）無回答を除く。「就職など」には就職進学、アルバイト、海外の大学・学校、家業手伝い、家事手伝い・主婦、その他を含む。

(出典) 東京大学大学院教育学研究科大学経営・政策研究センター「高校生の進路追跡調査第１次報告書」(2007年９月)

上の図2-28は親の収入と高校卒業後の進路についてのグラフである。いかに親の収入と大学進学が関連しているかよくわかる。

一般的に大学生を持つ親が50歳の普通の男性公務員だったとして、１人の働きでは年間収入１千万円以上は難しい。正規雇用の共働き公務員２人でやっと超える程度である。

【大学にかかる経費】

では大学に行くためにどの程度の経費がかかるのであろうか。

表2-5　大学卒業までにかかる費用

区分	学習費等（※1）総額					合計
	幼稚園	小学校	中学校	高等学校	大学（※2）	
ケース1 高校まで公立、大学のみ国立	669,925	1,845,467	1,443,927	1,545,853	4,366,400 （平均）	9,871,572
					2,876,000 （自宅）	8,381,172
					5,332,000 （下宿・アパート）	10,837,172
ケース2 すべて公立	669,925	1,845,467	1,443,927	1,545,853	3,920,000 （平均）	9,425,172
					2,680,400 （自宅）	8,185,572
					4,870,000 （下宿・アパート）	10,375,172
ケース3 幼稚園及び大学は私立、他は公立	1,625,592	1,845,467	1,443,927	1,545,853	6,239,600 （平均）	12,700,439
					5,175,200 （自宅）	11,636,039
					7,905,600 （下宿・アパート）	14,366,439
ケース4 小学校及び中学校は公立、他は私立	1,625,592	1,845,467	1,443,927	2,929,077	6,239,600 （平均）	14,083,663
					5,175,200 （自宅）	13,019,263
					7,905,600 （下宿・アパート）	15,749,663
ケース5 小学校だけ公立	1,625,592	1,845,467	3,709,312	2,929,077	6,239,600 （平均）	16,349,048
					5,175,200 （自宅）	15,284,648
					7,905,600 （下宿・アパート）	18,015,048

ケース６ すべて私立	1,625,592	8,362,451	3,709,312	2,929,077	6,239,600 （平均）	22,866,032
					5,175,200 （自宅）	21,801,632
					7,905,600 （下宿・アパート）	24,532,032

（単位：円）

（出典）幼稚園～高等学校の教育費は文部科学省「平成20年度子どもの学習費調査結果」に基づいて作成
大学の教育費については独立行政法人日本学生支援機構「平成20年度学生生活調査報告」に基づいて文部科学省作成
※１　「学習費等」には授業料などの学校教育費や学校給食費、学校外活動費が含まれる
※２　家庭から学生への給付額を使用

学費は公立、国立、自宅から、寮生活、アパート、学部にもよるが、表2-5の統計によると一番安いのは小学校から大学まですべて自宅から公立に行くケースで、一番高いのはすべて私立で大学はアパート住まいというケースであり、およそ倍の違いがある。地元に行きたい大学がある学生は表2-5では地方の公立で8,185,572円で可能だが、一般的には小学校、中学校を公立、高校、大学を私立でアパート住まいで15,749,663円であろう。子供の教育費は予想以上にかかるのである。特に大学段階は大きい。

これは統計上の数字であったが、これでも予想よりずいぶん安い数字である。大学の４年間だけで都会の理系の私立大学へ行きアパート住まいを想定すれば、経験上で申し訳ないが、現実的にざっと授業料600万＋入学金・寄付金100万＋家賃400万＋生活費300万で1400万円程度はかかることになる。それを何人分も普通の家庭から出せるだろうか。入学金からしてもっとかかる私立の医学部であればとても普通の家庭では無理である。音楽など特殊な教育も同様である。また留学などとんでもない話になる。韓国では留学生が多いようだが、栄（2016）は「４年間のアメリカ留学について少なくとも2300万円はかかる」と言っている。

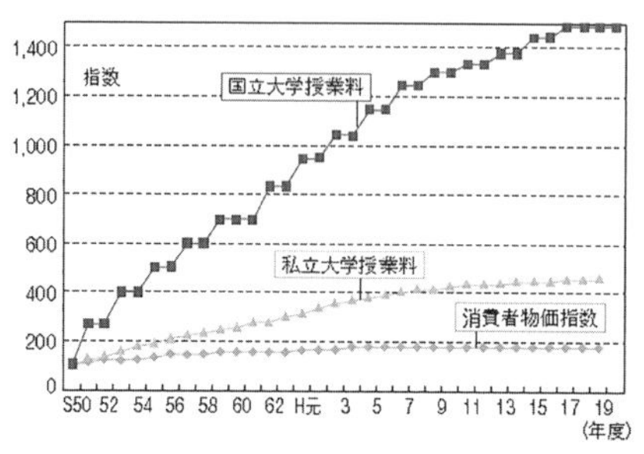

図2-29　大学授業料と消費者物価指数の推移

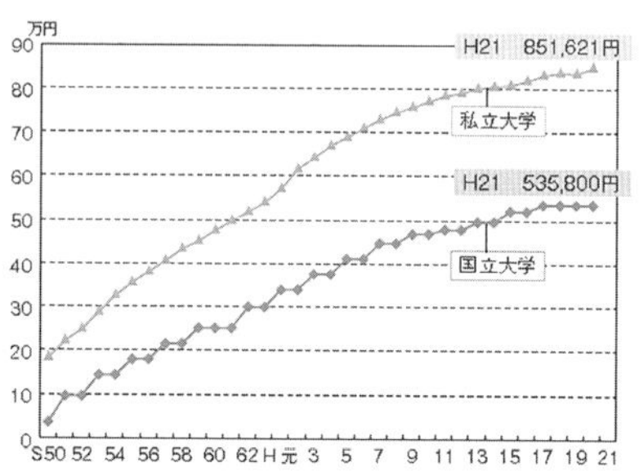

図2-30　大学授業料の推移

(出典) 文部科学省調べ：文部科学省（2009b）私立大学・国立大学等の授業料の推移、総務省（2009）物価指数の推移（；文部科学省，2009からの重引）

以前はアルバイトをしながら大学を卒業し成功した苦学生の話をよく耳にした。今でもそういう人たちはいるかもしれない。しかしそれをやり遂げることは以前よりもずっと難しくなっている。図2-30は2009年の大学の授業料である。国立大学は年間53万円、私立大学の平均は85万円となっている。正直私立大学の平均は数字を疑ってしまう。どのように調査をしたのかは知らないが、一番安い私立大学の学部と思われる。少なくとも文系の学部であろう。昭和50年のころの国立大学は学費5000円であり、この数十年間で15倍に増えているという。5000円も安いが、ほぼ無償である。当時は私立大学の補助はほとんどなく、格差是正で私立大学の支援が入ってきている。では物価がそんなに上がったのかというと、図2-29にあるよう物価はほぼ横ばいである。入学の難しい難関国立大学に入るのは、先ほどの統計にもあった教育熱心な裕福な家庭が多くなる。ならば国立大学の授業料を上げてもよいのではという発想かもしれないが、例えば保育料ではないが収入と連動して学費を設定するなどの方法もある。大学となれば地元を出て都会に行く者も多く、その場合は授業料に生活費も加わる。日本には私立大学が多く、多くの国民に良いようにするには私立を補助することも大切だが、すべての大学が同じように高くなったら、貧しい家から自力でどんなに努力しても、大学に行くことが困難になってしまう。

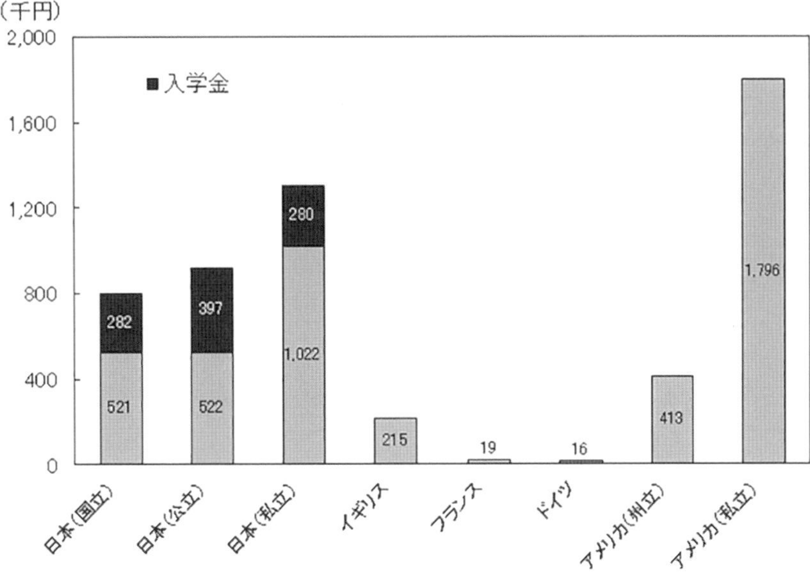

図2-31　大学の学生納付金の国際比較

(注)

○日本の金額は初年度納付金額。国立大学については「国立大学等の授業料その他の費用に関する省令」の標準額。公立大学、私立大学については文部科学省調べ。

○イギリスでは1998年度に授業料支払いの制度が改革され、それまでの政府負担から学生個人の負担（専攻によらず一律）へと変わった。2002年は43％の学生が免除、15％の学生が減額となった。減免措置相当分は政府補助金により補塡される。

○フランスの金額は一つの学位・免状を取得する者の国民教育省令で定める年間学籍登録料。このほか、学生は毎年保健所管省令で定める健康保険料などを納める。二つ以上の学位・免状の取得を目指す場合は、このほかに一つの学位・免状ごとに定められた額を納める。

○ドイツの金額は学生全員から徴収される公共交通機関利用のための学生パス代及び学生福祉会経費などの合計。州立大学は入学料、授業料を徴収しない。

○アメリカの金額は総合大学・４年制大学の平均額。州立大学の金額は州内学生の全学年についての全国平均額。州立大学の場合、州内学生と州外学生とでは納付額が異なり、州外学生はこの金額より高くなる。私立大学の金額は全学年についての全国平均額。

○日本は2004年、イギリス、フランス、ドイツは2003年、アメリカは2001年の値である。

（出典）文部科学省（2005）『教育指標の国際比較（平成17年版）』

前頁の図2-31は各国の大学の学生納付金の様子である。以下の説明は文部科学省の同資料の各国の授業料や納付金についてのコメントである。前述のようにヨーロッパの国々は高等教育に関して国家が全面的に負担している。アメリカは州立と私立で制度が異なる。

授業料のみならず入学金もばかにならない額である。またアメリカのように国立・公立の大学と私立大学の経費が大幅に異なるわけでもない。アメリカでは特に大都市にある有名な大学では世界中から力のある有名な先生を連れてきて研究や教育をさせており、教員1人についての学生数も少ない。当然のことながら授業料や寄付金の額も図2-31のように高額であり、ローンを払ったり、中には免除のために軍隊に入ったりする学生もいるそうである。しかしそれを補うように、アメリカでは奨学金も高額で大勢に出すという。

【奨学金の明暗】

日本も、高額授業料と入学金の問題を解決するためには、奨学金があるといわれるかもしれない。しかし日本で奨学金と呼ばれているもののほとんどは、実は海外では奨学金（scholarship：返済を必要としない）とは言わず、返済の必要な借金で教育ローン（student loan：返済を必要とする）である。もちろん基準を設け給付するものもあるが、多くは教育ローンである。心地よく紛らわしい言い方をして若者や貧しい親を惑わせてはいけないと思う。

次の図2-32は世界各国の国公立大学の平均授業料と奨学金を受けている学生の割合を示している。

これを見ると授業料などの高い国は日本、アメリカ、オーストラリアであるが、日本で奨学金を受けている学生数の割合はその国々の３分の１以下ということがわかる。日本の学生は一部は条件のある給付型だがほとんどは日本学生機構などの有利子の奨学金、無利子の奨学金を借入、卒業後にローンで支払っていく。返済しなければ次の世代の奨学金が枯

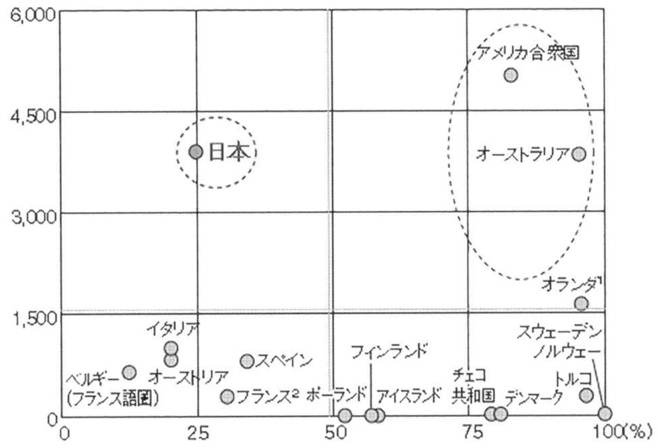

図2-32　各国の国公立大学の平均授業料と奨学金を受けている学生の割合

1．オランダについてはこの教育段階に国公立教育機関が存在せず、全学生が公営私立教育機関で学ぶ。2．フランスについては平均授業料は160〜490ドル。

(出典) OECD「図表でみる教育　2008年度版：OECDインディケータ」

渇してしまうのだから、当然支払っていかなければならないが、最近は正規雇用の道が狭かったり、給与が低かったりする中でこの奨学金の返済や年金の積み立てなど支払いをしていくのはかなり大変であるようだ。

この個人の奨学金を含め教育費負担は様々なところに影響を及ぼす。韓国でもこの私教育費高騰化の関係で少子化が進んだともいわれている。日本も高等学校段階はともかく、大学段階ではかなりの経費がかかるため、やはり少子化の原因ではないかといわれている。結婚し家庭を持っても、自分たちの奨学金の返済に追われ、ようやく落ち着いても、その後にかかるお金について考える。あるいは返済を終え結婚して子供を持つことができる状態になると、年齢が上になっていたりする。そのため希望はしていても実際の子供の人数は少なかったり、できなかったり、持たなかったりするケースが増えているのである。不妊治療の支援も大切だがその前にやることがまだたくさんあるように思う。

返済不要の給付型奨学金やオーストラリア、イギリスで取り入れられている学部、卒業後の職種、収入によって返済額が変動する奨学金など検討の余地がある。

> アメリカ合衆国やオーストラリアは学費は学生本人負担で教育は個人のものという教育観が背景にある。……高等教育貢献制度（HECS: Higher Education Contribution Scheme）と呼ばれるオーストラリアの授業料制度に注目が集まっている。在学中は授業料を徴収せず、卒業後に所得連動型（Income Contingent）で授業料相当額を返済する制度で卒業後長期にわたり、所得に応じて返済するため、低所得者の負担が少なく、ローン回避傾向を生まない。貢献額は、バンドと呼ばれる専攻グループごとに、政府の決定した最低額と最高額の範囲で大学が決定する。貢献度の高いバンド３は医学、歯学、獣医学、法学、経営学などで約86万円、バンド２は数学、保健、工学、農学などで73.5万、バンド１は人文科学、臨床心理学、外国語、芸術、看護等で51.5万円となっている（Australian Government, Department of Education and Training 2016）。返済率は所得連動で０～８％で所得が高いほど高い返済率が適用される。……その後イギリスなど他の国でも導入されていく。未回収の補填として15～20％は公的負担になると予想されている（小林，2018，p. 8）。

次の図2-33のアンケートの数値は教育にお金がかかることが、少子化の物理的心理的要因になっている可能性を物語っている。

韓国の急激な少子化の原因は大学の授業料などの教育費や奨学金返済、若者の不安定な雇用のためという数多くの論文も出ている。図2-33の理由を見ると日本にも痛い話である。

【大学法人化の影響】

これだけ日本の公教育費特に高等教育への支援が世界と比べて足りな

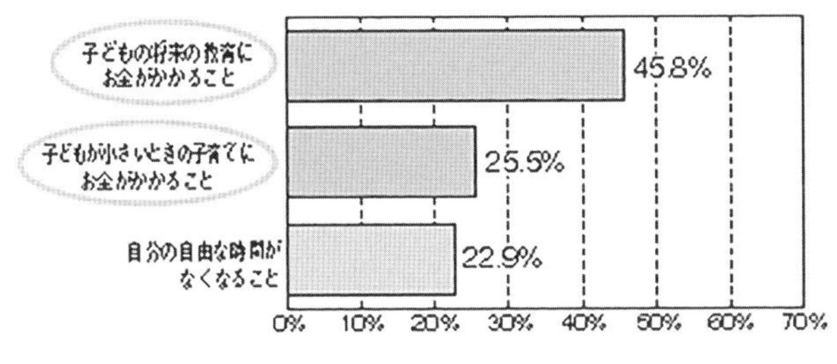

◆子育てのつらさの内容

（出典）内閣府「社会意識に関する世論調査」（平成20年２月）

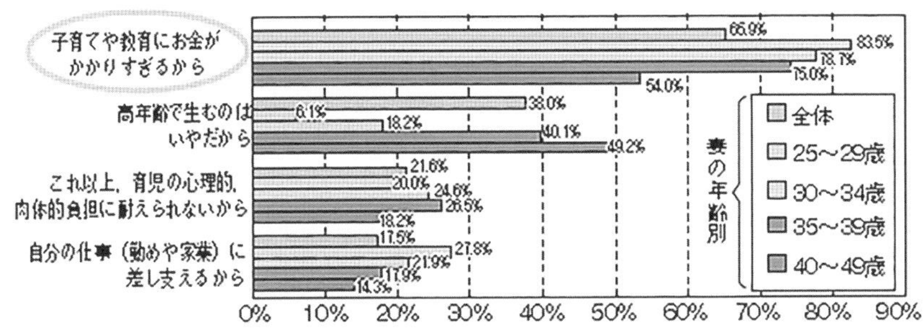

◆予定子ども数が理想子ども数を下回る理由

（出典）国立社会保障・人口問題研究所「第13回出生動向基本調査」（平成18年６月）

図2-33　教育費負担に関する国民の意識調査結果

いのが明らかであるのに、少子化等で18歳人口が減ることなどから、大学等の公務員を削減し、小さな政府を目指した日本政府は、2004年、大学法人化に踏み切った。1990年代後半景気下降の中、当時は小さな政府を目指すにあたり、すべて民営化してしまう動きや、公務員の削減のため、大学教員を公務員でなくする、など考え、一方大学側は文部科学省に縛られずに動けるのではないかという思いもあり、法人化したようだ。

2004年法人化の後、毎年国立大学の運営費交付金が１％ずつ減らされていった。当初は少しであったろうが毎年のことであり、10年たてば10%、17年たった2021年は17%というかなりの減額である。その間大学は地域と連動したり、企業と共同研究したりするなどして、研究資金を得ていくはずであった。しかし、中央の有名有力な大学であれば企業の資金提供も得られるであろうが、地方の小大学ではかなり難しいことであり、どこも苦しんでいる。アメリカなどでは特許や企業との提携でかなりの額の研究費を得られている大学もあるようだが、調査によればそれはほんの一握りの有名大学でそれも大した額になっていないという統計もある。

結果、研究費獲得のための雑務の増加や若い研究者の雇用の減少、基礎研究の不足、文系の学科、研究の衰退などの問題点が言われている。例えば少し前に第２外国語がなくてもよいようになったが、その場合、ドイツ語、フランス語、イタリア語、中国語などの大学の教員はかなりの雇用の喪失があったはずである。このように研究費や維持費が少なくなっていく先は、質を落とさず雇用を守るために、私立大学では授業料を上げざるを得ない。また私立大学だけでなく国立であっても、そのままでは大変になってきている。「2019年度入学生より、東京工業大学、2020年度入学生より千葉大学、東京芸術大学などいくつかの国立大学でも、個々の大学に許されている２割の10万円程度授業料を上げる動きが出ている（日刊工業新聞，2020）」。しかし、それができるのは値上げしても志願者が減らない自信のある大学である。すべての大学が値上げできるわけではないし、これ以上上がっても学生が困るのである。

またこの法人化と並行して大学の統合再編が始まっている。少子化により18歳人口が減る中、地域の小・中学校、高等学校もクラス数や定員を減らし、学校を統廃合しているところも多く出てきている。その大学版であろう。

> 文部科学省においては、平成13（2001）年６月に「大学（国立大学）構造改革の方針」として表明するとともに、同年11月には「国立大学の再編・統合についての基本的な考え方」を示して各大学に具体的な検討を促した。そして2002年10月に統合した大学（２組４大学）山梨大学と山梨医科大学→山梨大学、筑波大学と図

書館情報大学→筑波大学、2003年には東京商船大学と東京水産大学→東京海洋大学、福井大学と福井医科大学→福井大学、神戸大学と神戸商船大学→神戸大学、島根大学と島根医科大学→島根大学など10組20大学の統合が決まっている。また協議を進めている大学もある。それらは単科大学が総合大学に統合されたもの例えば山梨大学に医科大が入ったものや、重ならない学部と組み合わさったものが多い（文部科学省高等教育局，2003)。

単科大学が効率や総合的な研究を考え統合するのは悪くない。しかし合理性だけで見てよいのか。大学法人化と統廃合は日本の大学に何をもたらすだろうか。

資金がなくて地方の大学は研究もできず、学科も教員も少なくなり施設も古くなって人気もなくなり減っていく。学生が貧しくても通えたかもしれない地元の大学すらなくなってしまう。参考までに「東京都の大学進学率は73％、青森・岩手・山口県が37％、鹿児島県は36％である」(文部科学省，2016)。周りに望む大学がなかったり、進学する環境になかったりするのである。一方裕福な家庭からは都市部の有名な重点大学である国立大学や授業料が高くても有力な私立大学に入学することができる。この先に今までの日本よりよい姿が見られるだろうか。そんな中で日本の研究は進むのだろうか。日本の大学院進学率は非常に少なく論文も減ってきているというが、雇用も見えない中、大学院まで行って研究者になろうと思うだろうか。地方に貧困の無限ループが出来上がっていくようで、不安にならざるを得ない。これまで多くのノーベル賞受賞の研究者を輩出したのは決して恵まれた東京大学や有名大学ばかりではなく、地方の大学で苦労した研究者が複数いたのではないか。

2.3.3　韓国の教育費

日本同様、公教育費がOECD調査で低く高い私教育費で悩まされている韓国は、ここのところその対策を次々と打ち出している。次に挙げるのは同じく『平成21年度文部科学白書』にある韓国の教育投資についてのコラムである。

— 公財政教育支出が飛躍的に増加している韓国の取組 —

韓国では，大統領選挙のたびに候補者が教育財政規模の拡大を公約として打ち出すなど，人材を育てる教育への社会的・政治的関心が高い。

これを受けて，政府も「世界化・情報化時代を主導する新教育体制の樹立のための教育改革プラン」（1995年）や「国家人的資源開発基本計画」（一次2001年，二次2006年）などの中長期計画を策定し，グローバル化や情報化などの時代の変化に対応するよう取組を進めてきた。さらに，教育に使途を限定して徴収される教育目的税（国税，地方税）が設けられているだけでなく，目的税以外の国の税収の一部を地方の教育予算に充てることが定められている。

国の税収のうち教育に充当された比率をみると，1998年には12％であったものが，2008年には20％にまで拡大した。この間，1985年から段階的に進められてきた中学校の無償化が2004年に完了し，1999年から一部の５歳児に対する就学前教育の漸進的無償化が開始され，低所得家庭から漸次拡大するなど，教育機会の拡充に向けた取組が進められてきた。また，初等中等教育段階の教員数も，少子化傾向にもかかわらず36.8万人（1995年）から42.7万人（2006年）へと増加し，1999年に14.1人だったコンピュータ１台当たりの児童数（小学校）は，2008年には6.2人になるなど，教育環境の整備も進んでいる。さらに，1999年から開始された「頭脳韓国21世紀事業」により，世界水準の大学を作ることを目標に，７年間で1.4兆ウォン（約1,131億円相当〈2010年３月24日時点換算〉）の競争的資金が投じられるなど，高等教育の質の向上が進められている（文部科学省，2009a，p. 23）。

つまり韓国は以前から留学や塾など私教育費の高騰からその禁止令を出しただけでなく、少しずつ、公教育に対して資金を投入してきている。日本では最近になって一人ひとりにコンピュータを持たせると言っていたが、2010年当時韓国は貧困家庭を支援しながらそれに近いことを達成し、教員も保護者もネットを使いこなし、さらにITについての教員研修等で運用を深めている。

また大学の入学金や授業料についても次のような動きがある。

> 2011年5月「半額授業料」騒動　大学の学生給付金の平均額は2010年国立で年間約31万円私立で53万円で年々増加する高い授業料に対する不満は根強い。与党ハンナラ党が突然大学の授業料の半額化を唱え、大規模な学生デモに発展した。これは翌年の総選挙や大統領選を意識したもので合意形成はなく財源もなく空転したが、それでも2012年1035億円規模の給付型政府奨学金が新設された（日本私立大学協会，2012）。

その後も選挙に絡む政治の流れが次々と改革を進めていった。

> 2011年チェ・ムンスン江原知事は江原道立大学の授業料をなくすことを表明（ハンギョレ新聞，2011.6.16）。
> 2012年ソウル市長に当選した朴元淳により授業料半減策が実施されていた（平山，2014）。

このようにソウル付近の地方自治体では、首長が選挙公約で大学授業料削減について掲げ、当選後実現した。この流れは全国にも波及し、朴政権から文政権にも続いていた。この動きを見守っていきたい。

> 朴政権下での授業料半減策
> 大統領選挙で野党候補が大学授業料の半減を選挙公約とし、与党候補の朴槿恵も同様の公約で応じ、当選後2013年実行に移した（平山，2014）。

国公私立の大学の入学金をすべて廃止し、学費の分割納入を可能にする法案が韓国国会の常任委員会で26日可決されました。この「高等教育法改正案」は2017年11月に教育部と私立大学総長協議会が入学金を2022年までに段階的に廃止し、2023年には完全に廃止することで合意した内容を反映したものです。学費の分割納入は、早ければ2020年１学期から適用可能になる見通しです。……入学金の廃止は文在寅の大統領選の公約で教育費の負担を減らす政策の一環として学費の半減や学費ローンの利子の軽減などと共に掲げた公約の一つでした（KBS WORLD, 2019.8.27）。

なお「授業料や入学金の減額により、学生はアルバイトの時間を減らすことができ、勉強時間が増えたり、社会活動参加が増加したりした」（平山，2014）という記述もある。

一方公教育費の増加に伴って財源が必要となるわけだが、その点が今後この政策が継続できるかどうかに影響してくるところである。そのためか施設の修繕やエアコン設置や使用などが節約されている不満もあるようだ。また日本の大学も少子化による大学統合や経費節約に躍起になっているが、問題は韓国も同じで、「選択と集中」に向かっている。

授業料引き下げをめぐる議論の中で焦点の一つになったのが、大幅定員割れなど、運営に問題のある大学に公的資金を投じることの正当性についてである。……盧武鉉政権時代2004年大学構造改革法案は大学統廃合のモデルや定員削減目標を示し、李明博政権時代も2009年国立大学構造改革の推進計画を出し「選択と集中」を目指し、2009年教育科学技術部は経営に問題のある大学８校を指定しコンサルティングを進め2010年には教育成果の低いことを理由に政府学資ローンの利用を制限する大学30校を指定（中略）。
2011年に私立大学２校を運営費の横領、定員増加、不正単位認定で勧告・警告するも改善されず、わずか半年で閉鎖命令となった（日本私立大学協会，2012）。

韓国の大学はほとんどが私立大学で国立・公立大学は全体の１割程度である。「18歳人口の急激な減少の対処法として入学定員の削減が喫緊の課題であり2010年に大学入学定員は58万人で2024年には定員７割に当たる41万人にまで減少する見込みである。定員の17万人の削減をしなければならない。……『大学構造改革法案』が発表された2004年以降、2010年までに34校が17校に統合され６年合計で74000人の定員が削減された。ただ一般の大学の数は横ばいで、2011年議員立法で、経営に問題を抱える私立大学の統廃合を重点的に進めようとしているのは明らかである」（日本私立大学協会，2012）その皮切りが先の２つの閉

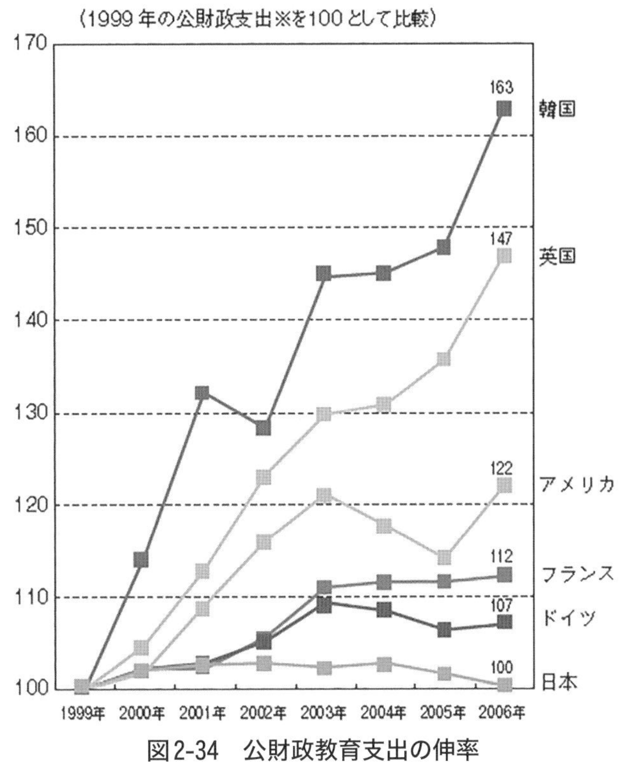

図2-34　公財政教育支出の伸率

※各年の公財政教育支出はGDPデフレーターによる物価補正済み
（出典）OECD「Education at a Glance 2009」より文部科学省作成

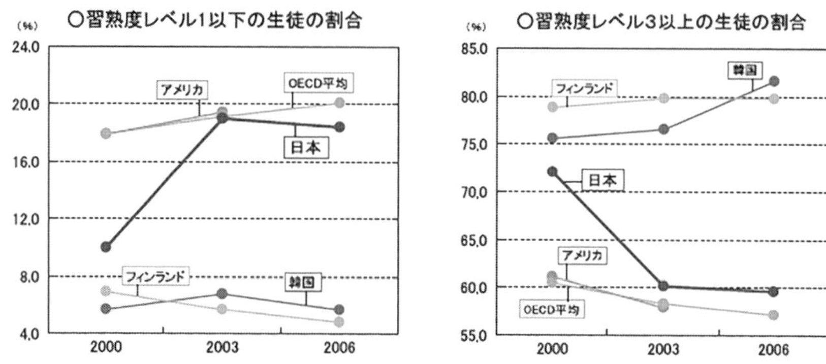

図2-35　習熟度レベル別の生徒の割合の推移（PISA2006読解力）

（出典）国立教育政策研究所編『生きるための知識と技能』ぎょうせい（2002, 2004, 2007）より文部科学省作成、対象高校１年15歳

鎖命令となった大学であろう。

2000年代以前は日本も韓国も同じような公教育費の問題を抱えていた。しかし韓国は大統領制という政治体制から今後のことは誰にもわからないが、国民の要望に応えて、大幅に公教育費を増やした。

図2-34にあるように、当初少なかった韓国の公教育費は他の国々と比較してもぐんと多くなってきている。日本は残念なことに少ないうえに減ってきている。図2-35を見るとまた学力テストでも、私教育のためか学校教育のためかわからないが、日本は下位層が増えてきているのに対して、もともと上位であった韓国は、ますます成果を上げ始めている。

先に日本では上位層が減り下位層が増えていることを図2-26で示したが、上の２つのグラフはそれがどんな状態かさらに詳しく知ることができる。もう１つ図2-35のグラフから見て取れることは、以前は日本が多人数のクラスにもかかわらず、フィンランドの少人数クラスの生徒に丁寧に指導するような手厚い教育と同様の成果を上げることができていた。しかし近年アメリカ的な個に任せるタイプの教育になってきているようだ。それに対して韓国は今まで以上に丁寧な教育で成果を上げてきている。日本の場合はクラス人数は少なくなってきているのだから、上がってきてもよいはずだが、指導法や社会の考え方で学校の教育体制が変わってきたことも原因かもしれない。少しずつ出てきた学力の格差を是正する何らかの策を韓国のように打っていかなくてはならないと考える。

2.3.4　日本の公教育費の課題と提案

ここまで日本の公教育費の課題について、OECD 調査などを比較し、教育段階ごとに見てきた。資料からはっきり言えることは、日本は教育に関して家庭の出費に頼りすぎて、あまりに国の公教育費が少ないことである。最後にここまでの問題点と対策を教育段階別に考えてみる。

⑴ 就学前教育段階の無償化にこだわりすぎず、人的・物的な質の向上を図る。

外国と比較して、就学前教育段階にかける公教育費がかなり少なく、半分以上家庭に頼っているという課題があった。また少子化からくる人手不足から女性の就業が求められることとなり、保育園に子どもを入園させる家庭が増えた。利用料はここ数年で３歳から５歳児は無料、０歳から２歳児は非課税世帯無料で、他第２子半額、第３子無料となった。ただしその事業所によっては補助金などの場合もある。それ自体は良いことなのだが、先に述べたように、入所希望者が増え、待機児童が増えて、本当に必要な人たちにサービスが行き届かなかったりする問題が生じている。また保育士不足や、無償化にお金がかかったために保育士の低賃金、施設環境がよくないなどの問題が生じてきている。

お金には限りがある。無償化は良いことだが、諸外国のように少しずつ下の学年にサービスをずらして、例えば５歳児は無償で３、４歳は段階的に実行していくなどの手立てもある。また保育園に預けることによって収入が増えたなら、批判はあるかもしれないが少し料金を低くして以前のように収入別に段階的な保育料の徴収を行い、その分を施設改善や雇用形態・研修などでの指導者の質向上に向けていくべきではないか。

保育のことだけ考えれば預かる時間や年数が増えればよいが、諸外国は指導者の質向上を図り、教育効果の方に重点を置いている。無償化もよいが、条件を考え整えるべきものを整えていかないとせっかくの就学前教育が効果をもたらさない。むやみに預かるだけでその時期の教育を軽視すれば就学前教育が逆効果になってしまう。アメリカのペリー就学前計画の James Joseph Heckman 教授は「5歳までの環境が人生を決める」といい、「質の高い幼児教育を施せば、本人のみならず、社会全体にも好影響を及ぼす」(J. Heckman 他, 2007) という研究成果を発表した。労働力不足に若い女性を駆り出そうという戦略で保育を提供するのもよいが、ほかの無償化に踏み切っている諸外国のように、指導者に児童教育の専門知識を持たせ給与を上げるなどして、特に5歳・4歳・3歳の教育として今後考えていくべきではないか。少子化の今、北欧のように少ない子供を丁寧に立派に育てることが大切だと思う。

⑵ 初等中等教育段階の格差解消には、授業時数拡大と教員の地位を安定させ、研修を積んで指導力を高める。

小学校・中学校の義務教育は無償ではあるが、経費は掛かる。学力など現在の人的物的資源で、成果を上げてきている。問題は先の図2-26、図2-35のグラフで見たように、以前よりクラス人数が減ってきたにもかかわらず、学力低下が生じていることである。

これらのグラフで学力が大きく落ちているのは、2003年からで、図2-35にあったPISAの点数は、2003(平成15)年に大幅に動き2006年もさらに、下位層が増え、上位層が減っている。1980年にゆとりカリキュラムは始まっているが、2003年に高校1年15歳の生徒は、1987(昭和62)年生まれで6歳時に1993(平成5)年である。1992年より実質小学校指導要領が変わり、授業数が徐々に減り始め、2002年には小学校・中学校ともに、週5日制が完全に実施され精選削減されたカリキュラムとなった。「2002年からの教育課程では前の教育課程より小・

中学校で合計628時間減ることとなった。結果2003年高校１年の生徒は中学校で授業時間は140時間、数学は35時間の減、2006年高校１年の生徒は小学校で70時間、中学校で210時間減で合計280時間減、数学は計95時間減でこれはおよそ１年分の減である（文部科学省，2020より算出）」。実は2009年はもっと授業時間数が少ないのだが、PISAの結果から学力低下が問題となって移行という形で補強された。被験者は完全に授業時数の少ない時代に育ったため、理解できないうちに進んでしまったことが、学力低下につながった可能性が強い。また教育内容の削減も学力低下の一因であろう。

これに対して「2011年日本は塾への依存度を軽減するため年間総授業時間数を増やし、初等教育では約300時間増、中学校では約100時間増とし、2012年より完全実施とした。2014年には日本の義務教育総授業時間数は初等教育では4575時間（OECD平均4614時間を下回る）、前期中等教育では2684時間に達した（OECD平均2957時間を下回る）。＊時数は60分に換算」（OECD, 2015）。しかし**授業時間はOECD平均より少ないのに教員の労働時間は世界でも最高に多い**ようで、授業外の拘束時間が多いのだろうか。

もう一つの原因として、正規教員の数を減らし、再任用や時間・期間の臨時講師等でやりくりしている点が考えられる。正規教員は採用時から研修等で継続的に育て、経験を積ませていく。毎年、あるいは時間で教師が替わっては、学年で研修し情報共有して理解している児童について持ち上がって継続的な指導をしにくい。またOECD調査を見ても、形式的な研修はあるが、**自主研修は諸外国と比べ日本が一番少ない**状態である。忙しくて官製研修以外、時間が取れないこともあるかもしれない。またOECD調査では、ストレスを抱え、生きがいを見出せない教員が日本では目立っているという。指導に沿ってもらうためには、**教員が頑張って努力するだけでなく、それに見合う評価や地位が必要**ではないか。不安定な立場の若い臨時講師は児童・生徒・保護者に加えて上司や同僚に迫られ、あるいは放っておかれることが多い状況である。それは即ち指導の浸透に関係する。私立の高等学校はかなりの割合が非常勤講師だが、最近は公立の小・中学校も講師が多い。指導がこれまでのように浸透しなくなってきている原因の一つではないか。小・中学校では、この何年来か「指導でなく支援である」と言って、指導するのがいけないことのように教員は指導されてきているが、効率を考えれば、Crehan・苅谷（2017, p. 292）が「効果のない教え方として」指摘するように「教師が教え聞かせるのではなく生徒たちに活動をさせる」という方法や考え方も、再考する必要がある。

授業時数拡大以外にも教員の研修・地位の向上が望まれる。

⑶ 高等教育段階での公的支出が極端に少なく、国の将来を考えたとき個人・大学両面からの公的支援が早急に必要である。

これまで資料で示してきたように、日本の公教育費について一番の課題は高等教育段階の公教育費の少なさである。

日本では一般財政の中で教育公支出の率が非常に少ない。少子高齢化もあってか、支出の内訳で多いのは保健関連と社会保障関連である。支援はあるが健康保険や年金は別会計であり、現在税金の中で賄われて

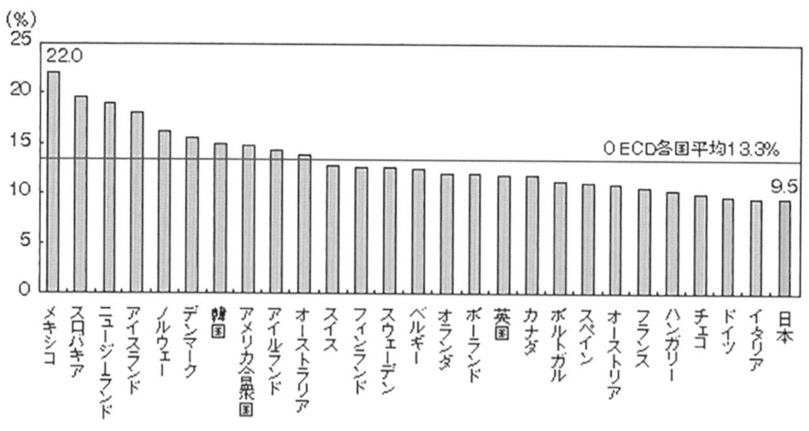

図2-36　一般政府総支出に占める公財政教育支出の割合

（出典）OECD「Education at a Glance 2009」より文部科学省作成

いるわけではない。図2-36やいくつかのグラフを見ると、大学進学率、公財政支出の割合、総支出の中の構成比、GDP中の公教育費の割合などはドイツの構成に、家庭の負担についてはアメリカ合衆国に似ている。

しかし全く異なるのは先の図2-23で示された高等教育費在学者1人当たりの公財政教育支出と、図2-24で示された教育費の家計負担の割合とである。日本の場合、図2-36で似通っているドイツは学費無料といわれており、アメリカ合衆国と比較しても明らかに家計負担が大きすぎる。特に高等教育段階において著しい。

従って他をおいても、つまり就学前教育段階や高等学校無償化にむやみに予算をつぎ込むことはせず、現在の高等学校のように収入別段階別納入にしておいても、この多くの問題を抱えた高等教育段階に資金を投入することが望まれる。どんな形があるかというと、個人に対して給付型や段階別奨学金、授業料入学金減額、国立大学に対して運営費交付金の増額、特化でなく安定した支援、教員の雇用など地位の安定、研究費

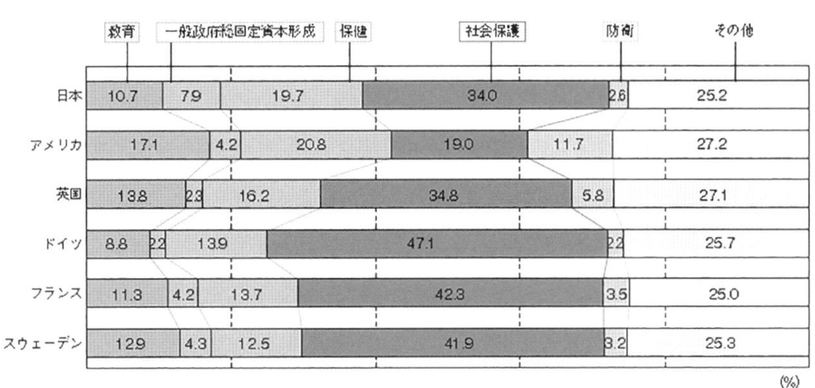

図2-37　一般政府総支出の構成比の各国比較

注1：一般政府総固定資本形成は、教育、保健、社会保護、防衛に関する経費を除く
注2：ドイツのデータは、一般政府総固定資本形成のデータを一般政府総資本形成のデータで代替

（出典）OECD. Stat（；文部科学省，2009aより重引）

の増額などが考えられる。その中で対個人と対大学両方にできる組み合わせを実施してほしい。個人の奨学金や授業料に手を付けても、大学の経営が成り立たなければ、また授業料値上げにつながっていく。大学だけの支援でも個人負担の問題は解決せず、少子化や様々な問題が続いてしまう。

それでは競争原理や選択と集中が成り立たないといわれるかもしれないが、これまでの企業や団体のいくつかの実践で必ずしも選択と集中が良い結果を生むとは限らないのである。リストラなどで数字あわせをしても不安定な経営や不安定な研究者の地位では安心して研究や教育に打ち込めない。高額な給与というのではなく、安定した雇用に成果に応じた収入をセットにしたものにすればよい。企業との連携といっても、今お金になることの研究ばかりやっていては、大学にも日本にも未来はないのである。また各県に大学が作られたことには日本の教育にとって意味があったのに、このままでは地方の大学をダメにしてしまう。

あまりに教育や約束が守られていない大学については、学生救済を考えたうえで、韓国のように援助打ち切りと閉鎖も仕方ないであろう。私立大学の中には補助金は受け取って実態が報告と異なる大学も存在していると聞く。しかし各県にある国立大学を旧帝国大学系列の大きな地方大学にすべて吸収させていくような統合のやり方は、折角これまで積み上げてきた財産である地方の国立大学を滅ぼしてしまう。例えば名古屋大学など大きな大学の近くの大学は、法人として結びつき、支店のようになってしまわない努力が必要となる。

ではその財源はと考えたとき、企業との提携、オーストラリア式の学部連動奨学金やイギリスが行おうとしている収入段階別奨学金と学生の授業料が考えられる。しかしそれだけでは足りない。ほかの無償化の部分を収入別にするなど後回しにしても高等教育への支援は今必要である。

それには２つの方法がある。１つは税金、もう１つは第三セクターや民営化を見直す方法である。「公共事業費やODA予算からの移転の提案が教育再生会議で出ている」（丸山，2007，p. 33）ようだが、それも可能なら検討していただきたい。

政府規模と教育費との関係

国民負担率とは，国民全体が得る一年間の所得に対して，税負担と年金など社会保障の保険料の合計がどれほどの割合なのかを示す値で，我が国の国民負担率（約40％）は国際的に見て比較的低い状況です（2008年 OECD28カ国中，日本は25位）（財務省，2010）。この国民負担率が低いことから，政府全体の予算規模が限られ結果として教育への公的支出も少なくなると考えられ，実際にデータをみると国民負担率が低い国ほど公財政教育支出が低くなる傾向が見られます。しかしながら，国民負担率と国内総生産に占める公財政教育支出の割合との関係について各国の傾向と比較してみると，我が国の水準は国民負担率が低い国の中においてもなお，国際的な水

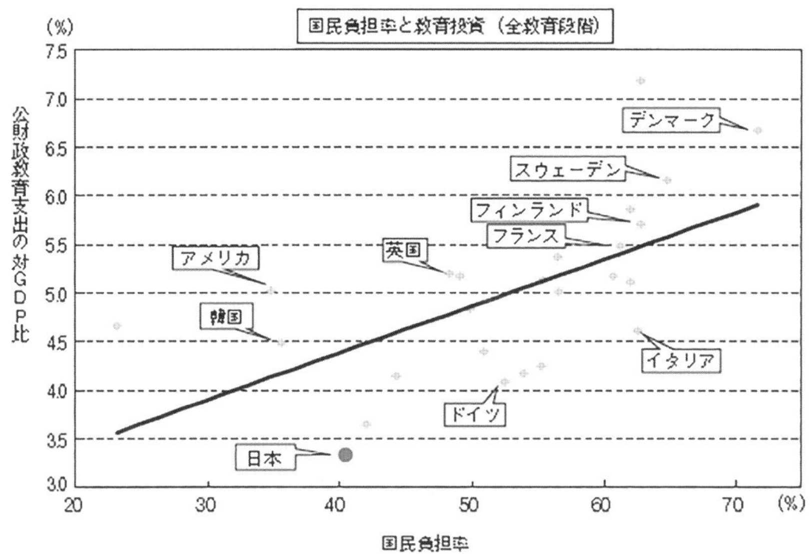

図2-38　国民負担率と公財政教育支出との関係

（出典）OECD「Education at a Glance 2009」
財務省ホームページ（http://www.mof.go.jp/jouhou/syukei/siryou/sy2202p.pdf）
より文部科学省作成（；文部科学省，2009a より重引）

準を下回っています（※我が国の財政支出における社会保障や国債費の大きさに留意する必要がある）（図2-38）（OECD, 2009）。

図2-38に見られるように、我が国の政府規模が小さいことを考慮してもなお、我が国の教育への支出は、国際水準を下回る。

家計が苦しい中提案しにくいが、将来の世代を考えて教育のための税金を地域でも全体でもよいので上げるという方法が1つである。上の図で保険や社会保障重点の似た財政の内訳を示したドイツも10%以上国民負担率つまり税の割合が高い。韓国やアメリカの財政はなぜどのように成り立つのかわからないが、公教育費のGDP比は日本よりかなり高い。

またそのための企業献金なども企業名と金額を公表したうえで減税し社会貢献としてその教育のための基金に加えていく。

もう1つは小さい政府という概念はわかるが、民営化で切り離したり、外注したり、第三セクターを作ったり、法人化したりしたことは果たして本当に国の財政のためになっているのだろうか。政府や役所ががんじがらめで動きが悪いのはよくわかる。しかし、外に組織を作ると建物をはじめ、おそらくそこにはまた責任者のポストが生まれ、政府の持つ税金からの補助金が入る。役人の天下り先ができ、割の良い給与や退職金が発生する。直接の税金ではない部分について資金の流れは、税金であった時より、使途不明やチェックが甘くなる。これまで公務員が時間を献上して働き安く行っていた仕事も、これも問題だが、そうはいかなくなる。また外注という仕事も本当に適正に行われ、すべて平等に見積もり、選定など通って判断されていればよいが、よく問題になるように政治家や役人の懇意の企業やいつもの大企業の持ち回りで決まり、そこが搾取し、下請け又請けに仕事を安く回すようなことが多いと聞く。例えば1000万円で請け負った仕事の予算を大企業がかなり持っていき、実際に行った会社の報酬は半分もないような話を聞く。そうならばよく調べて無駄を解決する方法をもう一度考えてはどうか。わからないうちに税金がざぶざぶと流れ出ているように思える。以前のように公務員であれば人手が足りない部門に人員を動かすこともでき、失業者も少なくなり、税収も安定して入る。余計な役員報酬も必要なくなる。大学法人も以前と別の外部役員報酬やコンサルタント料などの支出先や利権ができてしまったのではないか。一旦解体し作ってしまったものを戻すことは非常に難しい。しかしながら純粋に精査検討する余地があると思う。税金から出た補助金は調査が入るが、お金をもらっている以上、「この方法は非常に有効であったという結論に持っていく」検証をせよと上司に言われ、部下は書類をそのように作成する。コロナの時代に以前の保健所の職員削減が議論されているが、再考すべき時であると思う。公務員はやたらに減らさず、その代わりに働かなければ、解雇や仕事内容を変えやすくすればよい。

また少々乱暴な話だが、世界的に多いといわれる国会議員の人数を２分の１にすれば350人×３（秘書も入れ）の人数つまり1000人以上の実働的な公務員を雇うことができる。一生懸命国民の声を聴いてくれている方々には申し訳ないが、そう考えたくなる事象も多い。

諸外国の研究では「高齢化は教育費を押し下げる傾向がある」（国立教育政策研究所，2014）とあり、加えて大竹他（2009）では、この教育費低下について「1990年代より、顕著であり、義務教育費国庫負担制度から地方交付税への振替は、一人当たり教育費を低下させる可能性あり」とある。その通りの行程を歩んでいる。

これ以上戻れないほど大学荒廃や高額教育費が理由で少子化が進んでしまわないために、公教育費の高等教育段階への支援は急務である。教育問題や少子化は数年では解決しない。

ここに将来についての真摯な提案を見つけたので紹介する。

> 日本はこれまで大学教育で利益を得るのは本人だけだとする「受益者負担論」が政府・文科省の根深い考え方であった。だが大学教育の受益者は本人だけでなく社会もまた受益者である、という考えが世界の主流である。（中略）グローバルな競争の時代に、急激な少

子化が進行する中、韓国は若者の教育に大規模に国費を投入することを決め、実行している。他方同じような問題に直面している日本では、大学生にはまだ給付型の奨学金がなく、高学費を解消する明確な方向性も政府・文科省は示していない。OECDの世界教育白書では日本と韓国の2か国だけ、「大学の授業料が高く、給付奨学金のない」という特異な国に分類されてきた。その韓国が授業料半減に乗り出している。日本政府が今何の策も示さないとすれば、日本は大学教育で世界の大勢に後れを取り、将来は暗澹たるものになる、と断言しても過言ではないであろう（平山，2014)。

大学だけでなく大学院についても日本は支援が遅れており、卒業生だけ創出してもポスドクの雇用がなくアルバイトをする日々であるという。世界的な論文の数も日本では減ってきている。多くの研究者が警告を発しているように、直接日本の将来にかかわるような高等教育において、確かな教育と雇用を作っていく体制を作らないと、本当に未来はないと心配している。「教育には『投資』が必要です」(内閣官房，2015)という政府のパンフレットの言葉のように公教育費の特に高等教育段階への投入を切に願う。

引用文献

＊独立行政法人労働政策研究・研修機構（2015)．「早わかり　グラフで見る長期労働統計」Ⅳ　物価・家計　図1　消費者物価指数（jil.go.jp）https://www.jil.go.jp/kokunai/statistics/timeseries/pdf/g0601.pdf（2021年8月10日閲覧）

＊独立行政法人日本学生支援機構（2008)．「平成20年度学生生活調査」https://www.jasso.go.jp/statistics/gakusei_chosa/2008.html（2021年 8 月20日閲覧）

ハンギョレ新聞（2011.6.16)．「チェ・ムンスン江原知事“江原道立大学授業料なくす”」http://japan.hani.co.kr/arti/politics/8356.html（2021年８月20日閲覧）

平山令二（2014.5.12）．読売新聞オピニオン「韓国の大学授業料半減策に学ぶ」Chuo Online https://yab.yomiuri.co.jp/adv/chuo/opinion/20140512.html（2021年８月20日閲覧）

James J. Heckman, Dimitriy V. Masterov（2007）．“The Productivity Argument for Investing in Young Children” NATIONAL BUREAU OF ECONOMIC RESEARCH https://www.nber.org/system/files/working_papers/w13016/w13016.pdf（2021年８月20日閲覧）

KBS WORLD（2019.8.27）．「韓国　2023年から大学入学金を廃止へ」https://world.kbs.co.kr/service/news_view.htm?lang=j&Seq_Code=73143（2021年８月20日閲覧）

＊国立教育政策研究所編（2002，2004，2007）．『生きるための知識と技能〈１〉、〈２〉、〈３〉』ぎょうせい

国立教育政策研究所（2014.12.3）．「教育の効果について　資料２」教育再生実行会議第３分科会　https://www.nier.go.jp/05_kenkyu_seika/pf_pdf/20141203.pdf（2021年８月20日閲覧）

国立教育政策研究所（2015.3）．「諸外国における就学前教育の無償化制度に関する調査研究（第７章　総括）」https://www.nier.go.jp/05_kenkyu_seika/pdf_seika/h26/1-3_all.pdf（2021年８月20日閲覧）

国立社会保障・人口問題研究所（2006）．「第13回出生動向基本調査」https://www.ipss.go.jp/ps-doukou/j/doukou13_s/doukou13_s.asp

小林雅之（2018）．「高等教育費負担の国際比較と日本の課題」『日本労働研究雑誌』No. 694、pp. 4–15

Lucy Crehan・苅谷剛彦（2017）．『日本の15歳はなぜ学力が高いのか？』東京：早川書房

丸山文裕（2007）．「高等教育への公財政支出」『大学財務経営研究』第４号、pp. 21–34、国立大学財務・経営センター研究部

三菱総合研究所（2011）．国立教育政策研究所　平成22年度文部科学省委託調査「教育投資が社会関係資本に与える影響に関する調査研究」

https://www.mext.go.jp/a_menu/shougai/chousa/1351465.htm
文部科学省高等教育局（2003）.「資料４　国立大学の再編・統合の現状と今後の取り組み」https://www.mext.go.jp/b_menu/shingi/chukyo/chukyo4/gijiroku/attach/1411699.htm（2021年８月20日閲覧）

＊文部科学省（2005）.『教育指標の国際比較（平成17年版）』国立印刷局
＊文部科学省（2008）.「平成20年度子どもの学習費調査結果」https://warp.ndl.go.jp/info:ndljp/pid/11293659/www.mext.go.jp/b_menu/toukei/chousa03/gakushuuhi/kekka/k_detail/__icsFiles/afieldfile/2010/03/19/1289326_2.pdf（2021年８月20日閲覧）
＊文部科学省（2009a）.「特集１　我が国の教育水準と教育費」『平成21年度文部科学白書』https://www.mext.go.jp/b_menu/hakusho/html/hpab200901/1295628_004.pdf（2021年８月20日閲覧）
＊文部科学省（2009b）.「国立大学と私立大学の授業料等の推移」https://www.mext.go.jp/b_menu/shingi/kokuritu/005/gijiroku/attach/1386502.htm（2021年８月20日閲覧）
＊文部科学省（2009c）.「国立大学等の授業料その他の費用に関する省令」
＊文部科学省（2013）. 産業競争力会議　下村大臣（当時）発表資料「人材力強化のための教育戦略」10　https://www.mext.go.jp/component/b_menu/shingi/giji/__icsFiles/afieldfile/2013/04/17/133354_11.pdf（2021年８月20日閲覧）
文部科学省（2017.8.1）.「高等教育に関する基礎データ（都道府県別）」https://www.mext.go.jp/b_menu/shingi/chukyo/chukyo4/042/siryo/__icsFiles/afieldfile/2017/08/01/1388715_05.pdf（2021年８月20日閲覧）
＊内閣府（2008）.「社会意識に関する世論調査」（平成20年２月）https://survey.gov-online.go.jp/h19/h19-shakai/2-4.html（2021年８月20日閲覧）
内閣官房　教育再生実行会議担当室（2015.7.8）.「〜教育立国実現のた

めの教育投資・教育財源の在り方について（第八次提言）の概要～」パンフレット『教育には投資が必要です！』https://warp.ndl.go.jp/info:ndljp/pid/12251721/www.kantei.go.jp/jp/singi/kyouikusaisei/pdf/dai8_pamphlet.pdf

中澤渉（2018）．『日本の公教育』東京：中央公論新社

日刊工業新聞（2020.3.19）．「東工大、千葉大などが表明…国立大『授業料値上げ』それぞれの事情」https://newswitch.jp/p/21549（2021年８月20日閲覧）

日本私立大学協会（2012）．「韓国の大学統廃合と質保証をめぐる動き」『教育学術新聞』第2466号

大竹文雄、佐野晋平（2009）．「人口高齢化と義務教育費支出」『大阪大学経済学』第59巻第３号

＊OECD. Stat（2009）．「一般政府総支出の構成比の各国比較」（；文部科学省，2009aからの重引）https://stats.oecd.org/Index.aspx?Theme-Treeld=9（2021年８月20日閲覧）

＊OECD（2008）．「図表でみる教育　2008年度版：OECDインディケータ」https://www.oecd.org/education/skills-beyond-school/41261994.pdf（2021年８月20日閲覧）

＊OECD（2009）．「Education at a Glance 2009」https://www.oecd.org/education/skills-beyond-school/43636332.pdf（2021年８月20日）

OECD（2015）．「学校改善：教員支援」『教育政策アウトルック：日本』https://www.oecd.org/education/Japan-country-profile-Japanese.pdf（2021年８月20日閲覧）

OECD（2012）．「Education at a Glance 2012」https://www.oecd.org/education/highlights.pdf（2021年８月20日閲覧）

OECD（2020）．「2020年版図表で見る教育（Education at a Glance 2020）」https://www.oecd-library.org/docserver/69096873-en.pdf?expires=1679726770&id=id&accname=guest&checksum=0919711B21D377770BA165048FB77136（2021年８月20日閲覧）

栄陽子（2016）．『留学で夢もお金も失う日本人』東京：扶桑社

しんぶん赤旗（2020.9.10）「教育公的支出　日本は下位　OECD加盟国　GDP比　下から２番目　2017年」https://www.jcp.or.jp/akahata/aik20/2020-09-10/2020091001_03_1.html（2021年８月20日閲覧）
＊東京大学大学院教育学研究科　大学経営・政策研究センター（2007）．「高校生の進路追跡調査　第１次報告書」http://ump.p.u-tokyo.ac.jp/crump/resource/crumphsts.pdf（2021年８月20日閲覧）
東洋経済日報（2009.10.23）．「〈グラフで見る韓国経済〉家計脅かす教育費」韓国銀行2008年資料　http://www.toyo-keizai.co.jp/news/graph/2009/post_3652.php（2021年８月20日閲覧）
鶴田義男（2017）．『躍進する韓国教育の諸問題』東京：幻冬舎

＊印資料は、文部科学省（2009a）．「特集１　我が国の教育水準と教育費」『文部科学白書2009』からの引用である。可能な限り元の出典を示した。

2.4　大学入試

日本の教育や英語教育で長年言われ続けてきたことは、英語が話せないこと、教員の資質、そして大学入試であったと思う。議論した最後に「大学入試が変わらなければ何も変わらない」というところに行きつくことは多い。その真偽は簡単にはわからないが、それほど大きな問題であることは確かである。そして2021年にこれまで長年行われてきたセンター試験に代わって、思考力や主体性などを加えた学力の三要素を意識した新しい教育内容に見合う「大学入試共通テスト」が登場することになっていた。目玉となっていたのはこれまでのマークシートの選択問題だけでなく、記述式問題が加わることと英語の４技能を測るため民間外部試験を取り入れることであった。

2019（令和元）年11月１日、突然萩生田光一文部科学大臣は定例会見で、民間企業を巻き込んだ「大学入試英語成績提供システム」につい

て、「経済的な状況や居住している地域に関わらず試験を安心して受けられるような配慮に欠け」「民間試験団体との連携調整が十分でなく」「不用意な発言」もあって「来年度からの導入を見送り延期する決断をしました」との発表を行った。さらに同年12月17日同じく定例会見で「採点ミスを完全になくすところに至るまでには限界がある」ため来年度から記述式を行うには現実的に困難との判断に至ったとの発表があった（文部科学省，2019)。

直前にあった本人の「身の丈」発言や高等学校校長会からの意見により、莫大な予算を使い何年もかかって作り上げた計画を、実施要項を知らしめ、初めてで多少問題はあってもすでに何度も試験的なことをすませ、おそらくできたであろう計画を、ストップさせてしまったのである。その後単に延期であった問題は、コロナ禍で勢いがつき、何十年もかかって会議を繰り返し、民間を巻き込み、金を使い、おそらく違約金等も払ったかもしれない。試行まで行ったにもかかわらず、これをきっかけに2021年中止となり、新しい大学入学共通試験の目玉は消え去った。この試験は直前に中止するほど問題であったのか。単に言われているような文部科学省の問題であったのか、そこも含めてみていきたい。

2.4.1　大学入試制度の変遷

大学入試について考えるために、ここで関連の流れについて触れておく（●印は学力試験の種類が変わった年)。

1886年　帝国大学令交付
1949年　新制国立大学の発足
1956年　大学設置基準の制定
1963年　中教審答申
1971年　中教審「四六答申」共通テストの必要性
　　　　国立大学協会が全国立大学の共通一次学力試験の構想を検討開始
1976年　高等教育計画により大学進学率が38.6%となり定員超過の大学

も。「量から質へ」

国立大学協会は全国で1974年3000人、1975年5000人、計8000人の高校生対象に実地研究を行い、共通一次試験の問題を協議、検討していくとの方針と一期校・二期校の区分を廃止し一元化にする方針を発表。この年全国12000人で実地研究。

「国立大学共通第一次学力試験は昭和54（1979）年度大学入学者選抜から実施可能である」との結論に達した。公立大学協会においても共通一次を実施するとの意見をまとめた。

1977年　文部科学省が共通一次学力試験を取り入れた入学者選抜の実施に伴う入学者選抜実施要項を発表した。12月63609人の試行テストを実施

1978年　国大協が１月実施を決定

1979年　●共通一次学力試験第一回を実施

1985年　新テストは昭和64（1989）年度入学者選抜から実施を目指す。受験機会の複数化を昭和62（1987）年度入試より実施する計画

臨時教育審議会答申による高等教育の自由化、**推薦入試の拡大、AO入試の導入**

1987年　受験科目を５教科７科目から５科目に、二次試験で受験機会の複数化（A・B日程連続方式）が図られた。

1988年　大学出願期間を共通一次実施後にする。A・B日程に加え分離・分割導入決定。新テスト作成は国立大学教員があたり昭和63（1988）年に試行決定。国立大学協会で新テストは各大学の二次試験との適切な組み合わせによることが望ましいとする。

平成元年に試行し、平成２（1990）年に大学入試センター試験を行うことが決定

1989年　大学入試センター試験の実施要項発表

1990年　●第一回大学入試センター試験実施（１月13日、14日）

1998年　大学審議会答申　前年大学設置基準の大綱化を行い、この年

「21世紀の大学像と今後の改革方策について」を出す。

2002年　文部科学省は**「英語が使える日本人の育成のための戦略構想」**を発表し、センター試験にリスニングテストの導入を提案

2004年　国立大学が「国立大学法人」となる。

2005年　中央教育審議会が「我が国の高等教育の将来像」答申を発表

2006年　センター試験において初めて**「英語」のリスニングテスト**を実施。

2012年　文部科学省が「大学改革実行プラン」を公表（機能の再構築・ガバナンス強化・２つの柱と８つの方向性）
「一点刻みでないレベル型の成績提供方式の導入」「思考力・判断力・知識の活用力等を問う新たな共通テストの開発」「入試における TOEFL、TOEIC の活用」など

2013年　教育再生実行会議が高等学校の指導改善や大学入学者選抜に活用する新たなテストとして達成度テスト（基礎・発展レベル）の導入を提言

2014年　中央教育審議会が「新しい時代にふさわしい高大接続の実現に向けた高等学校教育、大学教育、大学入学者選抜の一体的改革について」を発表。テスト改革案を下村文部科学相に答申

2016年　高大接続システム改革会議が最終報告を公表

2017年　文部科学省が**2020年度からの「大学入学共通テスト」実施方針を公表。英語民間試験を活用、国語・数学で記述式問題を導入**

2019年　９月全国高校長協会が英語民間試験の活用延期を文部科学省に要望
10月24日　萩生田文科相がテレビで試験実施の話と共に「身の丈」発言で反響
11月１日　萩生田文科相が英語民間試験の活用延期を表明し2024年度からの実施を目指す。
12月萩生田文科相が記述式問題の導入見送りを表明

2021年　1月●第一回大学入学共通テストを実施

この内容は、文部科学省（2020, 独立行政法人大学改革支援）資料をまとめた『中央公論』(2020, pp. 28-29）と独立行政法人大学入試センター（2020）の資料より抜粋したものである。

2.4.2　大学入試の問題点

大学入試関連の制度の変遷を踏まえ、現在何が問題なのかを様々な立場の方の本や資料から鑑みて、次の３つのことに焦点を当てて考えてみる。

1．なぜセンター試験をやめて共通テストにしたのか。
2．共通テストの問題点は何か（英語外部テストと記述式は問題か)。
3．AO 入試・推薦入試の功罪と修正

以上の３点が数多くの資料で多く述べられており、ここでもこれらについて追っていく。また外国、特に韓国・中国でも大学入試については同様の問題を抱えており、解決のための参考として触れる。

2.4.2.1　なぜセンター試験をやめて共通テストにしたのか

前述のように、1979年に共通一次テストが始まり、その11年後の1990年にセンター試験、そしてその31年後の2021年に共通テストへと、センター試験は多くの改善策を取りながら、長期にわたって続いてきた。例えば試験の機会拡充、専門高等学校からの参加を考え専門科目の代替えができるようにする、リスニングテストを取り入れる、私立大学が参加できるように科目の種類や数等選択できるようにするなどである。参加大学も参加人数も徐々に増え、これまでで最大となり、国公立大学だけでなく、私立大学もこの試験を利用して、中にはこれのみで大学入試の審査を行うところも出てきた。制度改革や問題の蓄積等、失敗を繰り返しながらそれだけ続いてきたのだから、ほぼこの形としては完成形に近いのではないか。専門家の中にはなぜこの評判の良いセンター試験をここでやめて、物議をかもしながら新しい試験にしたのか、英語外部テスト活用や記述式など挑戦的な方法を取り入れることにしたのか、文部科学省の無謀さを批判する人たちもいる。

しかし変化は必然ではないか。

非常に評判が良い試験をなぜ変えるか。それは同じ方向性が続くことで固定化した価値から、世の中の目指すものが変わってきているからである。

この何年か今までにない指導方針の転換があった。2020年小学校の学習指導要領が変わり、それまで何年もかかって移行措置で慣らしてきたが、ここで新たにプログラミングが、そして英語が教科として加わった。英語が加わるだけでなく、これまで縮小されてきた学習内容は前回の学習指導要領から量を増やした。そういう意味では前学習指導要領は今回の2020年からの学習指導要領へのステップとも言える。

今回2020年からの学習指導要領は「学習の三要素」を見据え、「知識・技能」「思考力・判断力・表現力等」「主体的に学習に取り組む態度」など知識を身に付けるだけでなくそれに至るプロセスに重点を置き、それを使って何ができるかを主体的に考えることを目指している（文部科学省初等中等教育局，2015.11）。

そして次に、2021年中学校学習指導要領が改訂となった。学年に従って2022年には高等学校学習指導要領が新しくなる。高等学校の新学習指導要領には「高大接続改革」という言葉が入っており、「高等学校教育を含む初等中等教育改革と大学教育改革、そして両者をつなぐ大学入学者選抜改革の一体的改革の中で実施される改訂」との表現もある(文部科学省，2011.3.30)。その中には、小中高ともにグローバル化やアクティブ・ラーニングについての記述もある。

では大学はというと2021（令和３）年度入学生より共通テストを受ける。「大学には学習指導要領はないが、設置基準の大綱化により、教育課程の編成について大学の自主性が高まった」と同時に社会の変化に応じて、「学部学科または課程ごとに人材の養成に関する目的その他教育研究上の目的を学則等に定め、公表するものとする」となっている。カリキュラムの編成についても人材育成の責任を負う（文部科学省高等教育局大学振興課，2009以前）。

流れとしては2022年高校入学の生徒より新学習指導要領による生徒たちとなるので、2025年度入学生つまり令和７年度入学生より内容としても形式としても新しいテストが必要となる。中等教育学校と同じ流れで考えれば2023年より大学での学習内容は、少なくとも試験で問われる内容は変わるはずである。

つまり大学入試やそこで問われる内容は、2020年小学校で始まった「学習の三要素」を中心とした新学習指導要領を中等教育の中学校、高等学校まで積み上げた場合、今までの知識を主にした選択肢のマークシート問題では測り切れないのではないかという学習指導要領との整合性の問題が１点目である。

もう一つの理由は、「揺り返し」である。どんなに素晴らしい教育であっても、教師であっても、テストであっても、その方法を継続した場合、その方法の弱点が社会の中で増幅される。現在の問題は時間をかけ、コツをつかみ、努力すれば、凡人でもある程度の力のある生徒は目的意識と努力でひょっとすると私教育で成果を上げることになる。31年も繰り返せば、どんな改善があったとしても、その攻略方法は高等学校や入試関連企業で練りつくされている。いっそのこと昔の大学入試のように全ての大学が独自の試験を行った方が創造性や能力を開発でき、これからの時代にたくましく挑んでいく人材の育成が期待できるのではないかと思われる。しかし、ここまであまりに楽をしてしまった大学はもはやそれを望まないであろう。中にはセンター試験と書類だけで入学の決定をする私立大学の多い現状がある。本来試験問題を作ったり、採点や受験生の指導をしたりする人的資源がないところが、それだけの入学生をとること自体おかしいのではあるが、大学が大衆教育の場となっている現状ではおそらく大学側が困る可能性が出てくる。もちろん安定したテストには良い点も多い。それが変わることを拒む理由でもある。しかし30年以上の選択問題は画一化した優秀な大学生の姿を既に招いているであろう。

竹内は戦前からの入試を評して「内申書の重視と軽視、面接の有無、客観式テストか記述式かも同じように振り子運動をしてきた。要するに試験制度が片方に移動すると、反対方向への圧力が高まり、次には逆の世論や改革運動がおこる。結果としては、同じことを繰り返しているわけである。こういう日本の入試改革は『建設と破壊』の歴史というより『リボルビング・ドア・ポリシー（回転ドア政策）』と呼べるだろう」（竹内，1988，p. 44）と述べている。彼は入試改革失敗史として述べているのだが、世の中の現象としても方法論としてもこの振り子運動は一つの欠点につき進まないために必要なことではある。

つまりセンター試験の終焉は、新学習指導要領の内容を大学入試にも反映させるためと、長年続いた試験や制度の継続により望む人材や教育の形の価値の硬直化を防ぐためという２点によると考えられる。

今回の2020年に始まった新学習指導要領の完成版がこの大学入学共通テストに集約されているはずであった。

大学入試は高校や社会全体に影響するほど重大かと疑問を投げかける人もいる。

しかしながら大半の企業は優秀な大学出身の優秀な学生を欲しがり、その有名難関大学は大学入試で点数をもとに優秀な入学生を選び、高等学校ではその難関大学に入れるための教育に必死に取り組んでいるとしたら、大学入試の価値観や方向性は高校教育や、それにつながる義務教育や、企業を通して社会の価値観にもつながっているのではないか。つまり知識をたくさん詰め込み、余計な活動をせず点数を取ることだけの目的に絞った生活を長年の教育や家庭生活で続けて、よりよい大学から企業、地位と結びついていき次代にも引き継ぐなら31年はそのくらいの年数であるが、社会はかなり大学入試の制度や問題に影響されたものになっているのではないか。

それを改善しようとしているのがこの改革である。前に述べたようにいっそのこと、現状維持よりすべてを昔のように大学ごとに試験を作って審査をする形にでもした方が創造性や個性のある人材が育ち、日本社会の膠着化や窮屈なところの解決につながるかもしれない。そうはできないほど構築されてしまった大学入学の共通試験制度がここにある。

高校の側も課題を抱え、大学もうまく高大接続できにくいことに苦しんでおり、スムーズな高大接続に至るように高校の卒業試験や大学の卒業試験など議論されている。実際には高校で学力をつけられなかった生徒もそのまま卒業して大学に入学し、低学力の入学生に大学が入ってからの補習をしたりするような、現状のままでどのように乗り越えていくかに終始してしまっている。大学からはそのような不満が聞こえるが、大学の方も入ってから、社会の要求があっても、例えば情報処理、レポート作成や英語の力をつけるような働きができず社会問題となっており、結局これは企業に入ってからの補習となってしまっている。

2.4.2.2　共通テストの方針転換と記述式問題・英語外部試験の行方

これまでの長きにわたるテストの揺り返しで、共通テストが出てきたはずであった。また外部試験も記述式も、初めて、かつハイレベルな試みであるとは言え、試行も済ませ、かなり実現可能なところまで来ていたと考えられる。反対した人たちは初めから水面下で反対の意見を持ったり、不安を感じていたりしたからであり、決して現実的に不可能だから反対したとは思えない。リスニングテストも実施しながら改良されてきたのである。

〈記述式問題〉

2021年7月8日の文部科学省の「大学入試のあり方に関する検討会議　提言」(p. 11) に挙げられた記述式が実現に至らなかった理由は次のとおりである。

1．質の高い採点者の確保の問題
2．正確な採点など採点精度の問題

3. 採点結果と自己採点との不一致
4. 大学への成績提供時期の遅れ
5. 民間事業者の活用に伴う利益相反、または機密漏洩の懸念
6. 採点をめぐる制約から評価できる力に限界があること

以上の理由で反対されている。採点者のレベルと統一した採点基準が問題となっているが、どのようなテストであれ、少数の2次試験実施であれ、これまでもそれほどの平等性が保証されていたとは思いにくい。なぜなら採点者に応じて基準は少しずつ違い、まったく同じ回答なら記述式にする意味は薄れるからである。また小学校でも中学校でも高等学校でも試験には最近は必ず記述式問題があり、統一テストでも、中学校、高等学校の各教科の教員が基本を押さえながら短期決戦で採点している。場合によっては授業と授業の合間を見ながら、採点をしている。全問記述式はつらいだろうがそれはこの場合あり得ないことで、大学だからと言ってできないはずはないのである。

また「提言」(p. 12) では「令和2年度大学入学者選抜の実態調査によると、国公立大学では、一般入試全体（全教科）で国立の99.5%、公立の98.7%のテストが何らかの記述式問題を出題していると回答しており、全体の枝問数に占める記述式の割合は国公立で78.6%（国立81.6%、公立70.0%）であった。そのうち短答・穴埋め式が国公立で47.1%であった。私立大学では一般入試（全教科）で、54.1%のテストが記述式問題を出題しており、全体の枝問数に占める記述式問題の割合は25.3%であった。短答・穴埋め式は21.1%であった。」問題の性質は様々であるが、多くの大学がある程度は個別試験で記述式問題を出題していることは確かなようである。しかしながら「短文や長文・小論文、図表・グラフ・絵、英文和訳・和文英訳は国公立で31.5%……私立一般でわずか4.2%であった」（同）というように割合は少ない。私立試験の一般試験では、センター試験や共通テスト、高校成績書類等で記述式問題を扱わずに終える受験者も多く、また大学側もAOや推薦の限られた人数なら可能であろうが、多くの受験者に記述式問題を行い採点するこ

とは難しく、希望していないようである。

「国公立大学においては共通テストで記述式を出題すべきには否定的であり、個別入試（一般選抜）で記述式を充実すべきについては肯定的意見が国公立で77.9%、私立で51.8%であった」（同）とある。

従って、共通テストに記述式を取り入れることがそれほど困難であるならば、実態を考えても費用対効果、大学の希望を考えても、国公立では個別試験に記述式を、ただし今より短答・穴埋め式でない本来の記述式の問題を取り入れてもらい、私立にも努力してもらうが、できない分については事前書類の提出やAO・推薦入試で記述式の課題を取り入れていただくことがよいのではないか。

ところで先の例は2021年の提言の中で2021年度入学生についての統計であったが、平成28（2016）年度統計で「国立大学の一般入試において国語を課さない人数は74.0%、小論文を課さない人数は89.9%、総合問題を課さない人数は97.3%、いずれも課さない人数は61.6%」（文部科学省，2020.3.18，p. 36）である。つまり一般の個別試験で国立大学のかなりの学部が記述式を出題していたという提言の令和２年の実態調査の数字よりかなり低いものであり、これは短答・穴埋め式の記述式を出す学部が多いという状況で、初めに記述式が欲しいといった趣旨よりかなり外れたものである。そもそも記述式問題を取り入れるのは学習指導要領の最終段階であるからという問題であるが、大学からも論文や文章を書けない入学生が増えている、数学の考え方や公式もわからない生徒が多く補習しなければならないことが多すぎるという問題提議（文部科学省，2020.8.7「大学入試のあり方に関する検討会議」）を鑑み、出てきた課題でもあった。

従って簡単な、短答や穴埋め式問題を記述式といい、機械でほぼ採点できるそんな記述式さえ共通試験に入れることができないのなら、大学の一般試験、個別試験では必ず入れるべきものである。いやこの短答・穴埋め式程度をこのように記述式と呼ぶなら、共通試験に入れても採点の問題はないのではないかと思う。

またこれは提言であって、そのような提案はしているが毎年の入試について記述式がどの程度行われていたかの調査を確実に続け、文部科学省としても文章化して各大学に継続指導していくべきであろう。小学校・中学・高校は入試も通常の試験でも何度も記述式テストの採点をしているのだから。大学入試の個別試験に入れるべきと言いながら、実際には短答・穴埋め式だけの記述式でよいとは思えない。

〈英語外部試験〉

同じく「大学入試のあり方に関する検討会議　提言」(pp. 21–23) に挙げられた英語外部試験が取り入れられなかった理由は次のとおりである。

１. 地理的・経済的事情への対応が不十分
２. 障害のある受験者への配慮が不十分
３. 目的や内容の異なる試験の成績を CEFR 対照表を介して比較することに対する懸念
４. 文部科学省の民間事業者への関与のあり方
５. 英語資格・検定試験の活用に関する情報提供の遅れ
６. コロナ禍における英語資格・検定試験の安定的実施の課題

以上の理由で反対された英語外部試験については、各種にわたる試験場も、TOEFL など外国の試験の試験場は都会に限られ、万を超える高額受験料であるが、日本の実用英語検定試験なら都道府県内のどの地域でも大きな町では以前から行われており、比較的安い。入試に使われるとなれば、今まで以上に会場も回数も考えて増やしてくれたのではないかと思われる。また次のような情報もある。

旺文社教育情報センターは2021年７月12日、2021年一般入試で英語の外部試験を利用した大学に対し、実際に受験生が利用した外検を調査した結果を発表。外検を利用した受験生の92.2%が『英検』を利用していたことが明らかになった。(中略) 理由として「国産」

「安い」「試験場が近い」「多くの大学で利用できる」の４点をあげている。またS-CBTは原則毎週土日に受験が可能（リシード教育業界ニュース，2021.7.12）

この結果を考えれば機会や格差の批判は当たっていない。むしろ文部科学大臣が、高校長協会からの要望や自身の「身の丈発言」でバッシングを受けたことにより、実施してもいないのに逆に揺り返しとなってしまったのである。これまでの文部科学省や企業の努力と予算はその後、無あるいは負となってしまったのである。企業との関係が批判されているが、このような新しいことを、関係を密に資金援助もし、やってもらうことは決して変な関係ではない。企業から資金提供があったとしても協力金として考えれば、当然のことであるし、なければ不可能である。なかったことを献金で不正にやってもらえるようにしたのとはわけが違う。一つの企業のテストにすればやりやすかったであろうに、平等にするために各種テストで、１点刻みでなく群で評価ということになっていた。ただ大学の方としてはそれを選別にどのように使うかが一番難しいところであり、当面は共通テストと両用が必要であったであろう。

「提言」（文部科学省，2021.7.8，p. 23）によると延期とされた後の「令和２年の大学入学者選抜の実態調査では、一般入試において、英語試験・検定試験の活用ありの選抜区分により入学したものの割合は、国公立8.7％（国立10.8％、公立0.8％）、私立15.6％であった。AO入試、推薦入試を含めた全体での入学者の割合は、国立14.5％（一般入試10.8％、AO入試45.3％、推薦入試22.1％）公立6.0％（一般入試0.8％、AO入試27.9％、推薦入試17.3％）、私立19.8％（一般入試15.6％、AO入試17.1％、推薦入試17.2％）であった」というように、通常でも外部試験を利用しているところは一定数存在する。

また同じく「提言」にあるように「一般入試の個別学力検査『英語』では読むことを95.2％の選抜区分、書くことを44.3％の選抜区分（国立95.5％、公立87.1％、私立39.2％）、話すことを0.2％の選抜区分で出題していた」という。

記述試験では各大学において個別試験や一般入試でかなりの大学で出題がなされていたが、英語では外部試験利用がない場合、現在のところ「書くこと」については国公立大学では個別試験ないし推薦などの試験で行われるが、私立では受験者数がかなり多いため、それも少なく、「話すこと」はどちらもほぼ皆無であるということである。

そしてまた「提言」によると、大学側としては、「英語のスピーキング・ライティングの評価方法について共通テストの枠組みで英語資格・検定試験を活用すべきについて、肯定的意見の学部が31.9%（国立27.1%、公立21.4%、私立34.2%）否定的意見の学部が66.7%であった。個別入試については肯定が45.2%、否定が53.5%（国公立76.1%、私立45.8%）個別のAO・推薦型については肯定が57.9%（国公立42.2%、私立63.3%）であった。また現在活用していないが今後の活用を検討とした選抜区分が一般で35%、AOで20.8%、推薦で28.0%ある」とした。

つまり英語は「書くこと」を含め記述式は個別試験に入れられるが、「話すこと」は個別試験にこれ以上独自で入れることは困難であり、もう少し安価で確実な使い勝手が良い試験であれば、取り入れたいということではないか。そして初めの趣旨で1点刻みでなくCEFR群で判断するという仕組みも、複数の外部テストの整合性を高めるためには仕方なかったが、選別のためには使いにくいシステムであると考えられる。従って現状からできるだけ外部テスト使用の学部を継続・拡大していただき、利便性から公正に受けられる工夫をし、オンラインで大学受験や資格試験にS-CBTのようなシステムを多用し、開発してもらう。例えば英検2級テストを「読む」「聞く」「書く」「話す」が何点であったとか、TOEFLで「読む」「聞く」「書く」「話す」が何点であるとかいうものと共通テストとの整合性を成り立たせられる資料を重ねていき、そのうえで大学で判断していってもよいのではないか。検定側にはどこよりも「書く」「話す」を評価するノウハウがある。できることなら、ここまでの努力も無駄にしてはならないと思う。また「書く」「話す」だけなら自宅のオンラインで安価でできるテストも既にある。

知識詰め込み式の英語教育ではいけないという悲願のもと、今回は大掛かりに小学校から学習指導要領を変えてここまで積み上げてきて、また大学入試が変わらない限り高校の授業も変わらないという同じ問題に突き当たってしまったのである。したがって英語を生業としてきたものにとって、このままでよいとは思えない。

結局2019年11月に延期表明、12月に2021年に行われる共通テストについて、記述式延期、英語外部試験導入延期という発表になった。あとは批判を恐れるまま、コロナ禍で余裕もなくなり、2021年９月の発表で、ほぼこの話は消えてしまったようである。

しかしながらこれは今までの流れからして消えてよい話ではない。その分についてどのように補うかを考えなければ、柱をなくした共通テストで終わってしまう。全体でなくても外部試験使用を広げていくべきであるし、４技能育成のために「話す」「書く」分野を特に国公立大学では２次試験で取り入れていくべきである。有識者の意見の中に、外部団体ではなく、国で英語４技能を含む試験問題を作成し、採点すればよいとの意見があったが、前述の韓国のNEAT試験の顛末を知っていればそのような発言はなかったであろう。その失敗を知っているからこそ、私は英語外部試験の導入は実現できる良い考えだと思ったくらいである。共通試験での問題で記述式が困難であるなら、提出書類や２次試験でそのようなものを取り入れていくべきである。共通テストと名前だけ変えても内容の方向性はどこかに入れなければ意味がない。

いっそのこと乱暴だが共通テストの最初に合科の記述式時間を１時間程度とり、問題は選択させて、数学の式または証明など、国語小論文、英語英作文の３教科を入れて、A4紙２〜３枚程度で別途点数にするか、ABC区分程度の採点を行い、受験校に画像でデータ送付してみてもよいのではないか。共通テストのみで判断するところにとっては参考となろう。少なくともあまりにひどくはじくものについては見てわかるのではないか。さすが日本人らしいと言えることだが最初から完璧な制度を目指しすぎていないか。記述式の何かが入ることで学びや育つ姿が変わるのである。

2.4.2.3　18歳人口と学校推薦・AO入試の功罪

大学入試制度の変遷を見ると、1985年大学入試の1点刻みの点数を争う過熱化を避けよりよい高校生活と多様で優秀な人材を入学させるため、臨時教育審議会により、推薦入試・AO入試を導入することが望まれた。「当時の18歳人口は150万人程度で多く、合わせて大学進学率も26.5%」（武庫川女子大学，2014）で増えつつあり、志願倍率も2倍程度あった。

しかしながら、次の図2-39を見るとわかるように、上がり始めた18歳人口は1968年、1991年の2つのピークの後下がり始め、2002年の150万人で同数に戻り、あとは減るばかりである。このままでいくと2060年には半減すると考えられている。

一方、1985年当時26.5%の大学進学率は、1991年には25.5%であったが、2002年に40.5%、2009年には50.2%と半数を超えた。18歳人口が少なくなる分、進学率は上がり、2020年には54.4%となっている。さ

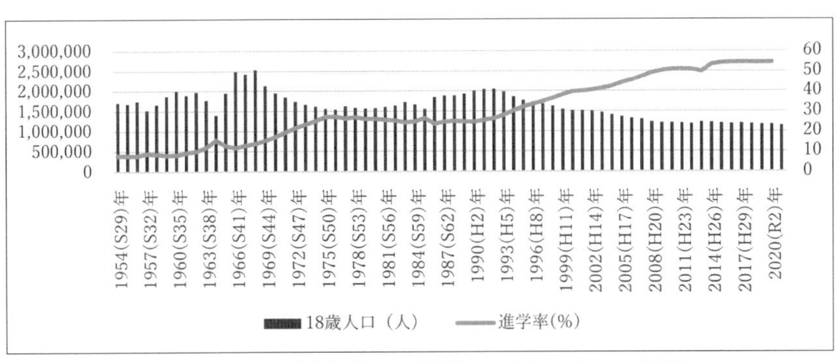

図2-39　4年制大学への進学率と18歳人口の推移

※4年制大学は学部のみ、短期大学は本科のみ、進学率は過年度高卒生を含む
出典：文部統計要覧昭和31～41、42～平成13年版、学校基本調査報告書昭和40年版文部科学統計要覧平成14～25年版、武庫川女子大学（2014）資料中心に進学率のみ以降旺文社調査を加え作成

らに下の図2-40のグラフを見ると大学数も推薦やAOの制度を示した1991年当時の500校程度から800校となっている。

つまり、大学数が増え進学率も上がり、18歳人口が減って、選ばなければ大学の入学者定員に対して競争率は1倍弱となっている。従って定員を埋めることのできる大学あるいは受験生が多く定員より多い入学生を入れた人気の大学は良いが、定員を埋めることのできない大学も生まれてきている。

AO・推薦入試の当初の目的は、「既往のペーパーテストでは思考力・判断力・表現力などの能力や主体性をもって多様な人々と協働して学ぶ態度を推し量れず、これらを異なる側面から測定し推薦入試、AO入試によって多様な受験生に受験・入学してもらう」(松井, 2017, p. 326) ために始まったものであり、試験勉強に汲々とせずのびのび高校生活を

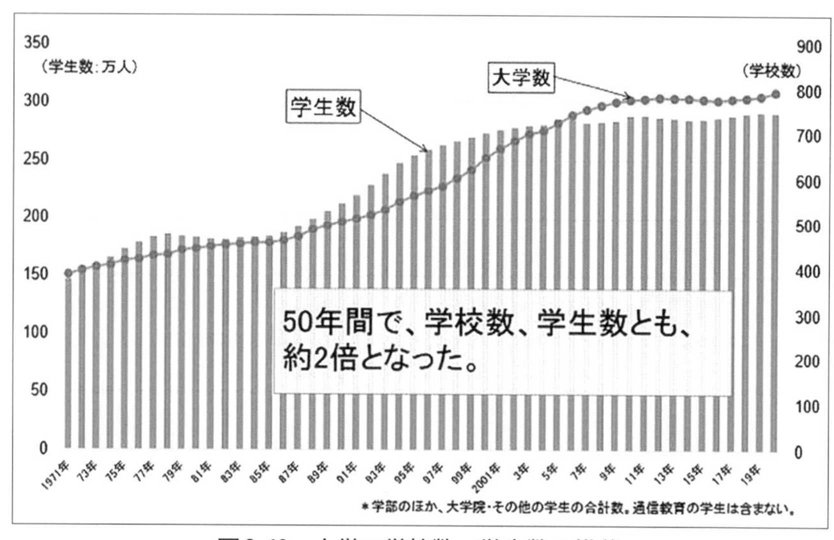

図2-40　大学の学校数・学生数の推移

2020年11月2日発表　旺文社教育情報センター　今月の視点 -167「50年間で大学数・学生数とも倍増！　女子占有率も上昇続く」

出典：文部科学省学校基本調査報告書、文部科学統計要覧より旺文社作成

入学者人数（人）

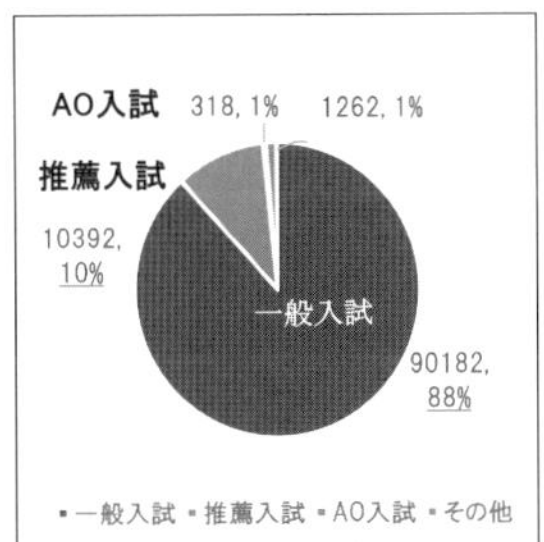

国立　H12

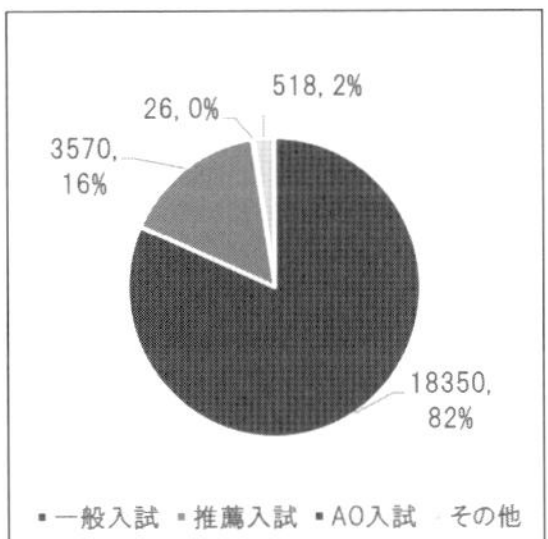

公立　H12

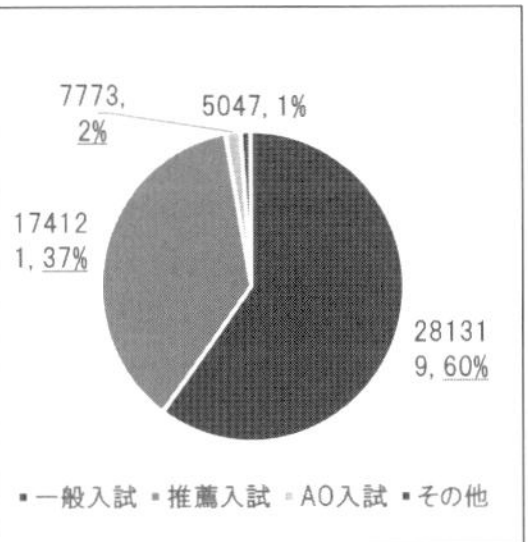

私立　H12

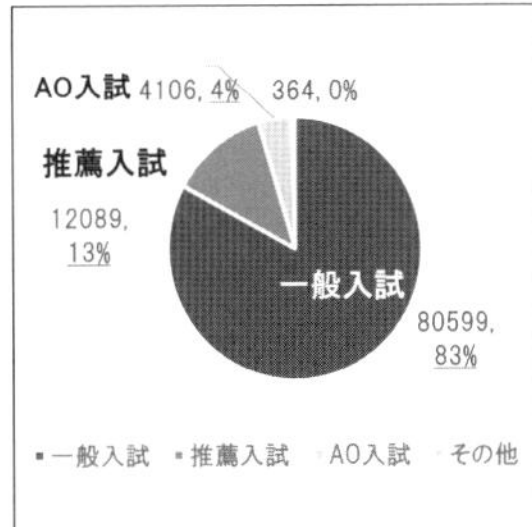

国立　R2

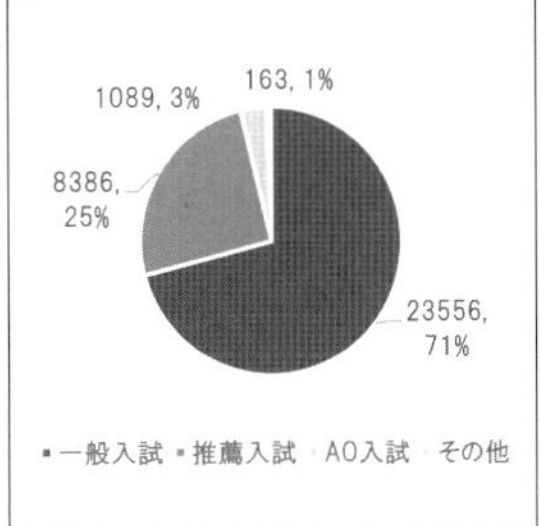

公立　R2

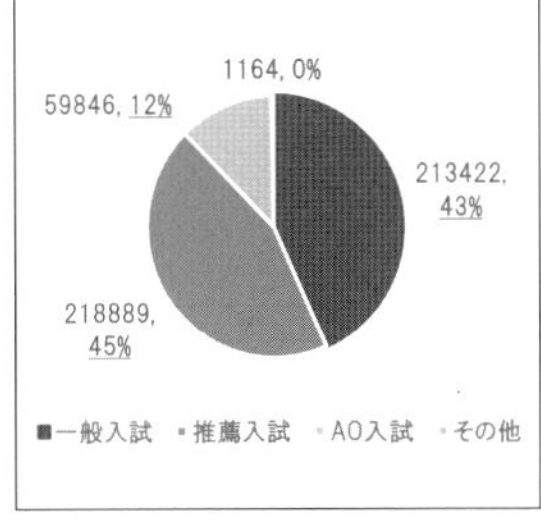

私立　R2

入学者人数（人）全体

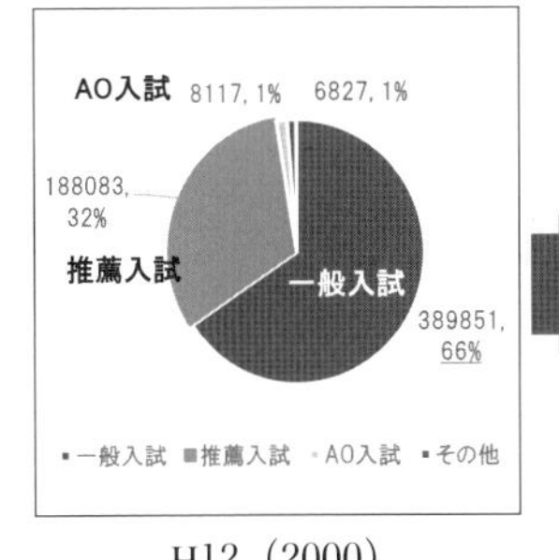

H12（2000）

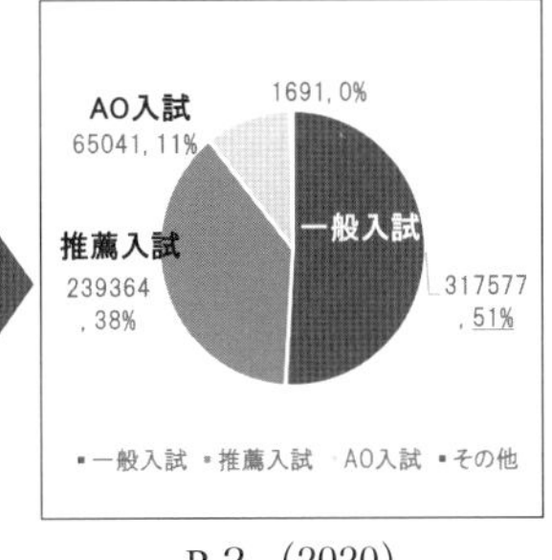

R2（2020）

図2-41　大学選抜試験における一般・AO・推薦入試の割合とその変化

＊数字は人数，割合％（小数点以下四捨五入）＊下線の数字は説明で比較している数字

出典：文部科学省（2021.4.2, pp. 57–58）より

送りつつ、大学としては優秀な人材を得たいと考えていた。また学校推薦などは全国の特に地方の優秀な生徒を集めるという意図もあったようである。

図2-41は平成12（2000）年と令和2（2020）年の入学者の状況である。1985年に提案された推薦・AO制度を利用して入学する生徒は年々増え2000年には国立で一般入試が88%であったのが、2020年には83%となり、推薦およびAOは両方で11%から17%に増え、私立は一般入試が60%から43%と大幅に減り、反対に推薦およびAOを利用する生徒は39%から57%と大幅に増加した。全体としても2000年に66%あった一般入試は、2020年には51%となり、国公私立大全体の人数のほぼ半数が推薦およびAOの制度を利用して入学していることになる。

それによって大学入試の1点刻みの熾烈な戦いが静まり、高校生活がスポーツ・芸術・学業などに充実したものになったのであれば、非常に良い流れである。しかしながら物事には必ず良い点と悪い点があり、一方の向きが強く長く続くとその悪い点が助長される。のびのびした高校生活の良い点だけに収まらず、様々な問題点が指摘されるようになってきた。

それは、次のようなことである。

⑴ 学力不足の入学者の問題

大学入学者が大学の授業についていけない、あるいは高等学校で学習してきているはずの授業科目が履修されていないなどの理由から、大学で学力不足が問題となっている。次のような現状が指摘されている。

- 現状では大学入学後に補習や初年次教育が必要になってきている。
- 厳しい学力選抜が行われている大学もある一方、2科目、3科目の試験もある。AO入試や推薦入試の名の下で学力不問の入試判定がなされているのは問題。

- 大学入学者選抜の基本は一般選抜であり、広がりすぎた推薦・AOをどう制御するかが課題（文部科学省，2020.8.7，検討会議第13回資料1-2）。

- 総履修単位数の変化について、進学率90％以上の高校では、旧課程の時代には96単位以上が47.8％を占めていたが、現行課程では42.3％となっており、（中略）進学率40％未満の高校では89単位以下が約８割。
- 試験の結果が早くわかるので、高校３年次の後半の授業内容が十分身についていなかったり、合格した生徒に軽視されたりする傾向がある。
- 大学全体で見ると推薦入試を実施している学部の54.3％、AO入試実施学部の60.6％と過半数の学部で「基礎学力の担保」に問題があると認識されている。

（山村，2010，pp. 157–168）

さてこれらの指摘の中で、高等学校の教育課程の単位数について、全体として新課程を卒業した高校生の学習単位が少ないのは仕方のないことであるが、問題は学校差がさらに大きくなっていることである。つまり進学率の高い学校は概して取得単位数が多いが、例えば学校推薦の多い私立高等学校などではもともと卒業に必要な取得単位数自体が少ない高校があったり、専門高校例えば農業高校などからの進学者も増えてきていてそこに推薦入学も多いのだが、普通高校で取得する科目や単位と全く異なっていたりする。

単位数や科目だけでなく、AOや推薦入学の場合重視される入学の成績書類があるが、学校のレベルによって同じ成績でも全く能力が異なり、学科試験がなければそのあたりの補正は行われず入学後の格差が生じてしまう。

そして大学の難易度によって学力検査は全く行われないところがあるというのはわかるが、難易度の高い大学でもAO・推薦については学力検査を行うところは半分以下であるとのことである。ではセンター試験を利用する私立大学は増えてきているが、どの程度かというと、国公立大学とは異なり、センター試験等で要求される科目数は2、3科目と極めて少なく、学力試験はあった方がよいが、これで大学の学びへの学力が担保できるか疑問である。

ではAO・推薦入試では何を試験で問うかという調査を見る。次の図2-42で上はAO入試実施の学部1387学部を調査した図だが、私立大学がほとんどなので合計で示した。AO入試では①資格、②口頭試

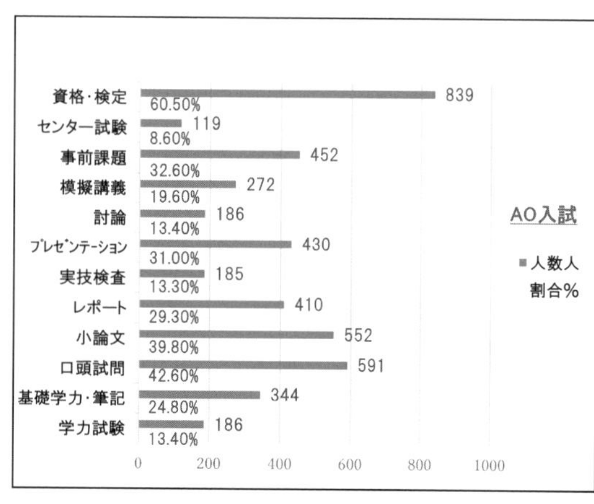

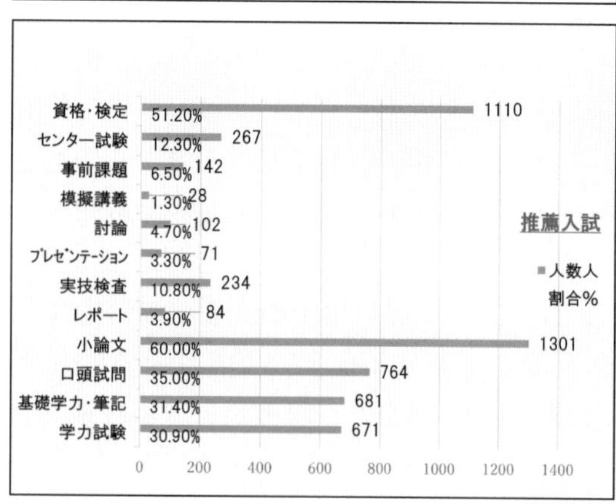

図2-42　AO・推薦入試における学力把握措置

文部科学省平成28年度大学入試室調べ　文部科学省（2020.3.18, pp. 76–77）

問、③小論文が多く、センター試験は10％を下回り、学力テストや筆記試験は10～20％台の割合である。国公立はいずれも同程度で①資格、②口頭試問、③小論文であった。

次に推薦入試実施の2170学部の調査についてみると私立大学がかなり多く、①小論文、②資格、③口頭試問で、やはりセンター試験は10％強だが、学力テストはAOより少し多く30％程度ある。国公立の調査結果は全体の20％程度で①小論文、②センター試験、③口頭試問で、資格、学力調査が若干ある以外の方法はほとんどなかった。AO入試も推薦入試もセンター試験の結果利用は国公立がほとんどであった。

もともと点数だけでなく多様な能力の生徒を取りたいという意図で始まったAO・推薦入試制度であったが、趣旨が変わってきている。多様な能力の生徒を発掘するため、かなり攻めた方法で推薦入試に取り組み始めた熊本や上智などの大学もある一方、学力の問題が大きくなり、推薦入試を取りやめた大学も出始めた。

他方では、18歳人口がどんどん減り、地方や、私立で人気がなく、生徒が集まらず、経営が苦しくなってきている大学も多い。その対策として、生徒数を早く確保できるAO・推薦入試を多く取り入れる大学も年々増えている。その場合人を多く集めるために学力を問わない試験になっていたりする。また、受験情報として予備校や受験雑誌の分析などでは、AO・推薦入試で多く生徒をとることによって、生徒の募集枠を狭め一般入試の偏差値を上げる効果を狙っている私立大学もあるのではないかという指摘もある。大学に入学した生徒たちから、頑張って学習してその大学に入ったが、同クラスの生徒の習熟度にあまりに差があり、AO・推薦入試制度は不公平という声も聞かれる。

⑵ 高校の学習課程全体への歪み

大学からの学力不足の指摘以外に、高等学校への調査でAO・推薦入試について次のような指摘がある。

推薦入試やAO入試に対する批判は、高校側からも出されている。全国すべての高校の進路指導責任者を対象に行った調査（鈴木他, 2009）において、「推薦、AO入試で合格した生徒は一般入試の生徒に比して学習意欲も低下し、学力も低下して一般入試の生徒にとって学習の妨げになっている。入学後の学力低下も著しいという大学の評価も当然である。」「基礎的試験をAO・推薦入試等に導入することがかなわなければ、大学側はAO・推薦入試の合格者にもセンター試験を受験させ、一般入試の合格者と学力差ができるだけ生じないよう勉強する機会（強制）を与えることが必要。今のままであると勉強しなくても簡単に大学には入れてしまう。そして学力低下をさらに招いている。」「高校生の人数減による大学入試の早期化（AO・指定校等、学力検査を課さない入試の増）が高校の現場にもあわただしさを招き、高校生の学力低下にも影響を与えています。」ここにはAO入試・推薦入試による合格者本人への悪影響とともに、周囲の生徒へも好ましくない影響を与えていることが指摘されているのである（山村, 2010, p. 29）。

つまりここでは、①学力が問われない入試、②一般入試よりかなり早い合否の時期、③高校での卒業までの過ごし方、などによって該当の生徒以外も含んだ高校生活への悪影響が出ていることが述べられている。卒業までは高校生活であり、1月末少なくとも12月末までは終えなければならない教育課程があり、入試を受ける本人だけでなく全体も落ち着いて学習できなければ未履修と同じ状況になってしまう。入学者の学力不足や高校生活についての大学入試の弊害を少しでも改善するために、AO・推薦入試を含む入試の実施要項に次のような改善策が提示された。

〈大学入学者選抜実施要項の見直し〉

学力担保と試験時期、割合が高校からも大学からも課題として様々な会議で出されていたが、2021年度入試から、入試の名称も含め次のような改革がなされた。

表2-6　平成33（2021）年度大学入学者選抜実施要項の見直しに係る予告の内容について

<table>
<tr><td colspan="4">各大学の入学者選抜において、「学力の３要素」（知識・技能、思考力・判断力・表現力、主体性をもって多様な人々と協働して学ぶ態度）を多角的・総合的に評価できるよう、現行の一般入試、AO 入試、推薦入試の課題の改善を図る観点から、大学入学者選抜実施要項における評価方法、時期を見直す。</td></tr>
<tr><td>入試区分</td><td>一般入試→一般選抜</td><td>AO 入試→総合型選抜</td><td>推薦入試→学校推薦型選抜</td></tr>
<tr><td>特徴</td><td>主として、共通テストと各大学が実施する教科・科目に係るテストに重点を置きつつ、入学希望者を多面的に評価する選抜</td><td>主として、入学希望者が自ら表現する能力・適性、学習意欲、目的意識等を評価することに重点を置きつつ、入学希望者を多面的・創造的に評価する選抜</td><td>主として、高等学校が在学中の学習成果を評価した上で、大学に対して行う推薦に重点を置きつつ、入学希望者を多面的・総合的に評価する選抜</td></tr>
<tr><td>現行</td><td>出願：試験期日に応じて
合格発表：設定なし
試験期日：2/1～4/15
合格発表：4/20まで</td><td>出願：8/1以降
合格発表：設定なし

学力検査を課す場合左記同</td><td>出願：11/1以降
合格発表：設定なし

学力検査を課す場合左記同</td></tr>
<tr><td rowspan="2">課題
(内容)</td><td>①出願科目が１～２科目
②記述式を実施していないもしくは考えをまとめる能力の評価が不十分
③「話すこと」「書くこと」を含む英語４技能の評価が必要</td><td>①現行の実施要項で「知識技能の修得状況に過度に重点を置いた選抜基準としない」とされているが、一部、事実上の「学力不問」となっている場合があると指摘されている。</td><td>①現行の実施要項で「原則として学力検査を免除」とされているが、一部、事実上の「学力不問」となっている場合があると指摘されている。</td></tr>
<tr><td>④主体性をもって協働して学ぶ態度評価が不十分</td><td colspan="2">②特に知識・技能及び思考力・判断力・表現力の評価が不十分</td></tr>
</table>

<table>
<tr><td>（実施）</td><td>⑤教科・科目に係るテストについて学年暦考慮</td><td>③高校教育や本人の進路選択の観点から、より適切な出願時期に。10月以前に合格発表の大学が42％を占め高校教育や本人の学習意欲に影響、学校推薦の時期も考慮要す。</td><td>③出願月と同じ11月に合格発表を行う大学が42％を占め、高校教育や本人の学習意欲に影響</td></tr>
<tr><td rowspan="2">改善点
（内容）</td><td>①教科・科目に係るテストの出題科目の見直し
②国語を中心とした記述式の導入など作問の改善
③英語４技能評価の導入</td><td>①上記実施要項の記載を削除
本人の記載資料（活動報告書・入学希望理由書、学修計画書）等を活用、詳細な書類審査と丁寧な面接</td><td>①上記実施要項の記載を削除
推薦書の中で学力の３要素の評価を必須化</td></tr>
<tr><td>④調査書や本人の記載する資料活用
その他、エッセイ、面接、ディベート、討論、プレゼン、各種表彰や探究結果</td><td colspan="2">②上記評価のため、調査書等の出願書類だけでなく、各大学が実施する評価方法等または大学入学共通テストのうち、少なくともいずれか一つの活用の必須化
例えば小論文、プレゼン、口頭試問、実技、教科・科目に係るテスト、資格・検定等成績など</td></tr>
<tr><td>（実施）</td><td>⑤試験日程2/1～3/25（現行2/1～4/15）
合格発表：3/31まで（現行：4/20まで）</td><td>③出願時期：９月以降（現行より１カ月後）
合格発表：11月以降
学力検査の試験は2/1～
＊入学前教育の充実</td><td>③出願時期：11月以降（現行通り）
合格発表：12月以降
学力検査の試験は2/1～
＊入学前教育の充実</td></tr>
</table>

出典：文部科学省高等教育局大学振興課（2020.1）による資料から

なお「令和３年度大学入学者選抜実施要項について（通知）（文部科学省、2020.6.19）」によると「大学における学校推薦型選抜の募集人員は、付属高等学校長からの推薦に係るものも含め、学部募集単位ごとの入学定員の５割を超えない範囲において各大学が定める」となっている。半数以上をAO・推薦に頼ってきた私立大学がどの程度この基準に近づけたか様子を見ないとまだわからないが、この通知はすべての国公私立大学や高等学校にあてられているため、以前より歯止めにはなっていくかもしれない。

2.4.3　韓国・中国・デンマークの入試制度と英語試験

どの国も大学入試制度については悩みながら、それぞれの特色を出して入試を行っている。比較のため、３つの国の例を挙げる。

〈韓国〉

韓国の大学入試はテレビのニュースなどで見ていると毎年１回の「修能試験」で、すべて決まってしまう受験戦争のようにとらえられているが、最近の韓国の入試制度はかなり変わってきている。本書のこの前の章で韓国の大学入試について扱ってあるので詳しくはそれを参考にしていただきたい。

現在は毎年11月に行われる、国語・数学・英語・韓国史・探求領域・第２外国語の「修能試験」で３割、あとは年数回行われる「学生簿（日本の内申書）選考」と呼ばれる日本のAOや推薦入試に似た入試形態で、７割程度の大学入学者が決まっている。学生簿選考は教科型（学科の成績）と総合型（学科と課外活動など）の種類があり、大学の入試査定官によって審査されている。

「修能試験」はすべてマークシートで英語は読解とリスニングのみである。これについては日本同様、英語の４技能についての能力を測りたいとNEATと呼ばれた国産の英語４技能テストの開発を計画したが、資金、場所、ネットの構築などの関係でうまく進まず頓挫した。日本の民間テスト利用はうまくいくかに見えたが、くしくも同様の道をたどることとなった。

また「学生簿選考」は過激な点数のみの受験戦争を緩和して多様な才能を引き出し、私教育費を少なくするために始まったことであったが、最近は日本のAO・推薦入試同様割合が多くなってきて、学力低下や、ニュースで出るように、裕福な家庭や政府要人の不正入学につながる書類作成や選考が表面化してきて問題となっている。また合否を左右する入試査定官なる存在も収入や立場的に不安定であり、不正の出やすい原因ともなっている（前章 pp. 48–55 参考）。

〈中国〉

天野（2020, pp. 55–59）によると中国の入試について次のように書かれている（一部要約）。

> 中国では毎年1000万人前後の若者が「全国統一大学入試」を受験する。国語・数学・英語の三教科に省や大学が指定する「３＋X」方式で実施されている英語はマークシートに加えて、一問のみ、100語程度の記述式英作文が出題される。採点は大学や高校の英語教員が総出で当たる。スピーキングやリスニングは、一部の大学の英語を専門に扱う学部・専攻で、ヘッドホンなど使って付随的に実施されている。一発試験の入試だが、北京・上海などの直轄市や浙江省、山東省では独自の方法で選抜を行っている。北京では高校在学中にリスニング試験があり、統一試験の比重を減らし受験生の負担を緩和している。浙江省では、高校在学中の学力試験、統一試験、大学独自試験の３つの成績により選考し、今後広がる傾向がみられる。中国も詰め込み教育から創造性や実践性を育てる教育に舵を切り始めている。

中国も大都市の試みなど試験制度の変革を考え始めている様子が見られる。記述式もあるが、高校の教員も採点にあたっている。

〈デンマーク〉

OECD は「成績もよく教育の成果の公平性も高い」国としてデンマークを挙げている。天野（2020）の資料による。

> デンマークは小学校から大学まですべて無償で、大学入試も高校

での成績によって評価され、一部の大学を除いて、高校卒業認定試験に合格すれば希望の大学に進学できる。高卒試験は国語・英語、理数系科目など９科目を受験する。英語は高校中級レベルの英語Ｂから出題され、筆記試験と口頭試験がある。採点は所属校以外の教員があたる。一部の大学（コペンハーゲン大学や定員オーバーの大学）では、学習意欲、職業経験、海外経験をアピールするAO型「入学審査」が実施される。ギャップイヤー制度（高校卒業後大学入学前の一年間を自由に過ごせる制度）があり、この時の経験を自己推薦書に書き大学に提出する。卒業試験のふるわなかった学生や過年度の学生救済の制度もある。大学に入学定員がないので、門戸は広く開かれている。ただし入学してからが難しく、日本が退学率10％前後であるのに対し、デンマークは20％前後でここで選別が行われているということである。

表2-7　中国・韓国・デンマークの入試制度

	入試形態	英語入試における「話す」「書く」
中国	全国統一大学入試 一部省・直轄市独自試験	統一入試でwriting 一部省・直轄市・大学でspeaking （一部高校でlistening等）
韓国	大学修学能力試験 大学別AO試験（学生簿型入試）	修能試験でlistening 一部大学別AO試験でwriting・speaking
デンマーク	高校卒業資格試験 一部大学入学審査	高卒試験でwriting・speaking実施

出典：文部科学省『諸外国の教育動向2018年度版』及び各国入試当局HPより天野（2020）が作成したもの

どの国も大学入試制度については、かなり苦労しており、日本と韓国は英語試験や推薦入試など同様の問題であまりうまくいっていない。中国の特に都市部での実践はシステム上近いものがあり、今後も試行が進んでいくと、参考になる例が出てくるように思われる。

2.4.4　大学入試の目指すところ

2004年の大学法人化は評価は分かれるが、大学経営の転換として大きな変化であった。しかしながらこれまで知識を判断の基準にした大学入試には、あるいは大学教育には文部科学省もあまり手を付けてこなかった。小学校と中学校は学習指導要領が変わる10年ごとに、指導内容から指導方法まで大きく変化してきた。その一番変化の大きかったものは英語であろうと思う。

2002年の「『英語が使える日本人』の育成のための戦略構想」に対応して、中学校では20年以上も前から特に苦手な「話す」ことに関して授業に多く取り入れてきた。ALTの多くの学校への配置も功を奏し、かなりの子供たちが昔では考えられないほどに外国人を恐れず果敢に会話に取り組んでいる。自分の実践ではあるが、以前の少ない時間数の教育課程である10年ほど前には中学３年生の授業で教科書に既にディスカッションがあり、無理かとも思われたが、彼らは立派にこなして卒業していった。またそれ以後も小学校の会話活動のおかげもあり、会話について今の子はうらやましいほどの成長ぶりである。見学させていただいた高等学校も以前よりかなり会話に取り組んでおり、今回アクティブ・ラーニングが広まり、入試では４技能を見て大学でも英語での授業があるということで英語教育の発展を楽しみにしていた。

しかし、大学入試の新しい共通試験では「読む」「聞く」だけで、調査結果にあるように個別試験で記述式という名の短答・穴埋め問題程度であるならば、生徒たちは結局今まで通り、リスニングと長文読解に力を入れて英語の学習をし、高校の先生方で４技能を意識し会話を鍛えていた先生方も、最終的に受験に備えて、「読む」「聞く」の指導の時間を増やし、やはり背に腹は代えられなくなってくる。また読解の時代に戻るのである。

私は会話の練習をすれば、会話ができるようになるとは考えていない。多読、辞書引き、日常の中の英語に接する時間が大切である。自分は話せず聞けず苦労したので今頃になって言えるのは、会話の練習より、まとまった英語を読むことは大事だということである。自分が力をつけたと実感できた体験は、理解しながら英語の本を多く読み、英語で内容について Q&A を行ったり、内容についてのレポートを英語で書いたりやりとりをした後である。躍起になって英会話に通った時より、語彙も増えスムーズに英語が自分の思考に沿って出てくるようになり、自分でも驚いた。長く続かなかったがこの体験は貴重だと思い、それからは教科書の Q&A をまじめに授業で扱うようにした。

つまり確かに「読む」「聞く」は大切で、外国語としての英語を学ぶものとしては、これが中心だが、英語を「読む」作業から、「話す」「書く」作業に転換する時間を段階ごとに、間に入れてステップを上げていかないと、大人になって難しい内容になってからいくら会話練習をしても、これまでの日本人同様この転換がずいぶん難しいものになってくる。従って高校での英語を元通りの英文読解に終わらせないで小・中学校の４技能の英語をそのまま育成していくためには、専門家の先生方が示される以上に大学入試、大学英語の４技能という目標が必要なのである。当然関係者の方々が考えられているのだが、今後も入試のどこかに「話す」「書く」を入れる努力を続けていってほしい。

以前センター試験にリスニングや様々な制度が加わり改良していったように、共通試験でも個別入試でも今回諦めた英語４技能と記述式を取り入れる工夫を今後もしていってほしい。例えば次のようなことが考えられる。

⑴ 共通試験

短答・穴埋め、数種の固定した回答でできるものは国語・英語・数学でもコンピュータ採点と少しの人の見直しで採点できると聞く。創造性とまでいかなくても真の学力を見るためには加えたい。またもっと深い力を見たいなら前に提案した、国・英・数の合科の記述式問題のみの時間を試験のはじめに取り入れ、データを志望校に送り、合否の判断に加えてもよいのではないか。

⑵ 英語４技能

各大学にできるだけ外部試験を利用した試験を行ってもらい、データを集めるとともに、現在もかなり進んできているオンライン使用などの簡単にできるシステムの開発を並行し行ってもらう。可能な会社だけの参加で良いので、多くの利用があれば利用しやすく価格も安いものになっていく。現在までの開発の蓄積を生かしたい。

⑶ AO・推薦入試の今後の動向の見届け

AO・推薦入試制度（総合型選抜・学校推薦型選抜）のその後の大学・高校の実態と試験の内容ややり方の見届け指導を、引き続き厳しく文部科学省等で行っていく。

⑷ 高大接続の問題

小・中学校の最終学年の４月に行っている学力テスト（３教科）を高校でも高校３年の４月に行う。その中には一部国・数・英の記述式を入れ、採点が難しいなら、中国やデンマークの実践ではないが、その部分だけできれば、学校氏名がわからない形で高等学校の先生方に行ってもらう。回収と点検があり、かなり時間をかけるので当該の学校の先生方でも構わない。可能ならそれを入試の参考資料にする。これだけ高校の学力差が問題になっている以上、入試の参考や公開でなくても行ってもよいのではないか。難しいなら、実態把握のため国公私立合わせての抽出で、まずは行ってほしい。

大学入試について大学や高校の関係者でも専門家でもない人間が知識もなく語るのは、気が咎めている。しかし、関係ない素人だから感じたり言いやすかったりする感想もあると思う。

よく「大学入試を受ける時が一番学力があった」といわれる。特に英語についてはそういわれる。そのくらい大学入試を目指して必死に勉強する人は多い。大学入試がすべてを規定するものではないし、山村（2010）がいうように「高校後半期にどれだけ頑張れるかは前半期に大きく左右される。しかも大学入試からの影響は少ない」とそれによって学習行動が左右されている高校生は多くないのかもしれない。しかしその方向性が義務教育の小・中学校や高等学校に与える影響は大きい。従ってその意味を今一度よく考え、エネルギーが必要ではあるが、もう一回大学入試制度改革に踏み込んでほしい。また大学に学習指導要領はないが、社会に出て生きていく力や英語が使える力をより一層はぐくむ方向性のある存在となり、18歳人口減であっても社会に出てから再び学びなおしの場としても期待される場になるように、大学教育改革についても強く願っている。

引用文献

天野一哉（2020）．「各国も試行錯誤『話す』『書く』英語試験事情」『中央公論』２月号、pp. 55–59、東京：中央公論新社

中央公論新社（2020.1.10）．『中央公論』２月号

独立行政法人大学入試センター（2020）．「大学入試センターと入試改善：共通第１次学力試験実施までの経緯」https://www.dnc.ac.jp/sp/about/enkaku/history.html（2021.3.20閲覧）

松井亨（2017）．「多様化する大学入試」『化学と教育』65巻７号

武庫川女子大学（2014）．「４年制大学への進学率と18歳人口の推移」https://www.mukogawa-u.ac.jp/~kyoken/data/13.pdf（2021.3.20閲覧）

文部科学省高等教育局大学振興課（2009以前）．「大学のカリキュラム編成」https://www.mext.go.jp/a_menu/koutou/daigaku/04052801/001.htm（2020.3.20閲覧）

文部科学省（2011.3.30）．「高等学校学習指導要領の改訂のポイント」https://www.mext.go.jp/content/1421692_2.pdf（2020.3.20閲覧）

文部科学省（2014）．『平成26年度文部科学白書』https://warp.ndl.go.jp/info:ndljp/pid/11293659/www.mext.go.jp/b_menu/hakusho/html/hpab201501/detail/__icsFiles/artimage/2015/09/04/c_

pbl_14_4/1361896_002.gif（2021.3.20閲覧）
文部科学省初等中等教育局（2015.11）.「２．新しい学習指導要領等が目指す姿」https://www.mext.go.jp/b_menu/shingi/chukyo/chukyo3/siryo/attach/1364316.htm（2020.3.20閲覧）
文部科学省（2017）．学校基本統計「18歳人口及び高等教育機関への入学者・進学率等の推移」https://www.mext.go.jp/content/1413715_013.pdf（2021.3.20閲覧）
文部科学省（2019）.「萩生田光一文部科学大臣記者会見録令和元年11月１日」「同12月17日」https://www.mext.go.jp/b_menu/daijin/detail/1422393.htm & https://www.mext.go.jp/b_menu/daijin/detail/1423073_00001.htm（2021.3.20閲覧）
文部科学省高等教育局大学振興課（2020.1）.「大学入試改革の状況について」https://www.mext.go.jp/content/20200124-mxt_sigsanji-1411620_00002_002.pdf（2021.10.20閲覧）
文部科学省（2020.3.18）.「大学入学者選抜関連基礎資料集　参考資料２」https://www.mext.go.jp/content/20200318-mxt_daigakuc02-000005103_8.pdf（2021.3.20閲覧）
文部科学省（2020.6.19）.「令和３年度大学入学者選抜実施要項について（通知）」
https://www.mext.go.jp/content/20200619-mxt_daigakuc02-000010813_4.pdf（2021.2.20閲覧）
文部科学省（2020.8.7）.「大学入試のあり方に関する検討会議（第13回）資料1-2 これまでの意見の概要」
https://www.mext.go.jp/content/20200806-mxt_daigakuc02-000009210_3.pdf（2021.3.20閲覧）
文部科学省（2021.4.2）.「大学入試のあり方に関する検討会議　参考資料2-4　大学入学者選抜関連基礎資料集　第４分冊」（制度概要及びデータ集関連）
https://www.mext.go.jp/content/20210330-mxt_daigakuc02-000013827_9.pdf

文部科学省（2021.7.8）．「大学入試のあり方に関する検討会議　提言」https://www.mext.go.jp/content/20210707-mxt_daigakuc02-000016687_13.pdf（2021.7.20閲覧）

旺文社教育情報センター（2020.11.2）．今月の視点-167「50年間で大学数・学生数とも倍増！　女子占有率も上昇続く」https://eic.obunsha.co.jp/resource/viewpoint-pdf/202011.pdf（2021.3.20閲覧）

リクルート進学総研（2021.3.18）．「18歳人口推移、大学・短大・専門学校進学率、地元残留率の動向2020」出典：文部科学省「学校基本調査」http://souken.shingakunet.com/research/2021/03/182020-ea11.html（2021.3.20閲覧）

リシード教育業界ニュース（2021.7.12）．「［大学受験2021］受験生が利用した外検、９割以上が『英検』」https://reseed.resemom.jp/article/2021/07/12/1916.html（2021.3.20閲覧）

鈴木規夫・山村滋・濱中淳子（2009）．『大学入試のあり方を考える ― 高校側の視点・大学側の視点 ―』大学入試センター研究開発部

竹内洋（1988）．『選抜社会 ―― 試験・昇進をめぐる〈加熱〉と〈冷却〉』リクルート出版

山村滋（2010.6）．「高校と大学の接続問題と今後の課題 ― 高校教育の現状および大学で必要な技能の分析を通して ―」『教育学研究』第77巻第２号、pp. 157–168

(参考：腰越滋〈2020〉．「共通テストの歴史と現状」中村高康編『大学入試がわかる本』東京：岩波書店)

※文部科学省の2020年の資料等については時期と順序をわかりやすくするため、(2020a）という表記を取らず、月日で（2020.6.19）の形をとった。

3．小・中学校新学習指導要領における目標となる語彙数と技能領域について
― 韓国や先進校の実践と比較して ―

3.1　はじめに

小学校の外国語活動は2011年に導入されており、2020年には外国語科として教科化された。今回の新学習指導要領の実施で「英語が使える日本人の育成」にむけ、移行期間を含め中央でも現場でも、カリキュラムやシラバス、指導計画などの再編が着々と進められている。

日本人が英語を使えないのは教育方法の課題のように言われるが、実は外国と比べてEFL（English as a Foreign Language）の環境でありながら、学校での授業時数、目標や学習内容が初めから多くなかったことも大きい。学力低下の問題もあり、最近の学習指導要領で時数や目標の見直しが進んできた。

そして2020年より小学校は600～700語、2021年より中学校は1600～1800語の語彙の獲得を目指す。ようやく外国に近い語彙目標になり、小学校では４技能で５つの領域「聞く」「話す（やり取り）」「話す（発表）」「読む」「書く」を総合的に育成するとしている。しかしながら、詳しく新学習指導要領を読み解いていくと、小学校の「書く」についての領域はABCの「大文字・小文字を活字体で書くことができるようにする」ことまでが目標である。「簡単な事柄について例文を参考に書くことができるようにする」という目標は解釈するものにとって幅が大きくなる可能性が高い。英語を嫌いにさせないことへの配慮は大切であるが、今回2020年の学習指導要領の改訂で生じるすべての負担が、中学校に来てしまう懸念がある。

ここでは**前半に日本人の英語力とこれまでの授業時数・目標語彙数との関係**を探り、**後半に今回の新学習指導要領での小・中の学習内容の配分が適切であるか**について、韓国や先進校の実践を参考に、考察する。

3.2 背景

3.2.1 日本人の英語力

本当に日本人の英語力は低いのか。日本人の英語力が問題になるとき、話す力の無さと、かならずと言ってよいほどTOEFLの結果があげられる。テストの結果だけが語学力ではないと他資料を当たってみても、日本は学校教育という点では評価を受けながら、外国語教育に関しては、歴然と数字の事実を突きつけられる。

下の表3-1は2020年のTOEFLの結果と貿易依存率を表にしたものである。それを見ると元の英語圏の国の植民地であったところや英語公用語の国が、TOEFL平均点数上位を占め、それ以外では、基本、貿易依存度の高い国が平均スコア上位を占めているということがわかる。

上の条件の中の公用語・準公用語の国、貿易依存率の高い国に＊印をつけた。

表3-1　アジアの国のTOEFL平均点順位、（準）公用語、外需依存度の一覧表（2020）

順位	国名	得点	英語	貿易依存率
1	シンガポール	98	＊公用語	＊208.42%
2	インド	96	＊準公用語	24.51%
3	マレーシア	94	＊準公用語 1964年までは公用語	＊99.57%
6	フィリピン	90	＊公用語	＊36.24%
10	韓国	87	—	＊58.35%
10↑	中国	87	—	30.40%
17↑	台湾	85	—	＊90.58%
24↑	カンボジア	77	—	＊139.8%
27/28国中	日本	73	—	24.75%

矢印は以前より順位が上昇した国
出典：ETS（2021）とGLOBAL NOTE（2020）より抜粋

インドについては、依存度はそれほどでもないが、元イギリスの植民地であった国であり、高得点もうなずける。表の矢印のついている国は、特に中国などはかなり点数が上昇している。

2020年も日本は最下位から２番目で後で述べるが、この状態はかなり以前から続いている。日本人に英語が身につかない理由は例えば次のようなことが考えられる。

①外国人が少なく多民族国家ではないので、日常も公用語や第２外国語としても英語の必要性が少ない（＊公用語に関係）。
②消費生活が国内の需要で成り立つ（＊貿易依存率に関係）。
③教育や研究の書物がほとんど日本語で賄われており一部を除き入試後の英語の使用がほとんどない。
④外国語教育が母語を損なうという考えが強い。
⑤学校では訳読・文法中心や語彙丸暗記の学習方法で聞く・話す活動が少ない。
⑥外国語教育に充てる授業時間や学習語彙が少ない。

①～④は歴史・社会環境での理由であるが、⑤⑥については教育上変えうる問題である。英語指導については義務教育で４技能にバランスのよい指導について近年努力が見られ、高等学校も現在取り掛かっている。

従ってここでは最後に挙げた、外国語教育に充てる授業時間や学習語彙が少ないという点に注目していきたい。

3.2.2　小学校英語教育導入の効果

アジアの国々での英語力について先に述べたが、EFL（English as a Foreign Language）つまり外国語としての環境という日本と同じような条件の中で中国や韓国が力を伸ばしているのは何が理由なのか。貿易依存率以外の理由の一つとして小学校への英語教育の導入が考えられる。

次の表3-2は日本・韓国・中国の高校生のGTECテストの得点の様子

である。注目すべきは韓国の小学校英語導入前と導入後の得点の変化である。

表3-2　2003年（小学校英語導入以前）と2004年（導入後）の高校生 GTEC テストの比較

	TOTAL	Reading	Listening	Writing
日本	400.1→408.0 (+7.9)	162.1→164.0 (+1.9)	155.0→158.4 (+3.4)	83.0→85.5 (+2.5)
韓国	408.6→448.6 (+40.0)	185.3→195.1 (+9.8)	168.5→187.4 (+18.9)	54.8→66.0 (+11.2)
中国	438.2→453.5 (+15.3)	185.8→193.0 (+7.2)	164.2→173.0 (+8.8)	88.2→87.6 (−0.6)

（ベネッセ，2005）

韓国の高校生の得点が小学校英語教育導入前（2003年）と後（2004年）では特に Listening に +18.9の効果が表れ、全体で40点上昇している。全てがこの成果とは言えないが、同時期に TOEFL の受験者数も急増しているので一部の優秀者の得点とは考えられない。TOEFL SCORE もこの頃から一気に向上し、アジアの国の中で得点の高い順位に上がり、それ以後も維持されている。

では要因の一つと考えられる小学校での英語教育は世界の国ではいつ始まっているのだろうか。

3.2.3　諸外国の小学校英語教育導入とその後の状況

次に諸外国が英語教育にどのように取り組んでいるのかを見る。

表3-3を見るとほとんどの国は2000年代に入って小学校に英語教育を教科として導入しており、８割程度の国が小学校３年で導入している。韓国などは導入後小学校１年から実施の動きもあったが、英語教育の過熱化や他教科との関わりで、現在は小学校３年からに定着している。都市部と地方や公立と私立でも大きく異なる。韓国・中国でも私立校や大都市では小学校１年から導入する学校が多い。

アジアの国に加えて、言語的にも位置的にも英語と近いヨーロッパのフランスとドイツについても参考のため示した。

表3-3　小学校における英語教育の状況の国際比較

国	韓国	中国	台湾	タイ	フランス	ドイツ
導入時期	1997年必修教科として導入 小3〜	2001年必修化を発表し段階的に都市部から導入 2005年学年進行で必修科目として基本的に実施 小3〜(北京や上海は小1〜もある)	2001年小5から必修科目として導入 2005年開始を小3に (台北は小1〜)	1996年必修教科として導入 小1〜	2002年必修教科として導入することを決定 当初幼稚園年長〜 2007年から小2〜	2003年必修教科として導入 小1〜(州による)
授業時数	3・4年週1単位時間 5・6年週2単位時間 ＊1単位時間原則40分	週4回以上1回20分（ショートタイム）又は40分(ロングタイム）の組み合わせ、あるいはいずれか。 3・4年は20分が中心、5・6年は20分40分の組み合わせ、そのうち40分を週2回以上	週2単位時間程度だが地域により異なる。 ＊1単位時間40分	▪小1〜3週2回で年80時間 ▪小4〜6週2〜4回で年80〜160時間 ＊1単位時間60分	週1〜2単位時間 ＊1単位時間60分	週2単位時間 ＊1単位時間45分

＊は1単位時間（1授業）あたりの実際の時間（分）を示す。

（文部科学省，2008；西子，2011，p. 25より重引）

ではその成果はそれぞれの国でどう現れていくのだろうか。

次の表3-4でアジアの学生や社会人の英語力をその教科書の語彙数から推し量る。

表3-4　アジアの英語教科書のレベルの比較

CEFR レベル	推定語彙サイズ	日本	中国・韓国・台湾	英検	TOEIC	TOEFL iBT
C1/C2	8000語〜	社会人？	大学	1級以上	701-	92
B2	5500語〜8000語	大学	高等学校	準1級	541-700	62-91
B1	3000語〜5500語	高等学校/大学	高等学校	2級	381-540	42-61
A2	1000語〜3000語	高等学校	中学校	準2級	−	−
A1		高等学校	中学校	3級	−	−
PreA1	約1000語	中学校	小学校			

＊日本の英語教科書の分量は中国・韓国・台湾の平均5〜6分の1程度。
（小池他，2008）から作成された文部科学省（2008；西子，2011，p. 43より重引）
※ CEFRとはヨーロッパ言語共通参照枠で外国語学習者の習得状況を示す。A2は初級者、B1は中級者。

教科書のレベルが直接そこに住む者の英語のレベルとはいえないが、最終的に高校、大学と経て大人になるとき、どのくらいの力が訓練され、要求されているのかの参考にはなる。目標値でその集団のだいたいのレベルは推し量ることができる。

表3-4のCEFRで日本の高校・大学のレベルを見ると、3000〜5500語のB1レベルになっている。これはおそらく3000語のセンター入試を経て、大学の専門書を読むことを想定していると考えられる。しかし入学時の3000語から自身の英語の力を5500〜8000語と語彙数を伸ばし、B1・B2レベルの専門書を自力で読める大学生は日本ではほんの一部であろう。B1・B2レベルの専門書を与えられても、辞書を引き解説を聞きながらやっと理解する程度ではないか。残念だが日本ではよく大学入試の時に一番学力があったといわれる。従って、センター試験を目指してきた後、一般の学生の英語の積み重ねがないとすると、実際にはA2の3000語止まりが多いと考えられる。日本の場合は観光旅行程度の英語で、ESP（English for Specific Purposes 専門英語）はともかく、大学を出ても仕事で原書や英語の解説を辞書なしで素早く読み、それに英語で

対応する力は一部の者しか身に付けてはいないと考えられる。「英検準１級・１級のB2程度はパルキッズ調査で現役大学生の13.8%」（リセマム，2021）

では中国、台湾、韓国に目を向けてみる。

中国は学校教育での英語の教科書の程度が高くても、進学率が低く、都市部と地方の格差が大きいため、一般の人は簡単な英語でさえ解さないことが多い。実際2010年の上海では買い物の英語も通じなかった。しかしながら人口自体が多く、世界中に広がっているので、一部の人間のみの英語力であっても高い英語力を身に付けた者の人数は多い。また2005年から上海では小学校１年から英語を始めているので、変わりつつある。

台湾は英語教育が国内に行き届き、表3-1のTOEFL SCOREを見ても現在上昇してきている。英語で授業のTEEをこなせる教員のレベルの高さも上昇の要因であろう。

韓国は最近も高いTOEFL SCOREを示している。これは貿易や就職を含め国を挙げてのグローバリゼーション政策のせいでもある。韓国の大学入試は3000語といわれているが、その入試や就職の過酷さ故、ほとんどの生徒は3000語あるいはそれを十分に超えた力を持っている。その後大手企業に就職するために英語のみならず、中国語、日本語まで高校から学習し、要求されることもある。また世界の中でも大学の進学率が非常に高く、早くから留学する者も多いので、特に小学校に英語が導入された後、英語教育熱はさらに高まり、英語の力が急激に上がり、かつ維持できている。

3.3　小学校英語教育導入の日本の場合

さてこのような世界の国々、特にアジアの国々の英語に対する進歩に対して、日本はどうしていくのだろうか。

経済界からの要望、外国の論文や説明書の解読、外国への発信、海外旅行への希望など、社会、個人に限らず、使える英語の程度はあるが、英語を使えるようになりたいとほとんどの人は考えている。

そしてTOEFL SCOREを高めたいためでなく、活躍するためには、同じ環境でも、これまでより力をつけなければならず、そのための方策は何かという問題に突き当たる。またTOEFL SCOREは海外で学んだり、研究したり、仕事をするうえで、他のテストもあるが、入学等の目安となるSCOREである。

それにはまず諸外国並みに小学校に英語を導入し、なじむことからはじめ、社会人になるまでの年数をかけて語彙数や使用頻度を上げ、少しでも使えるようにしていくしかない。そのような日本人の切なる願いから、制度が動き出している。

3.3.1　外国語活動導入からの経緯

グローバリゼーションの世界的な流れや日本人の英語力を鑑みて、2002年「『英語が使える日本人』の育成のための戦略構想」が文部科学大臣から発表された。そこから具体的な行動計画が示され、現在につながってきている。

韓国同様まず総合学習の一部に国際理解教育が導入されALTの活動を含む様々な活動が小学校に入ってきた。前述のような世界的な小学校への英語教育の導入とその成果を背景に、2011年より小学校５・６年に外国語活動が週１回年間35時間実施されることになった。抵抗を考え、内容は教科でなく、外国に親しむとか日本語との違いに気づかせるといったものであった。また中学校では、以前の改訂で週３回年間105時間と少なくなっていた英語の授業時数を、2012年より週４回年間140時間に増やした。数年間の実施の後、小・中学校の教員、保護者、生徒を対象に実施状況の調査が行われた。

「小学校外国語活動実施状況調査（平成24年～）文部科学資料2-1」によると、次のような結果が出ている。

〈成果〉

- 小学生の76％が「英語の学習が好き」で91.5％が「英語が使える

ようになりたい」と回答
- 中１の生徒８割が「外国語活動が中学校英語で役立った」
- 中学校英語担当教員の78％が「成果や変容が見られた」と回答

〈課題〉
- 中１の７割以上が小学校で「英語の単語・文を読むこと」、８割以上が「英語の単語・文を書くこと」をしておきたかったと回答
- 高学年は思考力が高まる段階で体系的な学習を行わないため物足りなさを感じる生徒がいる
- 先進校では低学年から高学年まで音声のみで取り組むと学習意欲が低下
- 高学年に読むこと・書くことを入れ教科型の系統的な指導をすると向上（文部科学省，2014）

実際ここ数年で生徒は外国人であるALTと以前より抵抗なく授業以外でも積極的にコミュニケーションを行うようになった。この成果と課題を受け、小学校の英語を継続しかつ深めるため、小学校での英語の時数が増え、文字と音声を結びつける「読む」・「書く」領域と系統的な学習である教科としての英語が導入されることとなった。

3.3.2　英語教育に関して学習指導要領の変化

2020年を、小学校外国語科を含む新学習指導要領の小学校完全実施とするため、2018年から移行措置として新しい教材とともに小学校３・４年に外国語活動15時間、５・６年に50時間の英語が導入された。2020年から小学校３・４年は年間35時間、５・６年は年間70時間となり、小学校５・６年には現在の教材ではなく教科書が配布される。移行措置から実施まで次のような流れになる。年間授業時数・学習語彙を中心に主な変更点をまとめた。

3．小・中学校新学習指導要領における目標となる語彙数と技能領域について

表3-5　移行措置から新学習指導要領完全実施までの流れ

	2017年	2018年～移行措置	**2020年**	2021年	2022～24年
小3年		年間**15時間** Let's Try! 1を教材とし外国語活動	**〈小学校完全実施〉35時間 5領域（「話す」をやり取りと発表に）**	35時間	35時間
4年		**15時間** Let's Try! 2を教材とし外国語活動	**35時間**	35時間	35時間
5年	35時間 Hi, friends! 1を教材とし外国語活動	**50時間** Hi, friends! 1とWe Can! 1を教材とし外国語科	**35×2＝70時間 外国語科教科書**	70時間 外国語科教科書	70時間
6年	35時間 Hi, friends! 2を教材とし外国語活動（音声のみ500語）	**50時間** Hi, friends! 2とWe Can! 2を教材とし外国語科（小学校600～700語）	**70時間** 外国語科教科書 **小学校600～700語**	70時間 600～700語	70時間
中1年	35×4＝140時間	140時間	140時間	**〈中学校完全実施〉新教科書** 140時間	中学は同左 **〈高校年次実施〉高1**
2年	140時間	140時間	140時間	140時間 **中学1600～1800語**	高校21から17単位時間 全595時間 科目変更 **高校1800～2500語**
3年	140時間 1200語（小学校の500語を含む）	140時間 1200語（小学校の500語を含む）	140時間 1200語 中学卒業までの累計1200語　**A1**	140時間 **中学卒業までの累計2200～2500語　A2**	**高校卒業までの累計4000～5000語　B1**

出典：文部科学省（2017a）・文部科学省（2017b）・文部科学省（2017c）から抜粋し作成
※灰色部分は新学習指導要領による。

改訂の特徴は小学校３年に引き下げた英語学習の導入と時数増、小・中・高で学ぶ語彙数である。前述の CEFR の表の中国・韓国・台湾の水準の中学での A2、高校での B1を目標にしており、今回の学習指導要領の改訂では語彙数や５つの領域への変更など完全に CEFR を意識したものと考えられる。まず文部科学省は、世界標準の指導目標にするところまでここ20年をかけて持ってきた。

次の表3-6は、これまでの学習指導要領の流れと、英語の新語数・時数の変遷である。関連してその下の表3-7の TOEFL SCORE を見比べてほしい。

表3-6のカリキュラムで勉強した生徒が TOEFL を受けるのは６年後（高校卒業時）か10年後（大学卒業時）と考えて、上下の表の数字を比べてみる。

授業時数や語彙目標が減った10年後の1980年代あたりから TOEFL SCORE は低下し、2016年やや回復の兆しがみられた。特にゆとりカリキュラムになってから授業時数も学習語彙数もかなり減り、2011年に授業時数を戻しはしたが、目標の語彙数はそのままである。従ってかなり学習指導要領で決められた新語数や授業時数によって左右されていると考えられる。先に述べたように貿易や英語圏宗主国との関係もなく、ある程度の低さは想定できるが、教育制度が整って高等教育も普及しながらなお最低水準というのは早急に考えるべき問題である。

また目標と授業時数を上げた今回の新学習指導要領の影響が出るまでは10年程度かかると考えられる。塾や家庭の指導があっても、学校や教科書で学習し目標としない限り、国全体としての点数は上がってこない。またその学習する授業時数と語彙数や新しい文法事項との関係に無理がない程度の難易度でなければ力はついていかない。従ってまずは授業時数と可能な新語数や内容を追求していかなければならない。

表3-6　学習指導要領と英語の語彙数、授業時数

	1958年～	1969年～	1977年～	1989年	1999年～	2011年（中学は2012年）～	2020年（中学は2021年）～
新語表	1100～1300語	950～1100語	900～1050語	1000語	900語	（小学校音声のみ500語）1200語	小学校600～700語 中学校1600～1800語
必修語数	520語	610語	490語	507語	100語	（小学校音声のみ）	（小学校は「読む」「書く」含む）
学年時数	105時間	140（週4）	105（週3）	105（週3）	105（週3）	小5・6年35・中学140（週4）	小3・4年35（週1）小5・6年70（週2）中学140（週4）
高校まで累計	980時間	1260	945	1085	1050	1225	1225
学習指導要領の特色	系統主義	スプートニックショック、現代型カリキュラム	ゆとりカリキュラム	新学力観、精選、個性重視	週5日制英語必修総合	ゆとり見直し小学校外国語活動	小学校外国語活動と小学校外国語科 5領域

年～	1964～67	1984～86	1987～89	1989～91	1991～93	1997～98	2001～02	2007	2016	2020
得点	480	496	485	484	490	498	186	65 (77)	79 (84)	73 (87)
下順位	7	7	3	2	3	1	2	2	4	2

＊2005年からiBTに変わったため点数が低い。得点は30×4＝120点満点である。
下順位はアジアで下からの順位、( ) は韓国の得点。以前は週5や3.5の学校も有り。

表3-7　日本 TOEFL SCORE の推移

表3-6・表3-7の出典：茂木（2004, p. 16）、岡部他（2000, p. 107）から一部抜粋、時数は国立教育政策研究所（2006）、表3-7の一部ETS（2008, 2017, 2021）より

こうして年代を追ってみていくと、英語の学習を始める中学校で週3時間の授業時数になり新語数や必修語数が減ってから、特に低迷が続いており、英語について義務教育だけでなく積み上げた授業時数や目標の語彙数の蓄積は、確かにTOEFL SCOREに影響してきたものの一つと考えられる。またもし改善できることが国にあるとすれば、これを考慮した今回の学習指導要領を実行できるよう教育課程を整えていくことである。

3.3.3　考察1

日本人の英語力についてはあまりに履修する語彙数が少なく、使えないことが問題の一つであり、それについてこれまでの学習指導要領の流れで目標となる語彙数や英語の時間数がかなり少なくなった時期があり、その後に明らかにTOEFL SCOREを落としてきた。

その反省もあり、今回の2020年からの新学習指導要領では授業時数を増やし、小学校にも正式に英語教育が導入されることとなった。そして小学校、中学校の両方で英語の授業時数を増やし、高等学校では暗記だけでなく、使用に力を入れるような学習指導要領の流れとなった。これは英語の力をつけるための方法としてよい流れと考えている。また授業時数が小・中学校で以前より確保できたため、最終的に目標となる新語数も増やすことができる。これでこれまでの懸案事項であった課題の解決に近づいたと考えられる。

さて授業時数や、語彙数を飛躍的に増やす今回の学習指導要領は、目標としては諸外国に近づいたが、**果たして生徒たちはしっかりと増えた分について、吸収していけるのだろうか。これが次の課題である。**

3.4　学習指導要領に見える変化と小学校・中学校の負担

ここからは当初述べたように、**今回の学習指導要領によって増えた内容について、日本のこれまでの教育課程や韓国・日本の先進校の実践とも比較し、無理はないか、小学校・中学校の学習内容の配分は適切で**

あったかを見ていく。

3.4.1　2020年からの新学習指導要領に向けての教材の新語数

小学校学習指導要領解説の知識及び技能の目標・内容の、ウ節「語，連語および慣用表現」の(ア)に次の文言がある。

2020年からはこれにのっとった教科書と授業時間で学ぶことになる。

> 小学校では，第３学年及び第４学年においては外国語活動として２年間，計70単位時間，第５学年及び第６学年においては教科として２年間，計140単位時間，合計210単位時間をかけて指導することとなり，この中で600〜700語程度の語を扱うことは，国際的な基準に照らしても妥当な数字である（文部科学省，2017a，p. 90）。

ここに至るまで、これまで外国語活動で使ってきた教材がどの程度の語彙数であったか見る。

『Hi, friends!』１・２は500語程度といわれているが、使われた教材の語彙数はどのくらいであろうか。次の表3-8に示した。これをまとめたのが2019年の教科書使用前なので、2018年・2019年の教材として『Let's Try!』１・２と『We Can!』１・２についても示した。

複数の学年で重ねて使っている重要語句は６年まででおよそ500語であるが、**移行措置期の教材**でカウントすると、**全体としては以前中学３年間の315授業時間で学習した900語と同じ量の語彙数**であった。教科書がこの時点で定まっていないため、2019年までの移行措置教材から換算した。灰色部分は2019年時点の教材の新語彙数である。出ている絵から新語を拾ったが、音声とはいえかなりの新語彙数である。特に『We Can!』が出てからの移行期2018・2019年の小学校５・６年生は『Hi, friends!』との併用でしかも年間50時間とまだ少なく移行期間の配慮はあっても忠実に実施したらかなりの負担だったに違いない。

表3-8　小学校の現在のテキストの変遷と語彙数

教材名	英語ノート1	英語ノート2	Hi, friends! 1	Hi, friends! 2	Let's Try! 1	Let's Try! 2	We Can! 1	We Can! 2	Hi, friends! 1+We Can! 1	Hi, friends! 2+We Can! 2
時期	2009〜	2011必修	2012〜(2018・2019年は併用)	2017(同)	2018〜	2019	2018〜	2019	2018〜3・4年なし	2019 3・4年なし
学年	小5	小6	小5	小6	小3	小4	小5	小6	小5	小6
2学年計		425		539		486		763		**901**
新語彙数	237	188	295	244	306	180	640	123	695	206

出典：『英語ノート』１・2（文部科学省，2009)、『Hi, friends!』１・２（文部科学省，2017d)、『Let's Try!』１・2（文部科学省，2018b)、『We Can!』１・2（文部科学省，2018c）の４教材について、筆者が絵と指導書で語彙を換算し、上の学年は下の学年と重ならないように教材ごとに異語数を示した。灰色部分は移行措置の生徒が学習した教材。

3.4.2　学習指導要領における授業時数と新語数からみる生徒の負担

次に示すのは小学校から大学までの学習する語彙数、目標語彙数から推定される語彙数を学習する授業時間数で割ったものである。1時間当たりの数字が多いほど、1授業時間内に学習し身に付けるべき新語の負担が大きいことになる。

参考のため韓国の最近の第７次教育課程の英語の授業時数と新語数を加えた。韓国は負担の多さを緩和するため小・中学校・高等学校で学ぶべき新語数を第６次から第７次教育課程にかけて一旦減らしている。

また日本も韓国も高校以後は学校の種類や入試によって学習内容がかなり異なり、共通試験が共に目安になってくる。日本は大学入試後に英語の力を伸ばしていないことが多いのに対し、韓国は就職に向け語彙数を増やしており、ここでは主に義務教育に目を向けるが、大学以後の伸びも韓国の英語力を押し上げる一因であろう。

3．小・中学校新学習指導要領における目標となる語彙数と技能領域について

表3-9　1授業時間当たりの新語数

＊**数字**の見方：2200（3000)/1050とは（高３までの目標語彙数)語/(高３までの英語時間数累計)時＝2.1で2.1の数字は**授業１時間当たりの新語数**（センター試験語彙数3000で計算すると2.9）を示す。

	日本1999年～の学習指導要領	日本2012年～の学習指導要領（外国語活動時）	**日本2020年～新学習指導要領（）内は移行措置**	韓国1995年第６次教育課程	韓国2001年第７次教育課程
小学校	2009年より2011年は英語ノートで外国語活動 425語/35×２時 6.1	500語/35×２時 7.1 ＊音声のみ	(480語/15×２時 16 600語/140時 4.3) (901語/50×２時 ９) **700語/210時 3.3 ＊「書く」を除く**	100×２語/68×２時 100×２語/68×２時 450語/272時 1.7 ＊全体の必修語450語	**100×２語/34×２時 100×２語/68×２ 450語/204時 2.2 日本の新に似た時間数 （＊2010年より３・４年は週２即ち68×２時の500語に増)**
中学	900語/105×3時 2.9	1200語/140×３時 2.9	**1800語/140×３時 4.3＋α（小学校分)**	1050語/136×３時 2.6	**800語/102×2＋136時 2.35**
高校	1300語/35×21時 1.8以上 ＊高校による	1800語/35×21時 2.4以上 ＊高校による	**2500語/35×17時 4.2 ＊高校による**	1400語/136×３時 3.4	**450語/136 3.3時 (高１のみ共通、高２・３は選択)**
(小)中高	2200（3000）語/1050時 2.1（センター2.9)	3000語/1225時 2.4	**5000語/1225時 4.0**	7500（2900）語/1098時 6.8（2.6教科書)	**7500（2600）語/1020時 7.4（2.5教科書)**
大学以後	5000語/10年 1190時 4.2（500)	5000語/12年 1260時 4.0（417)	**8000語/14年 1365時 5.8（571)**	8000語/14年 1166時 6.7（571)	**8000語/14年 1236時 6.5（500)**

韓国の学年ごとの語彙数と時数は「韓国における小学校英語教育の現状と課題」(文部科学省，2018a）と金（2012）の内容をもとに作成。西子（2011)，p. 52の表に加えたもの。高校１年450語・1700語（高１までの累計）で、5000・7500・8000は表3-4から想定した数。(2900・2600）は、実際に教科書で教えた語彙実数。また受験のため２・３年の英語は選択で深化では2600語、2010年以降は2850語となった。７、８割は大学進学するため、２･３年生は深化で英語授業を受けるか、他外国語の学習をするかを選ぶ。(）は大学で学習する推定語彙数。

表3-9の１授業時間当たりの新語数を生徒の負担としてグラフにしてわかりやすくしたものが次の図である。この高さと傾斜が生徒の負担を示すと考える。

日本の小学校英語の先進校としてここでは2009年に実践発表した英語特区であった東京都荒川区立汐入小学校の発表資料にある数を引用した。小学校１年から６年までの週１時間の独自の実践であったが、無理のない計画で力をつけていた。

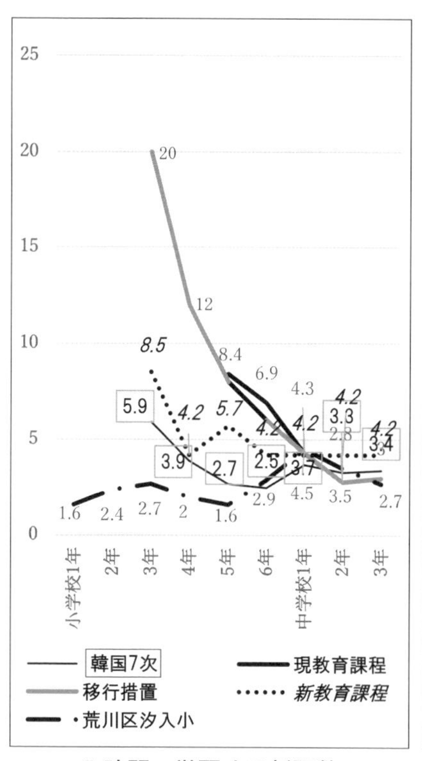

１時間で学習する新語数

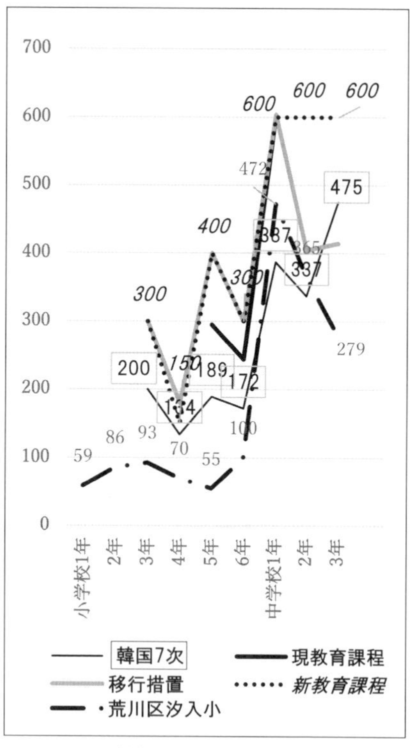

学年ごとの新語数

図3-1　授業1時間当たりの学習する語彙数と学年ごとの新語数

文部科学省（2017a)、韓国教科書（2015)、荒川区立汐入小学校研究発表資料：荒川区教育委員会（2009）より作成

※外国語教材と韓国教科書を実際にカウントした数で表3-9とは異なる。

1時間当たりの語彙数も学年当たりの語彙数も、グラフを見ると**移行措置の時が一番高い**。つまり一番負担が大きい。特に2018・2019年の15時間で行っている小学校3・4年と50時間で行っている小学校5・6年はかなりの負担を強いられている。2018年の小学校4年と2018年の6年は下の学年の分まで負担し、1学年としては最も大変かもしれない。

次に難易度が高いのは新教育課程であるが、1時間当たりの新語数は多いがなだらかなので、計画通り学習が進めばやがて学習は落ち着くというのが希望的観測である。

2009年当時の東京都荒川区の**先進校汐入小学校では独自のプログラムで小学校1年から6年まで週1時間の英語授業を行い、毎年100語ずつ習得していく**という計画であり、**一番負担が少なく語を繰り返し使用をすれば定着しやすい**。始まりが1年生からなので、短期集中より時間をかけて少しずつ進めた方が、児童の負担は緩やかになる。緩やかであっても増えた語を重ねて使いながら進むので、内容は徐々に豊富で高度になっていく。

一般の学校の前の教育課程の小学校の教材は先ほど表3-8で示したが、音声のみでも数えると年間400語以上であり、特に開始時の小3、中1が多い特徴があるので、先進校汐入小学校の学習する新語数のなだらかさに比べるとかなり大変であった。ただ前の教育課程は中学入学後に小学校で学習したことを再び学習することになるため、あとで楽になり、定着に安心感がある。

学習指導要領の変遷を見ると中学校で英語を指導したとき、週1時間当たり100語程度がこれまで行ってきたペースである。例えば週3時間、年間300～400語のペースで**1時間当たり2.9語を学習する**、それがこれまでの学習で慣れているペースである。2020年からの新学習指導要領では新語がかなり多くなり、小学校で3.3語。中学校で4.3語となる。

予想では韓国の学習する語彙数の方が多いので、1時間の授業当たりの獲得すべき新語数は多いであろうと予想される。しかしながら、数字を見ると、小・中学校での新語数においてはかえって韓国より日本の方が数つまり負担が大きい。

韓国は表3-9で見るように第６次から第７次教育課程に行くところで、授業時数を増やし、新語数を減らしたが、「2010年に再び増やしている」（KICE, 2009）。ただし、新語数に見合うように授業時数が上がっているので生徒の負担は変わらない。

3.4.3　考察２

ここまでの課題として、学習指導要領の改訂で授業時数を増やし、新語数を多くしたのは良かったが、2020年からの改訂はかなりの新語数の増加である。韓国の教育課程で生徒の負担を考えて新語数を減らした流れと合わせて、これまでの**新語数を見ると、不安を感じざるを得ない。**

これまで１時間2.9語の新語彙数であった中学校の授業から１時間に4.3語学習するようになる。これまで大学進学者の多い高等学校では、短期集中的に高等学校で急激に新語数を増やして消化不良を起こしていた。その多い新語数の分を小学校、中学校に緩やかに広げていけば理想的な負荷になるはずであり、それを使用した活動にも力を入れることができる。しかし、**今回今までの振り分け分以上の新語が小・中学校に振り分けられた**ことになる。

表3-9にあるように、中学校の１授業時間で2.9語の新語数であったものが１時間４語以上になり、学習の負荷が増えて厳しくなった。それ以上に4.3＋αのαの部分が気になるのである。小学校・中学校の学習指導要領を比較しながら、そこを詳しく見ていく。

3.5　新学習指導要領の内容

3.5.1　小学校新学習指導要領の主な改訂

目標として外国語活動では、以前の「コミュニケーション能力の基礎を養う。」から「コミュニケーションを図る資質・能力を育成することを目指す。」と一歩踏み込んだ内容になっている。

内容としては「知識及び技能」として外国語科の教科の内容と連動している。使役動詞や目的語としての that 節の文が新たに加わっている。

領域として、外国語活動では「聞く」「話す」が入るが、「話す」がやり取りと発表の２つに分かれ３つの領域となり、外国語科では新たに「読む」「書く」を加えた５つの領域となる。また「書く」ことの内容としては、「大文字、小文字を活字体で書くことができるようにする。また（中略）慣れ親しんだ簡単な語句や基本的な表現を書き写すことができるようにする。（中略）例文を参考に簡単な語句や基本的な表現を用いて書くことができるようにする。」となっている。

小学校では４年間を通して５つの領域に取り組み600語～700語の語彙習得を目指す。これまでの２年間の外国語活動で音声のみではあるが500語程度を扱ってきたので適切な数と述べている（文部科学省，2017a より抜粋）。

3.5.2　中学校新学習指導要領の主な改訂

中学校では授業時数の変更はなく、週４回の年間140時間を３年間行う。

領域は小学校の外国語科と同様５つの領域をバランスよく学習する。目標は以前の「コミュニケーション能力の基礎を養う。」からやはり一歩踏み込んで「コミュニケーションを図る資質・能力を育成する」ことを目指し、「実際のコミュニケーションにおいて活用できる技能を身に付けるようにする。」となっている。以前より自分の考えや人の考えのやり取りができるように育成する内容である。

内容としては that 節の目的や仮定法などが加わっている。「小学校における学習内容の定着を図るために必要なもの」を、言語活動を通して指導するという小中を意識した表現が入っている。

習得語彙がこれまで1200語程度であったが、小学校で、音声で多くの語を学習してくることもあり、今回は1600語～1800語を目指すこととなっている（文部科学省，2017b より抜粋）。

3.5.3　新学習指導要領の内容の問題点

新学習指導要領や準拠の指導案集や教材等を詳しく読み解くうちに、２つの点が気になった。それは、

⑴　小学校で何をもって語彙を習得したとするのか。
⑵　中学校で学習する新語彙数が多すぎないか。

の２点である。これらについて追究していく。

3.5.4　小学校で何をもって語彙を習得したとするのか

3.5.4.1　語彙の習得とは

600〜700語や1600〜1800語というが、そもそも語彙を習得したとはどういうことだろうか。

母語の習得において「３歳児は文法ルールの大半を身に付けなめらかに話し、平均的６歳児の語彙は約１万３千語と推定される」（Pinker, 1995, p. 206）というが、それは全て音声のみのことである。そして「読む」・「書く」の文字以外 context を含めほぼ理解する力を持っているという 。

しかし外国語学習においての語彙習得は「音声のみ」の断りがなければ、一般的に語の意味を聞き、読み、理解し、話し、書くことができ、文法や使い方までわかって、語を習得したということではないのか。

これまで小学校の外国語活動においては音声のみであり、『Hi, friends!』の教材を使って500語程度の音声のみの習得であった。つまり「聞く」「話す」領域での習得である。それを中学校で、ゼロベースでアルファベットから指導し、500語を含む1200語を「読む」「書く」まで習得して完成したのである。

今回2020年の学習指導要領では、小学校３・４年までは同じく外国語活動で「聞く」「話す（やり取り・発表）」の領域で新しい語を知り親しみ、それを受けて、５・６年生で教科として外国語を習得する。「読む」「書く」まで含むのである。一般的には、４技能そろっての、600〜

700語の習得と考えるところであるが、学習指導要領では、その含み方に難しい注釈がなされている。

3.5.4.2　発信語彙と受容語彙

さて**小学校学習指導要領の外国語科**にこれまで現場であまり聞き慣れないこのような「受容・発信」という表現が出てくる。

> この600～700語というのは後述する**発信語彙と受容語彙の両方を含めた語彙サイズ**でこれらの全てを覚えて使いこなさなければならない，ということではない。（中略）700語程度を上限とするという趣旨ではない。（中略）「3　指導計画の作成と内容の取扱い」⑵アにあるように，児童の発達の段階に応じて，聞いたり読んだりすることを通して意味が理解できるように指導すべき語彙（受容語彙）と話したり書いたりして表現できるようにすべき語彙（発信語彙）とがあることに留意する必要がある。ただし**小学校段階では，初めて外国語に触れるため，「聞くこと」，「話すこと」と「読むこと」，「書くこと」とでは求めるレベルが違う**ことを踏まえると，**聞いて意味を理解できるようにする語彙と，話して表現できるようにする語彙が中心**となると考えることができる（文部科学省，2017a，p. 90）。

中学校の学習指導要領にも同様に、次のような文言がある。

> 例えばある生徒が「関心のある事柄」について話したり書いたりするのに必要な語彙は，別の生徒には当面は話したり書いたりできる必要はないといったことが考えられることから，**受容語彙と発信語彙は一律には規定されないという点にも留意するべきである**（文部科学省，2017b，p. 34）。

この「受容語彙」「発信語彙」の扱いである。もちろん受容は「聞く」

「読む」で、発信は「話す」「書く」であるが、これが生徒の発達段階や個人の必要性によって異なり、一律に規定されないのでは、理念としては理解できるが、教科書や学校現場での新語彙の扱いはどうなってしまうのか。そこは現場で心配しなくても文部科学省と教科書会社にゆだねればよいことなのだろうか。少なくとも、小学生としても中学生としても、受容と発信両方必要な語彙はあると考える。

この受容語彙と発信語彙の問題について、同じく**中学校学習指導要領**ではこのような文言が続く。

> 一般的に，学習語彙は**導入時には受容語彙**としてまず提示され，その一部が**段階を経て発信語彙として習得**されていく。上記の語数は，主として受容語彙として教材等を提示する際の範囲を示しており，学習を繰り返し**何度もこれらの語彙に触れるうちに徐々に定着**が深まり，受容から発信への転換が促進されるように指導していく必要がある。（中略）各学校段階等を通じてより確実に習得させていく過程が重要である。**生徒が学習し，発信語彙として習得する語彙について，明確な目標を設定して指導計画を作成**（中略）実際の教科書や教材に掲載する語彙の選定に当たっては，（中略）**受容語彙・発信語彙の区別をより明確に**して，受容語彙は日常的・社会的な話題を考慮した選定を行い，発信語彙は単元・学年などを超えて繰り返し提示・練習するなどの工夫を行うことが望ましい（文部科学省，2017b，pp. 34–35）。

「**一律には規定されない**」と前半で述べているがここでは「**受容・発信の区別を明確にする**」とある。逆に考えると、はじめ生徒は数多く多様な受容語彙と出会い、その中で共通して使う必要のある語彙については発信語彙としても、必然的に繰り返し教材や教科書に出現することとなる。その共通して皆に多く使われる**共通項を、指導する語彙**とし、**繰り返し使用する、そのような教材や教科書を作成**することが望まれ、そしてそれを選定し授業者も意識する必要があるということであろうか。

つまり受容・発信の語彙選定の問題については、ここでも教科書や教材を作成する会社と授業者に委ねられ、かつ「区別を明確にせよ」ということになる。

3.5.4.3　小学校で「書く」領域をどのように扱うか

ここで**『小学校学習指導要領解説』「外国語科の目標**及び内容」等の中の目標（2017a）として挙げられている文言を見る。

目標及び内容の p. 81「(5) 書くこと」では、次のように書かれている。

ア　**大文字，小文字を活字体で書くことができるように**する。また，語順を意識しながら音声で十分に慣れ親しんだ**簡単な語句や基本的な表現を書き写すことができるように**する。

イ　自分のことや身近で簡単な事柄について，**例文を参考に**，音声で十分に慣れ親しんだ簡単な語句や基本的な表現を用いて**書くことができるように**する（文部科学省，2017a，p. 81）。

この目標は、英語で書かれた文、又はまとまりのある文章を参考に、その中の一部の語、あるいは一文を、自分が表現したい内容のものに置き換えて、語や文、文章を書くことができるようにすることを示している。**「書くこと」ができるようにするのは指導案例**『授業＆評価プラン』（菅他，2018）など**を読み込んでもアルファベットの大文字・小文字のみ**である。ここでは文の構造と文字は習得せよということになる。

塾に行き教育熱心な家庭の子供は、「読む」から「書く」までできるに違いない。都市部や私立小の熱心な学校や指導者は同様に、「書ける」まで指導するかもしれない。「別に書けなくてもいいよ」「1回書いておきなさい」の言葉で終わる人もいるかもしれない。その通りなのだから。

小学校の外国語活動が外国語科になり「読む」・「書く」の領域が加

わったが、この改訂は「親しむ」で終わるのだろうか。英語嫌いを避け、以前の反省から音声に力を入れるのは理解できるが、「読む」・「書く」を恐れすぎて、その負担が中学校に行き、初めから600語の差がついた子供たちができる可能性がある。現在先進の韓国は英語格差に悩んでいる。

3.5.4.4　小学校で何をもって語彙を習得したとするのか

「小学校で何をもって語彙を習得したとするのか」に対して、学習指導要領のどこを探してもはっきりした答えは見つからない。しかし先に引用した小学校学習指導要領の文言の「小学校で習得すべき600語〜700語は、受容であったり、発信であったりする」が、小学校では「初めて外国語に触れるため（受容の『聞くこと』と（発信の）『話すこと』と『読むこと』『書くこと』とでは求めるレベルが違うことを踏まえると、聞いて意味を理解できるようにする語彙と、話して表現できるようにする語彙が中心となると考えることができる」（文部科学省，2017a，p. 90）から、まずは音声の「聞く」「話す」での600語〜700語であり、かつ児童によって受容語彙と発信語彙は異なるので、その中から、教室で共通に理解し、よく使用する語を例えば、これまでの教材にあった頻度の高い500語程度の語を核にして、それに個人的なものが加わることになると考えられる。

またそれとは求めるレベルが違うという「読む」「書く」については、それほど要求されないことになっており、特に「書く」については書くという作業になじんで中学校に備えておくような表現である。

これまでの外国語活動については、小学校で学習した500語は、それを含む1200語を中学で学習するための「親しむ」や「なじむ」で音声のみの学習で何の問題もなかった。今回の学習指導要領でも、小学校英語の語彙は「聞く」「話す」主体で、「読む」「書く」はそれほど求められていない。「書く」ことができるのはアルファベットまでである。

3.5.5　中学校で学習する新語彙数が多すぎないか

さてこれらを学習した生徒が入学する中学校の学習指導要領には語彙についてこのように書かれている。

ウ　語，連語及び慣用表現

㈠　1に示す五つの領域別の目標を達成するために必要となる，**小学校で学習した語に1600〜1800語程度の新語を加えた語**

3学年間に指導する語は，改訂前は「1200語程度の語」としていたが，今回（中略）中央教育審議会においては，「指導する語数については，これまでの実績や諸外国における外国語教育の状況などを参考に，実際のコミュニケーションにおいて必要な語彙を中心に，**小学校で600〜700語程度，中学校で1,600〜1,800語程度，高等学校で1,800〜 2,500語程度**」を指導することとして整理している。
「1600〜1800語程度」については，前回の改訂における「1200語程度」と比べると増加幅が大きく見えるが，小学校において中学年の外国語活動で扱ったり高学年の外国語科で学んだりした語と関連付けるなどしながら，中学校で語彙を増やしていくことを考えれば，言語活動の中で無理なく扱うことのできる程度の語数であると考えられる。また，平成28年度版の検定教科書においては（中略）語数の合計が6社とも1200語程度をかなり上回っていることにも留意が必要である（文部科学省，2017b，pp. 33–34）。

はじめ中学校で1600〜1800語と知ったとき、これまでの1200語に小学校の600語を足した数と誤解し、「書く」を含め、説明の通り増えはしたが、妥当な語彙量であると考えた。しかし「小学校で学習した語に1600〜1800語程度の新語を加えた語」という表現で、つまり小学校の

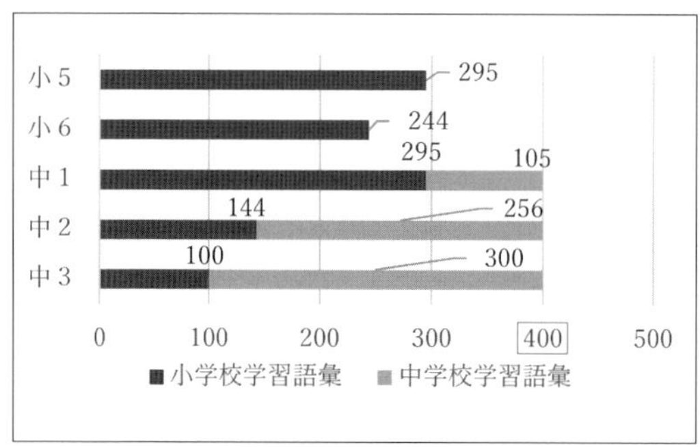

2020年以前の中学校学習語彙

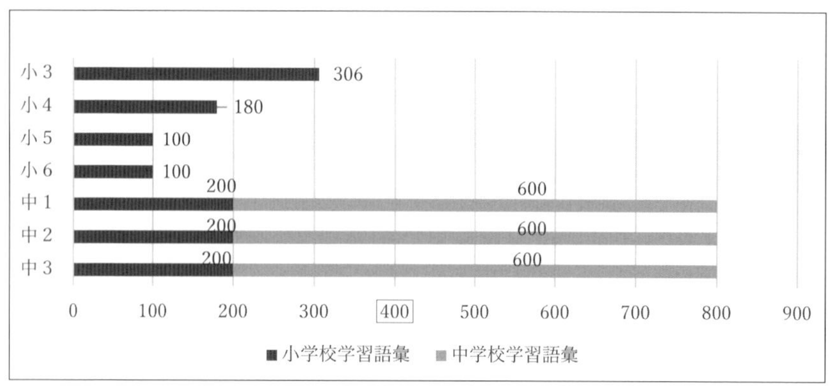

2021年からの中学校学習語彙

図3-2　前の中学校学習語彙と新学習指導要領での中学校学習語彙

実際の新教科書は各社あり、これを書いた2018年時点で未定なので、文部科学省(2017a, 2017b)の学習指導要領の語彙数をもとに想定される数を入れた。

600語に新たに中学校の1600語を加えた語彙数であると気づいた。小中で累計して2200〜2500語ということになる。

確かに目標を上げなければ水準は上がらないが、同じ授業時数でこの中学校の語彙数増加は明らかに多い。

上の図3-2の２つのグラフを比較する。**これまでの年間学習語彙数であった400語**のラインに注目していただきたい。

前教育課程では**小学校の音声で学習した**表3-8にある『Hi, friends!』や『We Can!』で学習した**500語を含む1200語程度であるので、中学校では年間400語程度の学習**である。

ところが新学習指導要領では、小学校で「書ける」まで要求しないことや受容語彙・発信語彙は発達段階や個々の生徒で異なるという理由で「書く」や発信語彙を後回しにした場合、中学校の学習語彙数が大きくかわってくる。

400語のラインを見るとわかるように、今回中学校では**新たに３年間で1600〜1800語の新語彙数なので３年間で割って、年間600語**と仮定すると、それだけでもこれまでの**年間400語**より多いのに、それに加えて、**小学校での分600〜700語**まで別に入ってしまう。少なくともスペルを正しく「書く」ことは小学校の学習には入っていないので、「書く」の600語を３年間で割り年に200語ずつが加わると普通に**年間700語、800語の学習語の数**になり得るのである。高校入試等を控えた中学校では、身に付ける語について個人によって異なるとは言っていられない。場合によっては、学区や個人により「書く」練習をしてこなければ年間800語、900語の学習語彙数になりうる。これまでの倍以上の語彙を学習することになる。

これは先に表3-9で示した授業１時間当たりの学習語彙数でみると、これまで年間400語で１時間2.9語であったものが、年間600語だけで4.3語になり、小学校分がプラスされて、700語になったとして５語、800語になったとして5.7語であり、これまで経験してこなかった新語数を１授業時間内で学習する計算になる。できないことはないが、音声でやってきたとしても、小学校で学習した単語の多くの「書ける」への要求が、中学校で負担にならないはずはなく、義務教育での英語格差がますます大きくなりそうである。

3.6　韓国や先進校荒川区立汐入小学校の実践

3.6.1 「書く」領域の扱い

先に述べたように、日本で2011年に始まった外国語活動では文字を出さず、「読む」「書く」活動を小学校では一切行わなかった。今回小学校の5・6年に「読む」「書く」領域を入れ、教材にスペルをのせたことは大きな進歩ではあるが、学習指導要領の文言は歯切れが悪い。初めに音声を中心にするのは大切だが「読む」こと・「書く」ことを恐れすぎていないか。

韓国では当初小学校では音声のみであった。しかし実践していくうえで「読む」「書く」の技能を後回しにしてためてしまわないで、やがて最初の学年の前半は音声のみだが後半は「読む」を入れ、次の学年では「書く」を取り入れてテストをし、同時進行で学習した方が定着しやすく効率が良いことに気が付き、そうしていった。

このような課題から、2010年から全領域を評価している。そしてその後の経過も良好であると聞いた。表3-10に示す。

表3-10　韓国の小学校英語で扱う４領域（評価）

学年	Speaking	Listening	Reading	Writing
小学校３年	○	○後半は評価も	＊	＊
小学校４年	○	○ phonics 指導も行う	○評価を行う	＊
小学校５年	○	○	○	Simple writing
小学校６年	○	○	○	○

＊部分は2010年から実施
出典：河合（2004, p. 31）をもとに、現地インタビューで、西子（2011, p. 37）で新しくしたもの

次の図3-3は韓国の英語教科書３年（初年度）のLesson1である。薄く書かれた文字をなぞったり選んで文字を写す内容である。そうしなく

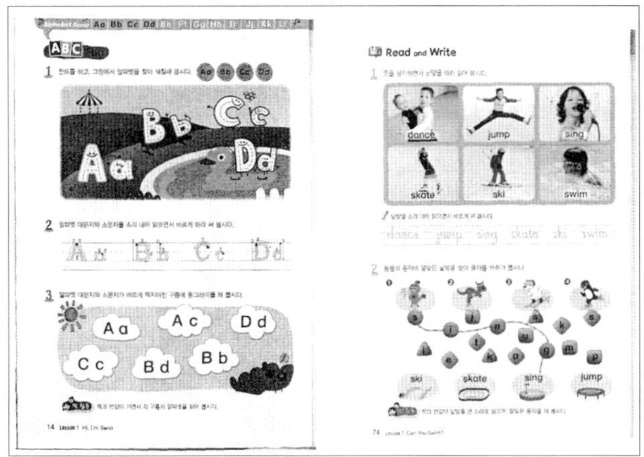

図3-3　韓国初等３年英語教科書Lesson1（p. 14）と Lesson7（p. 74）

YBM（2017）

てもよいとの断りは入ったが、日本でこれまで指示された、大文字を５年で小文字を６年でというのは非効率的な話で、大文字・小文字を合わせて学習するのが混乱を招かない方法であり、韓国の教科書での文字習得の進め方は穿っている。

日本の教材『Hi, friends!』や『We Can!』では５年生の終わりにA～Zのアルファベット全体の表が出ているだけである。

日本の先進校汐入小学校の課題でも、発表内容に次のようなことがあった。

> 音声のみで何年も学習すると、
> ①生徒の意欲が持続できにくい。
> ②正確さを欠き難しくなると記憶しにくい。
> ③書くことの抵抗が大きくなる。
> このような課題から、同時進行で取り組んだ方が正確に定着し、難易度がなだらかになる（荒川区教育委員会，2009）。

このようにして、日本の汐入小学校などの先進校でも「listening/speaking をある程度行ったら、『読む』こと・『書く』ことを同時進行で少しずつ段階的に取り入れている。子供は同じことを続けると飽きやすいので、そうすることで授業に学習のリズムができ、音と記憶の再確認になる」とのことである。

「音で理解できていることを文字で補って初めて十分な知識として定着する」（アレン，2008）という言葉のように、音で学習したことを、文字で再確認したり、書き留めたりすることで、記憶にとどめ、正確さも増すということである。英語の量が増えるにしたがって、その必要性が出てくる。

読むこと・書くことを後に残すと、短期間に多くの難しい「読む」「書く」に取り組まなければならない。少なくとも３・４年で音声中心でも、正しく負担なく定着させるためには、５・６年は楽しく積極的に「読む」・「書く」を取り入れていくべきである。おそらく高学年の児童は、前述（pp. 204–205）のアンケートの結果（文部科学省，2014）を見ても「中１の７割以上が小学校で英語の単語・文を読むこと、８割以上が英語の単語・文を書くことをしておきたかった」と言っており、もっと体系的な学習や、書く学習を望んでいる。

さらに小学校３年では国語科でアルファベットとローマ字を学習する。「日本語のローマ字表記で用いられる文字については児童の学習状況を見ながら英語の文字との違いに気付かせながら指導」（文部科学省，2017a，p. 88）ならば、その流れを切らずに文字と音を外国語活動や外国語科で指導していくべきではないのか。自分の名前や簡単な地名、バナナなどの外来語は国語科３年ですでにローマ字で書いているのである。書くだけで書けるようにまでしないのは負担にしたくないのだと理解するが、結局あとでその負担は背負わなければならない。

3.6.2　韓国の教科書の特徴や最近の教育課程の流れ

韓国は新語数よりその慣用句を使った表現練習や、教科書の英語の量が多く一つの語を何度も使い定着させるようにしているところが日本の教科書とかなり異なる点である。

また日本では10年ごとの学習指導要領の改訂で方針が変わるが、韓国では大統領が変わるごとに教育課程の方針が大きく転換し、その強制力はかなり大きく強引である。第７次教育課程から、教育課程は随時変更できるような制度になり、2007年度改訂や、2009年度改訂、2015年度改訂など短期間に大きく変化している。

従って、現場はその変化に追いつくのに、かなり苦しく、教員だけでなく、生徒の方もそのたびに授業の取り方も変わっている。先の章で述べたが、特に国の方針で、国の経済を進めるためのグローバル化や、科学や数学の時間増でノーベル賞を生むための教育、また日本の総合学習のように、一定期間に学校の自由裁量時間を増やし多様な研究などができるようにするなど、入試制度や水準制度を含め、変化が大きい。しかし、折角の学校裁量も受験のための科目を多くすることにほとんど使われているという矛盾もあるようである。

短期間に変化していったので今回のここまでの内容はほぼ第７次までの教育課程を中心にまとめている。その後の流れがわかるように、2010年からの動きをここにまとめた。

第７次教育課程の後、英語について時数や語彙数が変化し、現在に至っている。小学校５・６年生の英語授業は週３時間となり、日本の中学校分くらいの英語教育は韓国では既に小学校に移っている。次の表3-11を見る。

表3-11　韓国の学年ごとの語彙数と時数

教育課程と年代	韓国第７次 (2001年〜)	韓国新課程（2007・2009改訂教育課程） **(2010年〜）小学校３・４年１時間増** **(＊2011年〜小学校５・６年１時間増)**
小学校３・４年語彙	各80〜120語 (34時間）**週１時間**	各80〜120語 （68時間）**週２時間**
小学校５・６年語彙	各80〜120語 (68時間）**週２時間　450語**	各80〜120語（68時間）推定500（勧奨736）　週２時間 **(＊2011年〜週３時間で継続中520語から540語に増)**
中学校語彙	１年200語、２年250語/450語 (102×２時間) ３年/350（136時間) 計800語　累計1250	１年200語、２年250語/450語 （102時間×２) ３年/**390**（136時間) 計840語　**累計1340**
高校語彙	高校１年450語・1700（高１までの累計) ２・３年は選択で深化では2600	高校１年450語・1790（高１までの累計) ２・３年は選択で深化では2850 (＊2007・2009改訂で高校は基礎科目以外すべて選択科目となる)
中学・高校時数	中１・２年102、３年136 高校136時間	中１・２年102、３年136 高校136時間

出典：「韓国における小学校英語教育の現状と課題」（文部科学省，2018a）の内容をもとに作成。また2010年からの新教育課程についてはKICE（2009)、金(2012)、石川（2014，p. 80）の情報を参考に作成

各学年における基本的語彙数は、上の表の内容である。「第３学年〜６学年で450語以内の履修を奨励している。また単一文章の長さは第３〜４年が７語以内、第５〜６年が９語以内とされている。(韓国第７次）また初めは国定教科書ではじめ、検定教科書になっても必修語彙をはっきりと規定している」（文部科学省，2018a)。

第７次教育課程で、一旦授業時数や新語数を減らしたが、再び増やしている。ただし、新語数に見合うように時間数も上がっているので難易度はあまり変わらない。

また韓国の教科書で日本が学ぶべきは、以前の日本で行っていた必修語句を定めていることと、教科書の会社が違っても継続的に語数を増やすように、教科書の語彙や文法の積み重ねに共通性があるということである。つまり、日本では小学校、中学校、高等学校で異なる会社の教科書を使用した場合、これはかなりの割合で多くの生徒が経験することであるが、既習語彙をまた新語としてカウントし、既習でないのに既習として学習しないでいく語彙ができてしまうことになる。その点も話し合って改善してほしいものである。

3.7　まとめ

日本人の英語力を高めるためには、現状より語彙力やその使用頻度を高める必要があるが、EFL 環境の中、その問題に取り組むためには、学校で学習する授業時数を増やし、学習語彙数も増やしていかなければならない。これまでの学習指導要領の流れや、TOEFL SCORE を見ると、これまで何十年にわたって授業時数や語彙数を減らしてきた歴史があった。小学校に英語教育を導入し、成果を上げている韓国や世界の情勢から、日本も小学校に英語教育を導入し、2020年にまず小学校から、2021年には中学校、2022年には高等学校で新しい学習指導要領が実施され、英語の授業時数や獲得語彙数を増やそうとする取り組みが始まったことは評価すべきである。

〈課題〉

取り組みの方向性は素晴らしいが、その最も変化のあった義務教育の小学校・中学校の学習指導要領での前述の２つの課題に対しての答えに近づけただろうか。

⑴ 小学校は何をもって語彙習得とするか

2020年からの学習指導要領では、４技能での指導を尊重しながらも、600〜700語の中身についてははっきりと規定していない。受容（聞く・読む）でも発信（話す・書く）でも共通して使われるものについて繰り返し定着を図り、特に小学校では「聞く」・「話す」に力を入れる。個人によっても異なり、その語彙数が600〜700語と読み取れる。また同時に「読む」・「書く」の文字を通した英語を扱うが、親しむ程度であり、特に「書く」についてはその実践は授業で行うが、定着を図るのは、アルファベットの大文字、小文字までということになる。

これは解釈によっては格差を生み、中学段階に負担を先送りすることになる可能性がある。外国語学習としては語彙は４技能で同時期に学習することが効率から考えても望ましい。

⑵ 中学校で学習する新語が多くなりすぎないか

これについては先に示したように、中学校で学習する新語1600〜1800語は、これまでの授業の学習語彙のペースと比べて、少なくとも1.5倍であり、小学校での定着の度合いによっては、また個人によって最大で倍以上習得するペースになる。これは小学校での学習語彙についてある程度定着させてきたとして成立するもので、現在の、小学校で学習する語の「読む」・「書く」のレベルを上げなければ、指導する中学校にとっても、学習する生徒にとっても消化不良になってしまう学習量である。少なくとも小学校からの持ち越しはできるだけ少なくしたい。

〈提案〉

これらの課題を解決するために、次のことを提案する。

⑴ 教科書や教材では小３や中１で扱う語彙が多くなりがちである。したがって抵抗感をなくし生徒の学習をスムーズにするためには、学習語彙数を学年でなだらかに増やし、重要な新出語彙は出現頻度を複数回にする必要がある。そのためには学習する**新語数の数を少し**

減らし各学年で同じくらいになだらかにし、教科書の総語数をこれまでより増やして何度も使うようにする。

⑵ 現在は小学校での「読む」「書く」活動が少ない。外国語活動でなじむ期間を取った後、４年から「読む」「書く」領域も同時進行で少しずつ取り入れて、評価していき、４領域をバランスよく行う。受容・発信についても不揃いがあると、格差が生まれやすい。従って**小学校で学習すべき多くの生徒に共通する基本的な語彙500語程度と基本的な文を選定し、それについては「読む」「書く」まで含めて定着させることが望まれる。**「書く」までが無理なら限定した200〜300語でもよい。

⑶ 小学校で会話の楽しさを学び、中学校でも進んで話すよい成果が現れている。小学校からのコミュニケーション活動のよい成果を継続したい。一方、**小中高の各段階で学習する語彙や文法について、小学校も含め、間違いはその時点で訂正し、間違いの化石化等で次の教育課程への負を残さない**ようにお互いに留意していく。

⑷ 中学校の英語の授業は以前より listening/speaking 中心でコミュニケーション活動に力を入れており、教材や教科書も研究をされている。小学校の音声中心の良さは尊重するとしても、特に小学校５、６年については**中学校で蓄積された実践も取り入れ、踏襲・前倒しをしてもよいのではないか。**
また互いの授業交流研修が望まれる。

小学校の外国語科と中学校・高等学校の今後の新しい教科書や授業を楽しみにしたい。

始めたからには格差ができるのは当たり前である。しかしそれを最小限度に抑えるには生徒も指導者も相当の工夫と努力が必要である。ここでの課題を今後に生かしていただけたら幸いである。

＊この原稿は2018年６月中部地区英語教育学会静岡大会にて口頭発表した内容を2020年に加筆したものです。

引用文献

荒川区教育委員会（2009）.『荒川区立汐入小学校研究発表資料』

アレン玉井光江（2008）.「公立小学校における効果的なリーディング指導について」『千葉大学教育学部研究紀要』56巻、pp. 15–23、千葉大学

ベネッセ教育総合研究所（2005）.『高校生の意識と行動から見る英語教育の成果と課題：東アジア高校英語教育GTEC調査』東京：ベネッセコーポレーション

チェ・ヒギョン他（2015）.『ELEMENTARY SCHOOL English 3（韓国小学校３年英語教科書）』韓国ソウル：YBM

ETS: Educational Testing Service（2008）. "*Test and Score Data Summary for TOEFL Internet-based and Paper-based Tests in 2007*" https://www.ets.org/Media/Research/pdf/71943_web.pdf（2018年４月閲覧）

ETS（2017）. "*Test and Score Data Summary for TOEFL iBT Tests in 2016*" https://www.ets.org/content/dam/ets-org/pdfs/toefl/toefl-ibt-test-score-data-summary-2016.pdf（2018年４月閲覧）

ETS（2021）. "*Test and Score Data Summary for TOEFL iBT Tests in 2020*" https://www.ets.org/content/dam/ets-org/pdfs/toefl/toefl-ibt-test-score-data-summary-2020.pdf p. 22（2021年12月閲覧）

GLOBAL NOTE（2020）.「世界の貿易依存度　国別ランキング・推移」UNCTAD（united Nations Conference on Trade and Development）資料より　https://www.globalnote.jp/post-1614.html（2021年12月閲覧）

石川裕之（2014）.「韓国における国家カリキュラムの革新とグローバル化」『教育学研究』第81巻第２号、pp. 214–226

菅正隆・千早赤阪村立千早小吹台小学校（2018.3）.『小学校　外国語

“We Can! 1”の授業＆評価プラン』：東京：明治図書

菅正隆・千早赤阪村立千早小吹台小学校（2018.3).『小学校　外国語“We Can! 2”の授業＆評価プラン』：東京：明治図書

金菊熙（2012).「韓国の英語公教育政策の現状 ― 初等英語教育課程の推移と英語公教育強化政策内容を中心に ―」『松山大学言語文化研究』第32巻第1-2号

KICE: Korea International Curriculum of Education（2009.9.15).「2009改訂教育課程、正しく知る」（韓国教育科学技術院教育課程企画課資料)」

小池生夫・明海大学（2008).『第二言語習得研究を基盤とする小、中、高、大の連携をはかる英語教育の先導的基礎研究』明海大学

国立教育政策研究所（2006). 教育研究情報データベース「学習指導要領の一覧」https://erid.nier.go.jp/guideline.html

文部科学省（2008).「教育再生懇談会資料４　英語教育関連資料」(；西子，2011，p.25，43からの重引)

文部科学省（2009.4.10).『英語ノート』１・２、東京：教育出版

文部科学省（2014).「今後の英語教育の改善・充実方策について報告　資料2-1（平成26年度　小学校外国語活動実施状況調査〈平成24年～〉の結果から)」https://www.mext.go.jp/b_menu/shingi/chousa/shotou/102/shiryo/attach/1352317.htm（2018年４月閲覧)

文部科学省（2017a).『小学校学習指導要領解説　外国語活動・外国語編』東京：開隆堂出版

文部科学省（2017b).『中学校学習指導要領解説　外国語編』東京：開隆堂出版

文部科学省（2017c).「外国語教育における新学習指導要領の円滑な実施に向けた移行措置　参考資料１」http://www.mext.go.jp/b_menu/shingi/chousa/shotou/123/shiryo/__icsFiles/afieldfile/2017/06/28/1387431_11.pdf（2018年４月閲覧)

文部科学省（2017d).『Hi, friends!』１・２、『Hi, friends! 指導編』１・２、東京：東京書籍

文部科学省（2018a).「韓国における小学校英語教育の現状と課題　参

考資料4–1」http://www.mext.go.jp/b_menu/shingi/chukyo/chukyo3/015/siryo/attach/__icsFiles/afieldfile/2018/01/23/1400650_001.pdf（2018年４月閲覧）
文部科学省（2018b）.『Let's Try!』１・２、『Let's Try! 指導編』１・２、東京：東京書籍
文部科学省（2018c）.『We Can!』１・２『We Can! 指導編』１・２、東京：東京書籍
茂木弘道（2004）.『文科省が英語を壊す』東京：中央公論新社
西子みどり（2011）.『韓国に学ぶ英語教育 ― 小学校の英語教育導入への提案 ― 』東京：東京図書出版
岡部恒治・戸瀬信之・西村和雄（2000）.『小数ができない大学生』東京：東洋経済新報社
リセマム（2021.3.2）.「現役大学生の英語スキル、最多は英検２級相当」https://s.resemom.jp/article/2021/03/02/60735.html（2021年４月閲覧）
Steven Arthur Pinker・椋田直子訳（1995）.『言語を生みだす本能』（上）東京：NHK出版
大修館書店（2020）.「公立小学校英語教育導入に至る主な動き（1986年～2020年）」https://www.taishukan.co.jp/files/公立小学校英語教育導入に至る主な動き.pdf（2021.12.19閲覧）

4．小・中学校の新学習指導要領における英語教科書の特徴と語彙数についての考察

―『NEW HORIZON』中心に韓国や他教科書と比較して―

4.1　はじめに

2020年に小学校、次いで翌年2021年に中学校と新しい学習指導要領が実施となり、その新しい教科書を使って実際に授業が始まった。小学校では教科として、「書く」技能を除いた600～700語の語彙が指導される。中学校ではこれまで小学校で扱った語を含めて1200語の語彙を学習すればよかったところ、同じ授業時間数で今回は中学校で1600～1800語の新語、合わせて2200～2500語の４技能を含む語を習得することとなっており、かなり難しい学習ペースである。また「受容」と「発信」という文言で学習指導要領では個により必要な語は異なるという表現になっている。

ここでは**教科書はそれを実際にどう組み入れたのか、どう扱っていけば学習者に無理な負荷にならないのかという２点を、教科書の構成と語彙を見ながら考察する。小中の課題として「書く」の扱いについても触れる。**

先行研究として、時代別の教科書を調査した馬本（2006）の「英語教科書の計量的分析」では、*Jack and Betty* や *Sunshine English Course* の総語数や異語数について触れており、いかに学習指導要領の変化によって教科書の総語数や異語数が減ってきたかを述べている。また染谷・小川（2021）では小学校の教科書の研究ではあるが、新学習指導要領のもと作成された今回の小学校の教科書はいずれも600語を上回る1000語以上の異語数で、会社ごとに基本とする語彙の種類も数も異なる点について指摘している。長谷川他（2010）は、生活語彙からEGP（一般目的の英語）、ESP（特定目的の英語）について段階に応じて最も効率の良い

学習をするために、小・中・高・大が連携したグランド・デザインや語彙リストを作成する必要性と、「教科書によって差があり、どの教科書で学習したかも影響を与える可能性がある」と述べている。

以前の学習指導要領下の教科書については様々な分析が出ているが、新しい中学校学習指導要領下の教科書については2022年時点であまり詳しい分析がなされていない。従って今調査に当たっては、教科書会社に資料を問い合わせたり、自身でエクセルに打ち込んで何度も数を確かめたりしたが、偏った点があればご指摘願いたい。

また比較対象として国内数社の教科書だけでなく、小学校英語を先取りし、現在もTOEFL高得点を維持している韓国の教科書も取り上げる。

4.2 調査方法

4.2.1 資料

今回の調査では小学校の教科書も中学校の教科書も採択が一番多かった東京書籍の『NEW HORIZON』を中心に調査を行った。シェアについては小学校外国語活動の教材として長年同社のものを小学校で扱ったため、連続性をもって採択しやすい内容であったと考えられる。また比較教材として特徴のある光村図書の『Here We Go!』、中学校の教科書ではそれに加え、比較的多く使われている三省堂の『NEW CROWN』と開隆堂の『Sunshine』を扱った。

韓国の教科書では初等３・４年はYBMのものを、５・６年は大教のものを取り上げる。天才教育の中学校の教科書も含め異なる会社にしたのは、分析が１社の傾向に偏らないためである。韓国の３社の教科書は2022年時点の教育課程で実際に多く使用されているものである。

(1) 小学校教科書

- 『NEW HORIZON Elementary』 ５・６、東京書籍（NHE）
- 『Here We Go!』 ５・６、光村図書（HWGE）
- 『ELEMENTARY SCHOOL English』 ３・４、YBM（韓国初等３・

４年）

- 『Elementary School ENGLISH』５・６、大教（韓国初等５・６年）

⑵　中学校教科書

- 『NEW HORIZON English Course』１・２・３、東京書籍（NH）
- 『NEW CROWN English Course』１・２・３、三省堂（NC）
- 『Sunshine』１・２・３、開隆堂出版（SS）
- 『Here We Go! ENGLISH COURSE』１・２・３、光村図書（HWG）
- 『MIDDLE SCHOOL ENGLISH』１・２・３、天才教育（韓国中学）

＊以後表や図において、日本のものは（ ）内の略称を使用し、韓国のものは韓国教科書として表記する。

4.2.2　方法

新しい中学校教科書の特徴についての先行研究がほとんど無いので、語彙数、内容、付録、ページ数等様々な方面から調べた。

⑴　教科書の内容と構成を調べた。全体の分量や巻末資料についてはページ数をカウントした。

⑵　語彙数（異語数）については、小学校のものは染谷・小川（2021）の数を参考にした。

中学校のものについては教科書会社の公式サイトの資料からの数と、教科書末に掲載されている語彙リストを参考に筆者がエクセルに打ち込み何度もカウントした数とを区別して載せた。

各社のリストのルールでは、動詞や形容詞の活用で不規則変化のものは異語となっており、動詞 like と形容詞 like は異語で kind、light 等も同様に扱った。辞書同様、同じ語で意味が変わっても一語としているのでそれに倣った。短縮形は抜いた。また『Sunshine』は、他社と同条件にするため、リストから連語を外した。

指導者が授業で必ず指導する本文の学習語彙を中心に調べ、巻末付録は別にカウントし、後で加えた。中学校の『NEW CROWN』のリストの中に小学校既習語は見つからなかったため、全数がほぼ同数の『NEW HORIZON』の語彙を参考にした。

4.3　小学校教科書での「書く」の扱い

新学習指導要領での「書く」について、「アルファベットの大文字・小文字が書ける」以外は、「音声から簡単な語句の書き写し」「基本的な表現を書き写し」「例を選んで書く」(文部科学省, 2017a) までと理解している。

韓国教科書初等３・４年（チェ・ヒギョン他, 2017)、５・６年（イ・ジェグン他, 2018）と日本の教科書の「書く」を比較した表4-1を見る。

表4-1　小学校の英語教科書の内容と表し方の特徴

学年区分	日本『New Horizon』 5・6 （5・6年より教科）	日本『Here We Go!』 5・6 （同左）	韓国教科書 （３年より教科）
小学校３年 小学校４年	（Let's Try! 1） （Let's Try! 2） 音声のみ 両学年で406語	（同左）	▪ ３年当初は音声だが、３年Lesson1からアルファベットの大文字・小文字を合わせて書く欄が教科書のページにある。⑤３年 p. 22 ３年中頃のLesson7ではCan you swim? で動詞を書かせている。フォニックスが入っている。
			▪ ４年最初に名前を書かせている。４年中頃ではon the desk/play soccer などの塊を書かせている。

小学校５年	５年初めにローマ字を丁寧にやる（p. 24まで）。 ① p. 13 大文字・小文字と自己紹介を行う。見本を見て書かせる。巻末に大文字・小文字、単語など練習のページがついている。 ②巻末 pp. 86–89	５年初めに自分の名（p. 23）、大文字（p. 28）・小文字（p. 33）、④アルファベット（p. 48）を書く欄が本文中にある。 見開きにほぼ１カ所書く欄がある。文の書き方の約束を初めから少しずつ本文に入れている。	５・６年も同様、教科書本文に書く欄があり、文を書かせている。 ＊５年まで４線に書かせる。
小学校６年	６年も書く欄は巻末にまとめてあり、文を書かせるようになっている。Sound and Lettersで音と文字を学習し、Let's Read and Writeで見本を参考に長く書く欄がある。文型を意識させている。③巻末 p. 88 ＊６年まで４線に書かせる。	巻末に絵辞典というページがあり、単語を記憶したり、表現したりするときに使えそうである。 ＊６年まで４線に書かせる。	６年は読む文がかなり長い。 応答文を書かせている。 ⑥ p. 183 Would like toの練習

『Let's Try!』１・２の語彙数は、染谷・小川（2021）の数による。
＊ここで４線というのは英語やアルファベットを学び始める者のために１本線ではなく４線をひいた英語のノートのような欄があることを指す。
①～⑥は次頁に画像で示す。

韓国では初等学校の最初から４技能を同時に行い負担を少なく長いスパンで教えていく様子が見える。初等学校３・４年は単語や語の塊（前置詞含む時間や場所、句）の学習が多く、５・６年で文に入っていく。

日本では、小学校５・６年生で集中してアルファベットや単語、文を取り扱い短期に本格的に学習する様子が見られる。しかしあくまでも見本を見ながらである。韓国の教科書と日本の『Here We Go!』の教科書は、「書く」欄とその載せ方が似ていて、各レッスンの本文ページの見開きに１カ所程度直接書く欄を入れている。

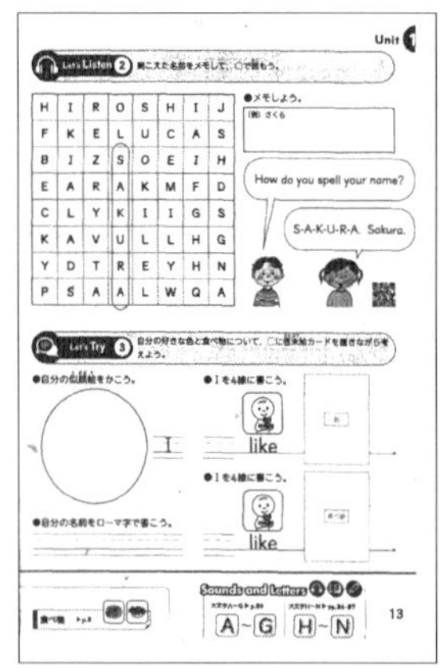

①日本　NHE 5 年（p. 13）

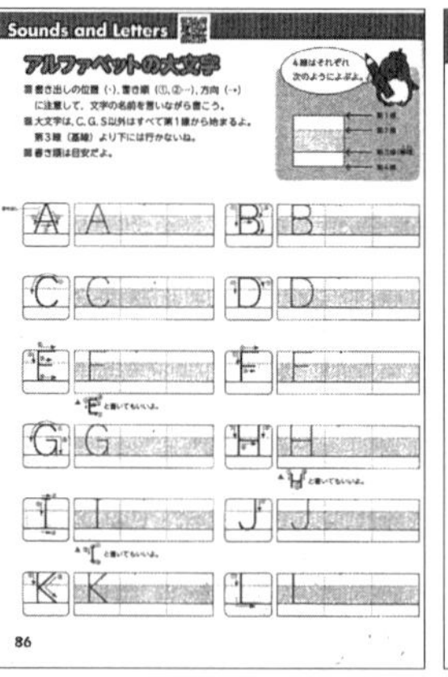

②日本　NHE 5 年（p. 86）

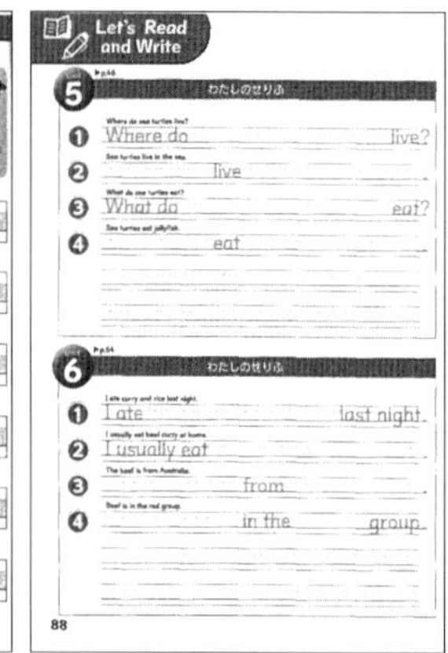

③日本　NHE 6 年（p. 88）

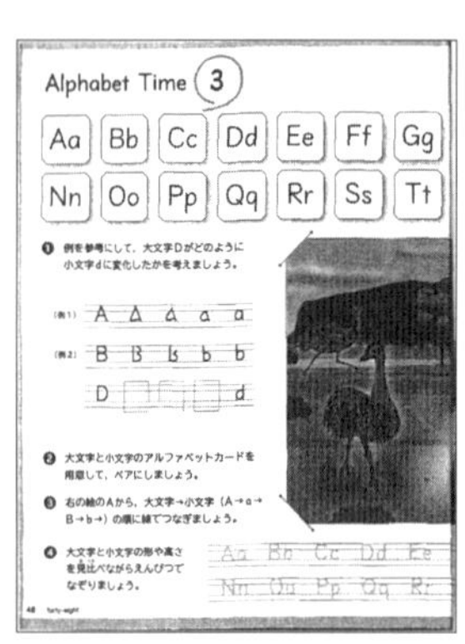

④日本　HWGE 5 年（p. 48）

⑤韓国 3 年（p. 22）課で 4 文字ずつ練習

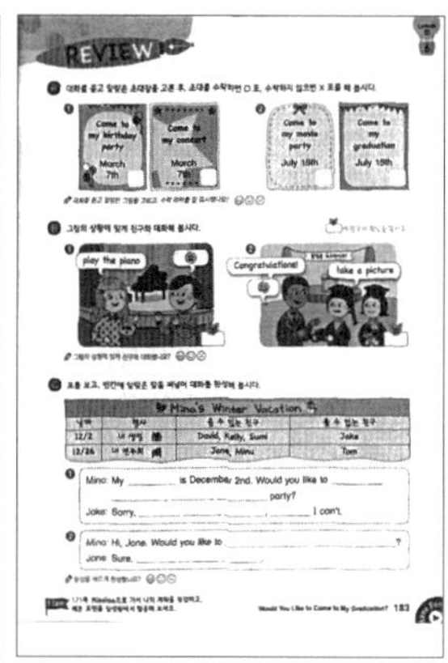

⑥韓国 6 年（p. 183）書く欄は下線のみ

図4-1　日本の教科書・韓国の教科書のページ（小学校）

4.4　中学校教科書での小学校既習語の扱いと「語彙数」

4.4.1　中学校１年の教科書と小学校の学習への配慮

下の表は、各社の中学校１年教科書に、どの程度の「書く」への配慮、小学校既習語リストや、小学校既習語がわかる表示があるかどうか、そして巻末のページ数と内容を調べたものである。

表4-2　中学1年の教科書別の「書く」への配慮、小学校既習語の扱いと巻末内容（教科書は2021年）

教科書名 （会社）	「書く」への配慮	小学校既習語リスト・既習語の印の有無	巻末内容 （ ）は巻末ページ数 ＊は表現語彙集
『NEW HORIZON』 （東京書籍）	中１の p. 53迄４線に	各学年小リスト有。中学の学習語彙リストの語に印有り。本文にも表示有り。	巻末（41p）：小リスト、読み物、語形変化、*word room 等　p. 127～
『NEW CROWN』 （三省堂）	中１の p. 61迄４線に	小リスト無し・中学語彙リストに印も無し。	巻末（36p）：語彙数付録、読み物、語形変化　＊いろいろな単語　p. 148～
『Sunshine』 （開隆堂出版）	中１の p. 34迄４線に	１年小リスト有り。中学語彙リストに印有り。	巻末（36p）：小リスト、語形変化、*body parts　p. 131～
『Here We Go!』 （光村図書）	中１の p. 53迄４線に	小リスト無し。中学語彙リストの語に印有り。	巻末（40p）：読み物、語形変化　*Let's Talk *Active word　p. 145～

気付いた点を述べる。

(1)　全ての中学校１年の教科書にかなりの「書く」への配慮があった。中学１年の教科書の３分の１～２分の１程度まで４線の単語や文を書く欄を設定している（韓国の教科書では４線の書く欄は初等５年まで）。
また４社中３社が小学校既習語リストを入れたり、中学校語彙リストの語に既習語の印をつけたりするなどの配慮が見られた。

これまで中学は「聞く」「話す」「読む」「書く」の４技能全てを初めから行ったが、以前の教科書にはここまでの「書く」への配慮はなかった。教科担任がそれぞれペンマンシップと呼ばれる練習帳や授業で使う英語用の４線ノートを使って指導しただけであった。

⑵ 『NEW CROWN』は小学校既習語リストや小学校既習を示す印はなく、「最初から指導」の前学習指導要領の教科書と同じ形であるが、他社よりも長く中１の本文の中頃まで「書く」の復習を入れている。

⑶ 巻末資料はどこも36ページから41ページの分量と多く、特に『NEW HORIZON』と『Here We Go!』はその特徴が顕著であった。

4.4.2　新教科書の語彙数の載せ方の特徴について

では新教科書では具体的にどのような語彙数であろうか。次の２種類の表とグラフを見る。表4-3と図4-2のグラフは主に教科書会社公式サイトの数をもとに中学校での新語彙数を中心に調べたものである。

表4-3　教科書の種類と語彙数（太字は各社公式サイトの数、他は筆者がカウントしたもの）

教科書名	小学校語彙数	中１	中２	中３	中学校語彙数	語彙数合計	重要語句
NH	**630**	**412**	**423**	**389**	**1224** **(＊1689)**	**2319**	**1000**
NC	**633**	562	461	630	**1643**	**2276**	**882**
SS	**479**	**524**	**563**	**538**	**1625**	**2104**	**424**
HWG	**574**	**467**	**544**	**603**	**1614**	**2188**	**1093**

＊東京書籍のNHについては本文中の中学校新語彙数1224語に巻末の表現語句を加えて1689語となる。
灰色枠は他と数字が大きく離れているところ

表4-3と図4-2から見える特徴として、小学校既習語数はそれぞれ異なるがほぼ500〜600語程度を示しており、中学校の各学年の学習語も

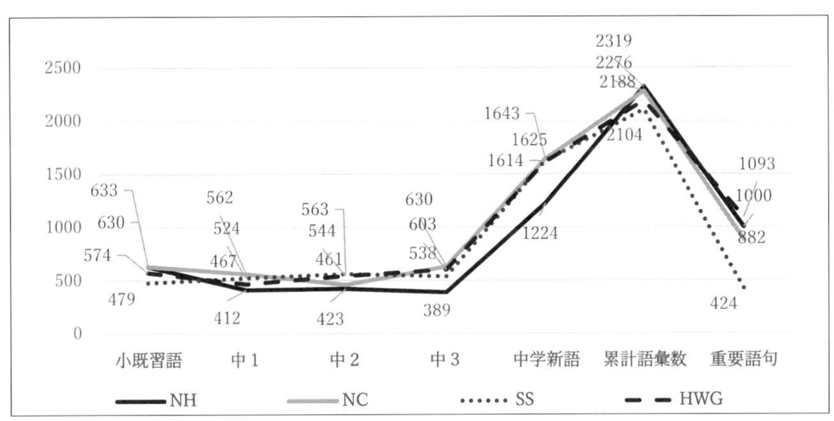

図4-2　教科書の種類と語彙数

400〜500語台で、前教育課程の学習ペース各学年400語程度より増えはしたが、なだらかなものである。

また中学新語彙数は1600語を少し超える程度で、累計学習総語彙数は2200語前後となっており、全社とも基準に近い。全体として学習指導要領の基準を満たし理想的な**なだらかな学習ライン**である。

気になる特徴としては、**『NEW HORIZON』の中学新語彙数が1224語と少ないことと、小学校既習語（479〜633）と重要語句（424〜1093）の数が教科書により大きく異なる点である。**

では次の表4-4と図4-3を見る。次の表は先に述べたように教科書巻末の中学校学習語彙リストの語を筆者がエクセルに打ち込み数を調べたものである。会社の公式サイトの語彙数は、同社の中で統一されていないものや実際のカウントとかなり異なるものがあったため、同人物が同条件でカウントをした数を次表に載せた。教科書の語彙リストをもとに本文の学習語彙を中心に調べ、巻末付録の語は別にカウントし、後で総計に加えた。

表4-4は先の表4-3と調査対象は同じだが、再学習する小学校語彙を入れ、本文・巻末を分けることで教科書によりはっきりと差が表れ、図4-3

のように教科書別にグラフにすることでその特徴がより顕著になった。

表4-4　実際に中学校で学習する小学校既習語を含む総語彙（異語）数

学年 / 教科書	中学１年		中学２年		中学３年		本文　計		巻末を入れた合計		総語彙数
	小	中	小	中	小	中	小	中	小	中	(異語数計)
NH	417	414	53	426	27	392	497	1232	630	1697（465）	2327
NC	382	562	32	461	30	651	444	1674	633	1732　（58）	2365
SS	34	539	24	577	3	570	61	1686	479	1686　　（0）	2165
HWG	499	469	60	549	13	433	572	1451	574	1645（194）	2219

小：小学校既習語彙数、中：中学校新語彙（異語）数を示す。灰色枠は著しく少ないもの
総計は本文と巻末語彙を含む語彙（異語）数で、（ ）内の数字はその内の確認できた中学巻末語彙（異語）数を示す。

＊カウント例：NHは中学校語彙数計1232＋巻末語彙数465＝中・総計1697
小学校既習語彙数計630＋中学校新語彙数計1232＋巻末465＝全語彙（異語）数2327となる。

公式サイトの数と少し異なるがお許し願いたい。

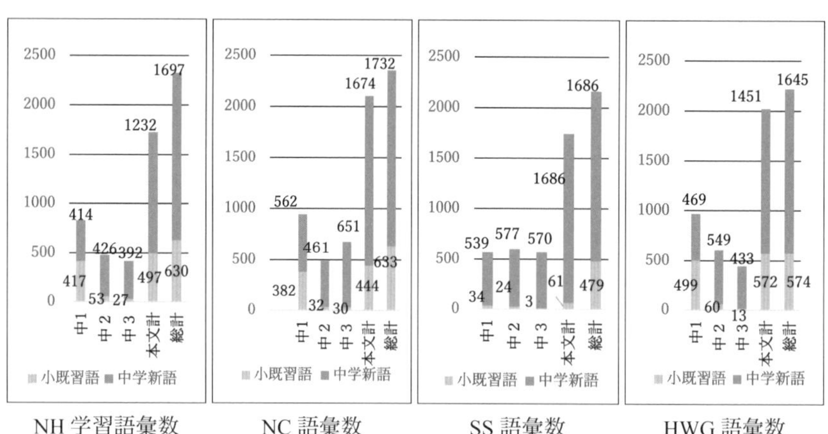

図4-3　各教科書の学年ごとの本文中の小学校既習語と中学校新語彙数及び巻末を含めた語彙数

ここまでで見えてきた全体としての特徴と課題を挙げる。

〈全体としての特徴〉

⑴ どの教科書も中学１年で小学校既習語の大半の400語程度を掲載し「書く」ことも含め再学習しており1000語に近い語彙数となっている（『Sunshine』以外）。
中学２、３年での小学校既習語の初めての出現は比較的少ない。

⑵ 中学２年は、新語は少ないが、比較・受動態のため多くの動詞・形容詞とその不規則変化形の語が出現している。
中学３年では新語が増えている。教材の難しさと現在完了等の語形変化が多くなった理由と考えられる。
題材が高度になるため、重要語句でないかなり難しい語が出現している。

⑶ 中学校全ての新語彙数は「1600～1800語」で『NEW HORIZON』が少ないが、公式サイトでは基準数を超えている。

⑷ 中学卒業時までの語彙累計は「2200～2500語程度」で、図4-3のそれぞれのグラフの一番右の値は全語彙数でどれもほぼ基準数を超えている。

〈課題〉

⑴ １年時の小学校と中学校を合わせた語彙数が1000語近くかなり多い。

⑵ 重要語句の語彙数と小学校既習語彙数の数の差が大きい。（p. 246、表4-3参照）

⑶ 教科書本文の語彙数と発表されている最終的な総語彙数（異語数）にかなり差がある。

⑷ 教科書により本文で使われた小学校既習語と中学新語彙数の数がかなり異なる。
具体的には『NEW HORIZON』の本文中の中学新語彙数と、『Sunshine』の本文で使用された小学校既習語彙数が61語と極めて少ない。（p. 248、表4-4参照）

この課題についても個々の教科書を見ながら調べていく。

4.5　教科書別の特徴と注意点

ここから『NEW HORIZON』中心に各社の教科書を見ていく。教科書の語彙数は表4-3と表4-4を参考にする。

〈NEW HORIZON〉

表4-5（NH）教科書語彙数

学年	中学重要語	小学校重要語	重要語計	中学普通	小学校普通	普通計	中学校計	小学校計	合計
中学1	270	380	650	144	37	181	**414**	417	**831**
中学2	167	43	210	259	10	269	**426**	53	**479**
中学3	95	13	108	297	14	311	**392**	27	**419**
計	**532**	436	968	700	16	761	**1232**	**497**	**1729**

NHは中学校語彙数計1232語＋巻末語彙数465語＝**中学・総計1697語**
合計の1729語は本文中に使われた小中の語
小学校既習語彙数計630語＋中学校新語彙数計1232語＋**巻末465語＝全語彙（異語）数2327語**となる。
重要語句は中学校重要語句532語＋小学校重要語句468語（本文436語＋巻末30語）＝1000語

ここでは『NEW HORIZON』が各学年巻末に付けた小学校既習語リスト630語から細かく見ていく。

表4-6　小学校で学習した語彙リストの内訳『NEW HORIZON』の小学校既習語リストより

小学校の単語（語彙リスト）全般	重要語句（太字）	468語	うち438語は本文に **30語**は資料編に
	（細字）	162語	うち56語は本文に **106語**は資料編に
	計	630語	**うち136語**は1年ではp. 127～の資料編にのみ

資料編の小学校の単語リストのみ掲載	重要語句（太字）	50語	p. 127～の語（中１資料編）うち30語はリストにのみ 20語は２・３年本文に
	（細字）	86語	26語はリストにのみ（nut, beefsteak 等） 60語は資料編と２・３年に
	計	**136語**	p. 127～の資料編56語がリストにのみ 80語は資料編や２・３年本文に

ここで、本文中にない語があると気付いた。

小学校既習語で中学１年本文に載っていない重要語句は50語存在し、その中で３学年通して本文で扱っていない語は30語存在する。また630語中136語は１年教科書ではp. 127～の資料編のみにある。630語の構成は１年614語、２年11語、３年５語である。

例えばdictionaryは小学校既習リストに載っている太字の重要単語だが、中１のp. 157つまり巻末にしか載っておらず、中２・中３の本文にもないので、巻末p. 157の練習をするときに「書く」も含め習得しないといけない。従ってp. 127以降の巻末内容を付録と思わず、必ず使用し習得すべきであろう。同様の語句が表4-7のようにあり、重要語句のうちの30語は本文中になく小学校既習語リストでしか扱われていない。

表4-7 『NEW HORIZON』１の中１巻末の資料編にのみ出ている重要語

中１資料編のみの小学校既習語136語のうちの重要語（教科書で太字表記）の50語					
1	***bat***	****drama***	island（２年）	***reading***	****spell***
2	bear（２年）	****draw***	****jump***	ride（２年）	****star***
3	****bicycle***	****ear***	***knee***	***sandwich***	****table***
4	boat（２年）	farmer（３年）	leave（２年）	scientist（２年）	***taxi***
5	body（２年）	***frog***	***monkey***	shirt（３年）	***telephone***
6	car（２年）	***garbage***	****mouth***	****shopping***	***textbook***
7	chicken（２年）	***grape***	newspaper（３年）	****shoulder***	***tiger***

8	circle（3年）	***hamburger***	pants（3年）	sit（2年）	tomato（2年）
9	****cow***	head（2年）	***pig***	***sleepy***	train（2年）
10	***dictionary***	****horse***	potato（2年）	***snake***	volleyball（2年）

▪( ) 内の学年は本文に掲載されている学年。
ここでの***斜体字太字***はそれ以外の学年でも教科書で載っていない30語。
▪灰色枠はぜひ本編等に載せてほしいもの。その中でも＊はJEV1200（石川，2015）に入る語。

例えばtrainは中２の教科書本文にあるがtextbookは巻末以外になく、textbookはぜひ本文に載せてほしいと考える。bicycleはbikeでの記載がある。

灰色欄の中の特に＊をつけた語はコーパス新JACET 8000の「日本人中学生用語彙リストJEV1200」(2015) に入る語であり、本文含め多く使われるべき語である。これは「全教科書６種の中学検定教科書のうち２種で出現している語彙を基準として」石川 (2015) の策定したものである。それ以外の灰色欄の語はこれまでよく教科書の中学１年で使用され、日常的に教室や練習でよく使われる身近な語であるので個人的に入れるべきと考えた語である。

日本の教科書の語彙は英語話者のよく使う身近な語でなく試験用の抽象的な語や教科書教材の語が多いことはよく話題になる。幼児から英語で生活し絵本等で学べば動物の名、例えばトラやカエルつまりtigerやfrogなどは知っているはずだが、日本の教科書に載ることは少なく、難しい語を扱いながら、身近で単純な語は知らないと度々外国の指導者に指摘される。

これら巻末の語彙は中学１年だが、中学２年では形容詞の不規則変化表に載っている語彙が、中学３年では、p. 145〜147の形容詞および動詞の不規則変化の表など、本文中にない語もあり学習時に注意喚起が必要がある。例えばbad-worse-worst、catch-caught-caught、sleep-slept-slept、break-broke-brokenなどである。

本文にあるが全体リストには載っていないよく使われる小学校既習語はcoffee、airplaneなど43語あった。あくまでも筆者が両リストを調べたものである。リスト記載が膨大になるためか、語により両方に載っていたり片方であったりした。

課題(4)で挙げた**「少ない中学新語彙数」について述べる。**

東京書籍（2020）の公式サイト「小中接続で育てる語彙力」によると『NEW HORIZON』の**教科書の全語彙数は2319語**であり、「**本編で新出する語は全部で1224語**で現行版の『1200語程度』からほぼ据え置きです。新出語は原則として本文から出すようにしています」と出ている。つまり週4時間の3年間で1200語が前教育課程のペースでそれをもとに移行に無理のないよう考えられており、中学校目標の1600語を考えると、**1224語＋巻末語465語（受容語）＝1689語で基準を超える**。受容と発信を考えた構成のためと考えられる。しかし他社が本文に多く組み入れていることを考えると、無理のないようにしながらこの資料編の465語の使用を忘れてはならず、本文だけをこなして大丈夫というわけにはいかない。

またよく使われる小学校既習語で全体リストにはあるが小学校既習語リストにないものもあるため気を付ける必要がある。

語彙は難しい語もあるがchoiceは比較的自然に感じる。また小学校教材との流れもできているように感じられる。

以下他社について『NEW HORIZON』を基点として、語彙数の内訳と感想を述べる。

〈NEW CROWN〉

表4-8（NC）教科書語彙数

学年	中学重要語	小学校重要語	重要語計	中学普通	小学校普通	普通計	中学校計	小学校計	合計
中学1	235	280	515	327	102	429	562	382	**944**
中学2	123	16	139	338	16	344	461	32	**493**

中学3	184	9	193	467	21	488	651	30	**681**
計	542	305	847	1132	139	1261	**1674**	**444**	2118

NC は中学校語彙数計1674語＋巻末語彙数58語＝**中学・総計1732語**
小学校既習語彙数計633語＋中学校新語彙数計1674語＋**巻末58語＝全語彙（異語）数2365語**となる。
重要語句は中学校重要語句542語＋小学校重要語（本文中）305語＋巻末重要語43（小２含む）＝890語
付録に３年重要中学41語、普通中学17語、計中学58語で重要小学校２語の計60語の本文以外の語がある。小学校付録は busy、slow の２語

どの学年も巻末は少ないが付録ページに食品や職業の名前、行事の言い方など、種類別にリストがあり、会話や表現活動で意識して使った方がよいと思われる。付録で本文中の語と重ならない語は60語あり（うち小学校２語で巻末58語）最終語彙に加えた。総合リストに小学校既習語も新語も区別せず載っている。

本文中の語彙は多いが、他社と共通するものが多く、重要語彙も word choice が自然で一般的に生徒によく使われ、なじみのある語が多い。

〈Sunshine〉

表4-9（SS）教科書語彙数

学年	中学重要語	小学校重要語	重要語計	中学普通	小学校普通	普通計	中学校計	小学校計	合計
中学1	218	34 (324)	252 (540)	321	0	321	539	**34 (324)**	**573 (863)**
中学2	117	24 (41)	141 (158)	460	0	460	577	**24** (41)	**601 (618)**
中学3	34	3 (21)	37 (55)	536	0	536	570	**3 (21)**	**573 (591)**
計	369	61 (386)	428 (753)	1317	0	**1317**	**1686**	**61** (386)	1747 (2072)

SS は中学校語彙数計1686語＝**中学・総計1686語**
小学校既習語彙数計479語＋中学校新語彙数計1686語＝**全語彙（異語）数2165語**となる。
重要語句は中学校重要語句369語＋小学校重要語句61語＝430語（巻末のみの語無し）
（ ）内は本文中の小学校既習語彙を再調査した数

連語が多く語彙リストにあり重視していることがわかる。『NEW CROWN』同様、巻末資料は少なめで、本文ページの word box に表現の単語がある。

本文の語彙数は多い。語形変化や体の部位等巻末に身近な語もあるが、全体的に word choice が他社と異なりやや難しく、なじみのない語が多いが使いやすいとの声もきこえる。

課題(4)で「**本文中の小学校既習語数が61語と極端に少ない**」ため、内容を調査した。

すると小学校既習語は用法の異なる61語のみ総合リストに載せ、既習語リストとあまり重ならない仕組みで、結果**1年に324語、2年に41語、3年に21語と最終的に386語程度かおそらくそれ以上の小学校既習語が本文のWord Webページ、Word Box等で使われており、本文の小中計で2072語使用である。従って本文中にかなりの小学校既習語が使われ1年時に400語弱の小学校語彙があり、課題(4)は解決したが、中学1年で900語程度と学習語彙が多いという課題は『Sunshine』にも共通した。**

〈Here We Go!〉

表4-10（HWG）　教科書語彙数

学年	中学重要語	小学校重要語	重要語計	中学普通	小学校普通	普通計	中学校計	小学校計	合計
中学1	287	396	683	182	103	285	469	499	968
中学2	228	42	270	321	18	339	549	60	609
中学3	131	8	139	302	5	307	433	13	446
計	646	446	1092	805	126	931	**1451**	572	2023

HWG は中学校語彙数計1451語＋巻末語彙数194語＝**中学・総計1649語**
小学校既習語彙数計574語＋中学校新語彙数計1451語＋**巻末194語＝全語彙（異語）数2219**となる。
巻末語は198語あるが、小学校既習語が4語で重なるため、194語とした。
重要語句は中学校重要語句646＋小学校重要語句446語＝1092語

本文の語彙数は多く、巻末のLet's TalkとActive Wordsの語も多い。形容詞や週末の活動など種別に分類され、表現活動に使っていけばかなりの力がつく上級編で、Word choiceは身近なものや話題の語が載っており、他社と近いが、難しい語彙にも違和感がない。

巻末の語彙リストにp. 121〜のActive Wordsにだけ載っている語は、全て受容語で198語ある。『NEW HORIZON』同様、巻末の表現語彙が非常に多く巻末に注意する必要がある。また他社と比べ特別なもの以外固有名詞を語彙リストに入れていない。

小・中の語彙リストを調べる中で、『NEW HORIZON』と『Sunshine』については、数があまりに他と離れていたので、本文や巻末を照らし合わせて詳しく調べたが、他社についても、両方のリストに重なって載っている語や、載っていないのに自然に使われている語の存在の可能性がある。

4.6 韓国の教科書の語彙数と分量について

次に韓国の初等学校３年からの教科書に出ている語彙数について調べてみた。

表4-11 韓国教科書新語彙数（韓国教科書は2015年改訂版による）

新語数	初３年	４年	５年	６年	初等計	中１年	２年	３年	中等計	総計
韓国	191	135	288	226	840	270	353	309	932	1772
日本NH	228	229	842	778	1700	412	423	389	1689	3389
日本（重なり補正）	228	178	842	452	1294	412	423	389	1689	2319

＊韓国の語彙数は、実際の教科書の新語をエクセルに打ち込み、最後の読み物を加え重なり語を外したもの。初等３・４年『ELEMENTARY SCHOOL English』３・４（YBM）、５・６年『Elementary School ENGLISH』５・６（大教）、中学１・２・３年『MIDDLE SCHOOL ENGLISH』１・２・３（天才教育）による。

＊日本の語彙数は、小学校は、『Let's Try!』１・２、『NEW HORIZON Elementary』５・６に関する染谷・小川（2021）の数と中学校は『NEW HORIZON』１・２・３（東京書籍，2021）の公式サイトの数による。
＊重なり補正は上の段のNHのもので実際に語彙をカウントしていないが、染谷・小川（2021）からの３・４年異語数406語、５・６年異語数1294語を参考に、５・６年から正式にカウントが始まるとし、小学校既習語を630語から小中の重なりを考えて表は最終異語数を2319語とした。

日本の場合は各段階で重なり語が多く考えられ、実際には音声だけのものを入れればもっと多いが、定着している語についてはどうか。3389語は単純に教科書語彙数を足したもので多ければ記憶は薄く広くなる。

〈語彙について〉

図4-4を見ると、韓国は、全体的に日本と比べて学習語彙数がなだらかである。重なり語は外したが、小学校３年の絵と音声のみで学習したものを、その学年の後半で再び文字で学習することが多く、日本の教科書は一度出てよく使われる語以外出てこないが、韓国は意図的な語彙の繰り返しが見られる。**また4.3で述べたが初等学校３年から４技能で学習してきており、必修語句も決まっている。**

中学は学習する新語がはっきりと明記される。教科書内容は予想より簡単で、日本が文法と「読む」中心の編成に対し、韓国は特に初等学校

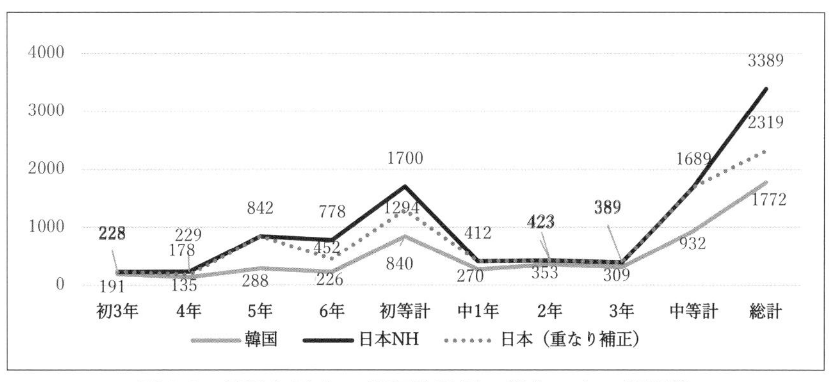

図4-4　韓国と日本の英語教科書の学年ごとの語彙数

は同種の連語と場面での会話で構成され会話学校のテキストの編成に似ている。

例えば韓国の初等５年９課では Let's と共に go fishing, go shopping, go on a picnic などの表現数種を使い16頁にわたって練習する（図4-5①）。これが会話に定着する所以であろう。初等学校では３・４年が週２時間、５・６年が週３時間の計10授業時間で800語なので「書く」は入っているが、前章で示したように必修語は450語であり単純に年間の週１時間当たり100語に満たない。長くゆっくり何度も使うペースである。

日本は最初の３・４年の週１時間で400語、５・６年で週２時間で1200語での計６授業時間で、音声のみでも週１あたり200語は多い。多くの日本の会社が小学校既習語としている語は600語で正規の４授業時間と考えると１時間当たり年間150語でこれでも多いかもしれない。

またグラフを作るのに韓国のものはページに載っている単語の異語数を数えていったので、数をそのまま足していけば既習の異語数になるが、日本の場合は３・４年から５・６年になるところで学びなおしがあり、中学校に上がるところでも、1294語でなく630語を既習語とし、再び学びなおしがあるので、既習語の異語数は単純に足し算できない。従って数の上では3389語と多いが実際は最大2319〜3389語の間となる。また逆に教科書の扱い方次第で、生徒によっては中学教科書本文の1224語かもしれない。

〈内容と分量〉

語彙数や語彙そのものを見ると韓国が楽そうだが、ページ数や中身を見ていくと中学の文章の長さや分量は韓国の方が多い。難しい語はそう出てこないが、多くの語を駆使して読みこみ会話でも文で長く答えるように仕向けている。初等学校３・４年では身の回りの単語や日常の簡単な会話、動作について、文字で「書く」を含め学ぶ。徹底した繰り返し以外は日本の小学校５・６年での内容に近い。５・６年では動詞句や副詞句など課ごとに数個ずつ基本的な文型の中に入れ徹底的に会話や歌で練習し、過去形を含め日本の中学１年次修了程度の文型を身に付ける。中学２・３年で複雑な文の受け答えや長文に挑戦している。

表4-12　韓国の教科書のページ数と巻末内容（異語数は最後の読物）

学年 / 週時間	教科書 全ページ数	巻末内容（ページ数）	最後の読み物 教材の異語数
初等３年 / 週２	小　A4で131頁	巻末は絵カード：公園、手足切り抜き、ゲームシール、アルファベット大文字・小文字（４頁）	無し
４年 / 週２	小　A4で131頁	巻末は絵カード：自己紹介カード、朝昼夜、家族、fly a kite、箱切り抜き、reading a book It's Monday. 着せ替え、単語・前置詞などのシール（９頁）	無し
５年 / 週３	A4で187頁	巻末は絵カード：France, interesting ▪場面カードは動作・職業　（３頁）	435語
６年 / 週３	A4で187頁	巻末は絵カード：potato, upset ▪場面カード　I have a stomachache./ wash my teeth/take a picture（３頁）	383語
中１年 / 週３	A4で159頁	巻末：解答・リスニング原稿・索引（19頁）＋絵カード　my nose/It's getting longer.（２）　（計21頁）	501語
中２年 / 週３	A4で163頁	巻末：解答・リスニング原稿・索引(21)＋絵カード　be strong/help poor people、share a photo Italy/pizza（３）（計24頁）	660語
中３年 / 週３	A4で163頁	巻末：解答・リスニング原稿・索引(23)＋ゲーム用絵カード（２）（計25頁）	543語

日本の『NEW HORIZON Elementary』５・６はA4で85頁、『Here We Go!』５・６はA4の一回り小さいサイズで115頁、中学１年の『NEW HORIZON』はA4で126頁、『Here We Go!』はA4の一回り小さいサイズの144頁である。韓国の教科書と比較すると、日本のものは圧倒的に分量が少ない。

日本の今回の教育課程は語彙数や総語数こそ小池他（2008）が示した「中国・韓国・台湾の中学校教科書語彙は1000～3000」で総語数も9000

①韓国５年（p. 126）１課１文型で６つの熟語を練習

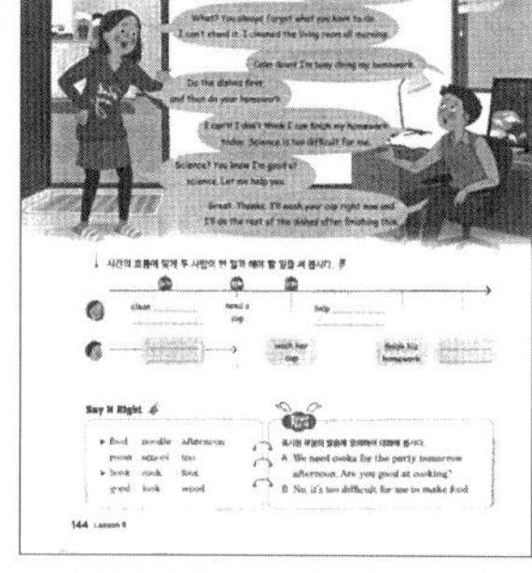

②韓国中学３年（p. 128）長文教材

③韓国中学３年（p. 144）会話の長さとデザイン

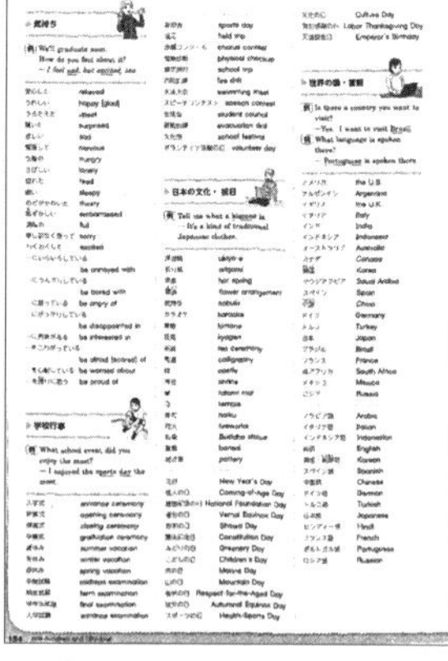

④日本 NH３年（p. 94）長文教材

⑤日本 NH３年（p. 154）巻末 Word Room

図4-5　日本の教科書・韓国の教科書

④『NEW HORIZON』３年教科書に使用されている画像について：「地球」(c) GRAN IMAGE/amanaimages・「文房具と少女たち」「青空教室」© 公益財団法人ジョイセフ

と近づいたが、表4-8と比較すると日本は本文ページの分量がかなり少ない。しかも中学では日本は週４時間、韓国は週３時間と日本の方が多いにもかかわらずである。日本の教科書は以前から語を多用せず、１回か２回の出現で、少ない本文中に、多くの新語を詰め込んでいる感が否めない。

韓国初等のゆっくりペースや連語のしつこいまでの繰り返しの教科書内容を見ると、日本は韓国程徹底されておらず基本が身に付くかの懸念がある。また韓国の教科書は各課一つ程度と reading 教材は少なく、教科書全体のページ数が多い。巻末は少なく絵カード・解答・リスニング原稿以外無い。最後まで会話を含めた教材で、日本の練習ページが繰り返し載っているイメージである。日本の教科書は reading の新語に意味が載っていたが、韓国は語彙リストすら無く、索引は少なく、発音、意味も書かれておらず、そのような配慮はされていない。

なお韓国の語彙数を調べる上で重なり語をできるだけ外していったが、重なり語について、**韓国は「第７次教育課程で初等学校１学年から高等学校１学年までを『国民共通基本教育課程』とし、教育課程を一本化し教材の重複を避け基礎教育の徹底をはかるようにした」**（河合, 2004, p. 13）。10年間の学年や校種間のカリキュラムを整え、必修語や文の長さ等も規定しているため、日本のような中学での学びなおしや校種間の重なり語の無駄が少ない。小・中、中・高で教科書の会社が異なってもその点問題が少ない。なお中国や台湾も同様に国家が統一したシラバスで検定教科書に対応し、効率化を図って成果を上げている。

4.7　考察

4.7.1　「書く」について

4.3で示したように、今回の教育課程で日本の教科書は小学校高学年から中学1年において、「書く」にかなり配慮していることが分かった。聞くこと・話すことに対して苦手な日本人に小学校から音声指導を中心に取り組み、後に「書く」に集中して取り組もうという方針が伝わってきた。

一方韓国では初等学校３年の最初から４技能を同時に行い、負担を少なく長いスパンで教えていく様子が見えた。「書く」の導入についても「1997年は４年から、2007年では３年後半、2009年では３年初めから」（辻，2021）（西子，2011）と前倒ししてきている。初等の３年では短期間にアルファベットを書かせるのではなく、図4-1の⑤（本書 p. 244）のように一つの課で８ページかけてアルファベット４文字ずつ、音や単語を合わせながら４技能で重ね塗りするように練習して教科書の14〜67ページまでかけてやっと終わり、後半で単語を書かせ、５・６年で各課数種の語の塊から文に入っていくという、韓国のようにゆっくりなら、３年から「書く」技能を入れても問題ないのではないかと考える。

前章で扱った日本の小学校英語の先進校、荒川区立汐入小学校の発表では「音声と文字の関係は大切」、「子供は一時間の授業にすぐ飽きてしまい、４技能をうまく組み合わせ緩急を入れて学習した方が集中できる」（荒川区教育委員会，2009）と聞いた。実際「書く」活動で授業は落ち着くのである。

日本の小学校の英語の授業時数は３・４年で週１時間、５・６年で週２時間であり、韓国の場合は小学校３・４年で週２時間、５・６年で週３時間で、初めから正規の教科としての授業である。従って週１時間の日本の小学校３・４年生の場合、「書く」までの時間は取りにくいのも当然であるし、これまでの英語の文字重視の反省からというのも理解できる。しかし、３年でローマ字を学習するなら、合わせて少なくとも小学校４年からはアルファベットや単語を書かせていってよいのではないか。小学校５・６年生では、発達段階としても中学校とのバランスとしても「読む」「書く」までの深い学習の必要性を感じる。何よりも「書く」だけを後回しにすることで、学びなおしの必要が生じている。

また受容と発信の考え方からも、すべての学習語彙でなくても絞った語彙について、「書く」も学習して進めることで、記憶の効率もよく、中学特に１年時の年間1000語にも及ぼうという負担も軽減することができる。また小学校の教員がどの程度「読む」「書く」の力をつけたらよいか悩むことも、「中学校教科書で小学校既習語となる語の重要語を400語程度を書くところまで練習すればよい」とわかれば、かえってすっきりするのではないか。英語嫌いを心配する声も聞こえるが、いずれ学習するなら、無理のないペースと自然な流れで身に付けていった方がよいと考える。また中学校から、「英語は小学校で書けなくてよいと言われた」と書くことに抵抗を示す新入生の話も聞こえており、今以上の小学校の「書く」の分担が望まれる。

4.7.2　新教科書の語彙数と特徴について

ここまで述べてきたように新教科書の使用にあたっては、全体の語彙数が同じようでも、出現の仕方がかなり異なるためその特徴に注意が必要である。

教科書は大きく２つのタイプに分かれる。

⑴　『NEW CROWN』と『Sunshine』は、表現活動を各ページに入れ、本文ページ中に語彙を多く入れこむ工夫をしている。従って本文中の語彙数は他２社に比べて多い。これまでの教科書と似た語彙の出現の仕方であり、本文を学習する際の１時間当たりの学習語彙数を考えると日頃の負担は今までより大きいが、本文に沿って進めるというこれまでに近い語彙の載せ方である。

⑵　『NEW HORIZON』と『Here We Go!』は、表現活動の語彙を巻末のページに多くもってくる工夫をしている。従って本文中の語彙数は少なめである。特に『NEW HORIZON』は少ない。また比較的小学校既習語を多く本文教材に取り入れている。従って本文を扱うのに上記の２社よりも１時間当たりの学習語彙数は多くならず負担はそう上がらない。しかし、これまでのように進めるのが大変で本文だけで教科書を終えたり、巻末語を使用せず簡単なワークシートだけで表現活動を行っていると、以前と同等の力さえ身に付けられない可能性が出てくる。高い英語力習得を目指す

生徒については他社の教科書を学習した生徒と差がつくかもしれない。一方内容は精選されているので、基礎を身に付けたいものにはわかりやすい。

上記のような目立った特徴がみられるため、指導者はこれまで以上に留意して生徒たちに合わせながら、教科書の特性を生かした指導をすることが望まれる。

4.8 まとめと課題

初めに述べたように新しくなった学習指導要領の元で、受容・発信を含んだ小中の2200〜2500語の語彙を身に付けるため、**新教科書では語彙をどのように組み入れただろうか。**

考察で述べたように、

(1) 本文に語彙を全て入れこんだ『NEW CROWN』と『Sunshine』のような教科書

(2) 重要なものはできるだけ本文に入れ、巻末に表現活動の練習用の多くの語彙を入れた『NEW HORIZON』と『Here We Go!』のような教科書

この２種類があるとわかった。

指導者は使用する教科書のこれらの特徴を十分理解したうえで、巻末資料の多いものは巻末に留意して指導していく必要がある。

また**どう扱っていけば学習者の無理な負担にならないのか**という点については、現状では指導者が教科書の特徴に配慮しながら、重要語句を中心に語彙を多用し、受容語彙を小中通じて増やす中で、個々に必要な発信語彙を身に付けていくと考える。しかしながらその重要語句の定義も各社それぞれである。

「書く」の扱いをどうすればよいかについては、現状ではアルファベットの大文字・小文字を「書く」まで習得して、音声で学習した多くの語や文を読めるようにし、せめて小学校既習語となっている語や代表的な文を丁寧に何度も書く練習をさせておくとしか現段階では言いようがない。

課題として次のことが残った。

〈課題と対策〉

⑴ 小学校語彙を含む中学１年の学習語彙が1000語近く多すぎる。

これは小学校既習語について中学１年で特に足りなかった書くことに力を入れて学びなおしするためである。解決するためには、小中のバランスのよい「書く」の分担が必要である。

現段階では小学校３・４年でアルファベット・ローマ字をマスターし、小学校既習語の重要語句を韓国の初等の活動のようにゆっくりできるだけ書けるようにさせたい。ただし現在の小学校既習語600語を書けるようにするのは多すぎるので、その中の重要語もしくは今後共通して定めた300〜400語程度で十分である。週１時間で年間100語が通常のペースなので、小学校での正規の４時間ならば400語が限度であろう。

こうすることで中学校の特に１年時の膨大な負担が軽減する。この分量のままでは中学校での定着が懸念されるため、早急に対応が望まれる。

次の教育課程ではできれば小学校４年か６年に１時間増やし、４年生から英語を教科として内容をはっきりと定義し、小学校も一段階上げた「書く」を含む４技能の実施を目指したい。

⑵ 語彙（異語）数だけでなく、重要語句・小学校既習語のchoiceや数が教科書によりまちまちである。

学習期間が長くなれば当然、地域、指導者、教科書による格差が生まれる。それを最小限にするには、日本でも以前あったが、韓国のように、小・中学校で習得すべき必修語句や数を提示すべきである。現状では重要語句を参考にしたいところであるが、中学校教科書では各社発表数で400～1100語までの差がある。

また中学校の重要語句だけでなく語彙（異語）数で「小学校５・６年新教科書は1021～1631語でその差は最大610語」（染谷・小川，2021）というように既に小学校段階でも教科書間の格差が生まれている。学校で指導し生徒が熱心に取り組んだとしても、基本になる教科書でここまで差がつくのは問題である。もちろん学校の特徴によって上級編、基礎編の必要性はあるのかもしれないが、個々の生徒は選べない。

今回調査した中学校の教科書４社の語彙は3817語に及び、もちろん重なりは確認しているが、必修語の規定のない中1600語のA社とB社が全く異なる可能性もある。珍しい固有名詞の語彙が多い割にAmerica、London等は重要語句に入っていない。見たことのない語がかなり入っている教科書もあり無駄な語彙数増の懸念がある。次の示唆を参考にする。

> 英語コーパスから比較的安定して切り出される2000語程度の語彙が会話の90％、書き言葉の80％を占める。それらを参照して英語の基礎基本の土台を作る重要語の導入を保証し、語彙の統制をレベルに応じて適切に行うといった品質管理を伴った教科書作りができないものだろうか（中略）前回某社の教科書ではCEFR-JのA1レベルのうち288語しか現れていなかった（投野，2016）。

今回の改訂で異語数が増えたことは良いが、カリキュラム上、学びなおしや重なり語も教科書、学年、校種間で多く、小・中、中・高と学校が上がって教科書が変わるごとに既習語の一部が新語となり合計しても獲得した学習語彙数は増えていかない。中條他（2007）によると前教育課程の小中高で平均30％の重なりという。

次の教育課程では韓国のように、**国（文部科学省）主導で全体として学年・学校間のシラバスを整理し、必修語等を決め、積み上げげの効率化が必要である**。重ねて使うのは大切だが異語の重複とは異なる。そのうえで投野（2016）の指摘するように**今後最低限の「教科書語彙の品質管**

理」を行っていく必要がある。

教科書とコーパスの関係では巻末語彙の調査で引用した石川（2015）の「JEV1200」・「HEV1800」や発達段階と語彙の目安について長谷川他(2010)、中條他（2007）等詳しい研究が進んでいる。日本の教科書は英語話者のよく使う身近な語でなく抽象的な語などが多いという課題も今回の小学校英語で改善される可能性がある。

ここに来るまでの語彙の調整や教科書内容の選定など教科書編集や関係の先生方が大変な作業をされたことは理解している。しかし教科書の個性が光る一方で、小・中・高を通した一貫したシラバスの必要性を強く感じる。本当の英語力向上のために、是非これまでのコーパス研究を再度参考に、全体のシラバスを調整したうえで、今後の教育課程での教科書作りに生かしていってほしいと考える。また今回の改訂で語彙数が増えたことは良いが、負担の多いステージでは、韓国の第７次教育課程のように一旦減らす勇気も必要であろう。

そこに至るまで現場の先生方で、是非現在の教科書の特徴をつかみ巻末等も生かした限りなくできうる指導をと願うものである。

語彙数のカウントで苦労したが、数が変わるたび発見もあった。専門の先生方、現場や教科書会社の方々が既により正確に把握されておられるであろうが、一つの考察としてお許し願いたい。

＊なおこの内容は2022年８月全国英語教育学会第47回北海道研究大会において口頭発表したものに訂正・加筆したものです。

引用文献

荒川区教育委員会（2009）．『荒川区立汐入小学校研究発表資料』
中條清美・西垣知佳子・吉森智大・西岡菜穂子（2007）．「小，中，高一

貫型英語語彙シラバス開発のための基礎研究」*Language Education & Technology*, 44号、pp. 23–42、外国語教育メディア学会
長谷川修治・中條清美・西垣知佳子（2010).「日本の英語教育における語彙指導の問題を考える」『植草学園大学研究紀要』第２巻、pp. 21–29
石川慎一郎（2015).「日本人中学生用語彙リストJEV1200，高校HEV 1800」http://language.sakura.ne.jp/s/doc/voc.html（2022年８月10日閲覧）
開隆堂出版（2021).「言語材料・配当時数一覧」https://www.kairyudo.co.jp/contents/02_chu/eigo/r3/gengo.pdf（2022年４月10日閲覧）
河合忠仁（2004).『韓国の英語教育政策 ― 日本の英語教育政策の問題点を探る ―』大阪：関西大学出版部
小池生夫・明海大学（2008).『第二言語習得研究を基礎とする小、中、高、大の連携をはかる英語教育の先導的基礎研究』明海大学
光村図書（2021).「これからの課題に対応した教科書の工夫」中学校英語教科書解説資料　https://assets.mitsumura-tosho.co.jp/2716/7538/3557/2021e_hen_05.pdf（2022年４月10日閲覧）
文部科学省（2017a).『小学校学習指導要領（平成29年告示）解説　外国語活動・外国語編』東京：開隆堂出版
文部科学省（2017b).『中学校学習指導要領（平成29年告示）解説　外国語編』開隆堂出版
文部科学省（2018).『Let’s Try!』１・２、東京：東京書籍
西子みどり（2011).『韓国に学ぶ英語教育 ― 小学校の英語教育導入への提案 ―』東京：東京図書出版
三省堂（2021).「NEW CROWN内容解説資料 ― 検討の観点と内容の特色 ―」https://tb.sanseido-publ.co.jp/03ncpr/documents/document_pdf/03nc_viewpoint.pdf（2022年４月10日閲覧）
染谷藤重・小川一美（2021).「小学校中学年と高学年の外国語教材の語彙比較に関する調査報告（疑問詞の使用方法から見えてくる課題)」『教育学研究』第32巻、pp. 35–42
東京書籍（2020).「小中接続で育てる語彙力」https://ten.tokyo-shoseki.

co.jp/text/chu/eigo/documents/eigo_shouchusetsuzokudesodateru.pdf（2021年12月10日閲覧）

投野由紀夫（2016）.「教科書語彙の『調理法』と『品質管理』── 中学校改訂版教科書の語彙レベルと語数」『英語教育』64巻12号、pp. 17–19、東京：大修館書店

辻伸幸（2021）.「韓国の小学校英語教育から日本が学ぶべき視点」『和歌山信愛大学教育学部紀要』第２巻、pp. 49–58

馬本勉（2006）.「英語教科書の計量的分析 ── 研究の歩みと教科書のこれから」『日本英語教育史研究』第21号、pp. 65–75、日本英語教育史学会事務局

〈調査対象教科書一覧〉

日本：

アレン玉井光江他（2020.2.10）.『NEW HORIZON Elementary』５・６、東京：東京書籍

小泉仁他（2020.2.5）.『Here We Go!』５・６、東京：光村図書

笠島準一他（2021.2.10）.『NEW HORIZON English Course』１・２・３、東京：東京書籍

根岸雅史他（2021.2.25）.『NEW CROWN English Course』１・２・３、東京：三省堂

太田洋他（2021）.『Here We Go! ENGLISH COURSE』１・２・３、東京：光村図書

卯城祐司他（2021）.『Sunshine』１・２・３、東京：開隆堂出版

韓国：

チェ・ヒギョン他（2017.9.8）.『ELEMENTARY SCHOOL English』３・４、ソウル：YBM

イ・ジェグン他（2018.9.14）.『Elementary School ENGLISH』５・６、ソウル：大教

チョン・サヨル他（2019.8.6）.『MIDDLE SCHOOL ENGLISH』１・２・３、ソウル：天才教育

おわりに

初版の2011年の後、この原稿を手掛けた頃から、2022年の新学習指導要領、小学校・中学校・高等学校段階の実施まで、英語教育はここ十数年今までにない凄まじい勢いで進化してきた。文部科学省もこれまでにない予算をつけ進めてきた。しかしながら、それでも限られた予算と、人材と既存の価値観の中で、現場の葛藤、努力はいかほどであったかと思われる。わずかな間にここまで来たのはもちろん主導してきた文部科学省や専門家の先生方のご尽力もさることながら、現場の情熱をもって取り組んでこられた先生方、特に今まで英語を指導してこなかったのに、突然わずかな研修で、引っ張り出された小学校の先生方のご努力には計り知れないものがある。レールに乗せられ、しかし、その反問する中でも、既に生き生きと子供たちに英語を語り掛け指導されている先生方に、本当に頭が下がる思いである。

本書では、歴史から政策まで様々な資料とこれまでの個人の経験を基に、素人が偏った無理な問題提起をしたかもしれない。しかし、調査や学問の専門家ではないが、個人の関心と現場の視点から、何かの問題解決に繋がらないかと率直に書いたつもりである。もし少しでも生かせるようなことがあればぜひ取り入れてほしい。また、理解していない事情やもっと良い提案があれば教えていただきたい。筆者の不勉強については申し訳ないがまだ学習中であり、ご指摘いただければこれからに役立たせていただくつもりである。

中学校の現場で実践を重ねてきた身であるが、現在生徒に英語を直接指導できないことが、残念でならない。現職の先生方には、ここまで積み上がってきた子供たちの英語を、ぜひ高みに導いていただきたい。今までできなかったことが、あれもできる、これもできるかもしれないと思うと、わくわくする。もちろん英語は楽しさだけでなく、努力と訓練を必要とする教科であるので、小学校だけでなく、特にこれから高度な英語を扱うようになる中学生・高校生を教える先生方は、これまでよりも自己研修が必要となろう。伸びていく生徒たちと一緒にぜひ楽しんでほしい。意外に子供は易しい無理のないことより、新しく困難なことを、好んで取り組みできてしまうものである。以前の教育課程でも時にディベートやディスカッションまでできていたのである。

もう一つ今回はあまり触れられなかったが、小学校の英語専科の先生方のご努力は一言では言い表せない。話せる英語の構築に励まれつつ複数校をみる不安定な立場や、担任、ALTとの関係、多くの時数にご苦労されている。また専科のいる学校といない学校の格差や今後英語について担任と専科がどうなっていくのかなど課題は多い。地域や学校ごとに状況はかなり異なるようなので、ぜひ研修などで意見をくみあげていってほしい。

前回、小学校５・６年に外国語活動が始まったばかりで次の段階には小学校の３・４年から学習をはじめ、５・６年生で教科となることを期待して初版を終わっている。今回もこれも個人的な見解だが、英語を現在通り、小学校３年から始め、３年ではローマ字を国語で学習し、４年からは正規の教科でアルファベットとローマ字を書けるようにし、小学校５年では英語で簡単な単語から文、６年生からは文を中心に書き、４技能を押さえて指導する。もう１時間増やし現在小学校既習となっている語の特に重要語句400語程度についてはテスト等はしないまでも中学校入学前に書けるところまでは指導したい。理由は、音声の英語学習を２年間もやれば、子供は書きたいし、文字で確かめたいはずであり、中学校の負担が軽減される。ゆっくり長く重ねていくのである。４技能をうまく１時間に入れることで落ち着きや集中も増す。「書く」時間は不思議なことに、実に授業を落ち着かせる。そうすることで、小中どちらの指導者にも、生徒にも、余裕が生まれるはずである。また私個人は現在の学習指導要領は移行期のものであり、教科書も次の教育課程を見据えたものであると考えている。韓国同様負担を見ながら、「行きつ戻りつ」であろうが、グローバル化の世界が逆戻りすることはないであろうし、ならばますます、自信をもって「英語を使える日本人」の目標に向かっていかなければならない。

日本人の英語力は低いといわれるが、ほぼすべての日本人が簡単な英語を理解し話し海外旅行等で使えるというのは、世界的に見てかなりの力であり、足りないのはもっと詳しい内容について理解したり話したりできる英語力を持つ人の割合である。

また自分が語れるのは主に中学校の段階であり、そこで10年前でも既にかなりの進歩を感じていた。高校にアクティブ・ラーニングを取り入れた今、日本人の英語を変えるのは、大学入試と大学の外国語教育であろうと思う。韓国は就職が目標となり、大学でも英語やその他の外国語の力までも、大きく伸ばしている。

数十年前、私は大学の英語科に入れば、高い英語力を身に付けられると思い込んでいた。実際は残念なものであった。今の自分は大学はそういう場なので、なぜ自分で学ばなかったのかと思う。しかし、何十年も過ぎて気付くくらいなら、若いその時代に、全ての学生がせめて英語を扱う学生くらいは大学の授業で実践的で高度な英語を使う訓練のようなものについて刺激をもらえたら、ずいぶん違った学び方になっていくのではないかとも思っている。今大学の第２外国語さえ消えつつある。担当の先生方も減っている。一方大学によっては現在かなり工夫されているとも聞く。グローバル化の時代なら、大学は英語だけでなく、第２外国語も含め、初等教育、中等教育に方向性をもたらす最終段階の高等教育であるからこそ、社会で役立つ実践的な外国語教育にまで高め、進化していくことを期待している。

内閣官房（2015）のパンフレットにこのようなフレーズが載っている。

教育は未来への先行投資です。

未来のために、英語教育も含め是非「教育立国　日本」を取り戻していってほしい。

西子　みどり（にしこ　みどり）

静岡県立静岡高等学校卒業
静岡大学教育学部英語科卒業
以来公立中学校で英語の教鞭を執る
勤務の傍ら、名古屋学院大学通信制大学院外国語研究科
英語学専攻修士課程修了

【著書】
『韓国に学ぶ英語教育 ― 小学校の英語教育導入への提案 ―』（東京図書出版）

韓国に学ぶ英語教育　2nd
― 歴史と課題；小・中連携から新教科書へ ―

2023年7月6日　初版第1刷発行

著　　者　西子みどり
発 行 者　中 田 典 昭
発 行 所　東京図書出版
発行発売　株式会社 リフレ出版
〒112-0001　東京都文京区白山 5-4-1-2F
電話（03）6772-7906　FAX 0120-41-8080
印　　刷　株式会社 ブレイン

ISBN978-4-86641-566-6 C3037
Printed in Japan 2023